Histoire Du Lied, Ou, La Chanson Populaire En Allemagne

Schuré, Édouard, 1841-1929

HISTOIRE DU LIED

ÉDOUARD SCHURÉ

HISTOIRE DU LIED

OU LA

CHANSON POPULAIRE

EN ALLEMAGNE

NOUVELLE ÉDITION

PRÉCÉDÉE D'UNE ÉTUDE SUR

LE RÉVEIL DE LA POÉSIE POPULAIRE

EN FRANCE

✕

PARIS

LIBRAIRIE ACADÉMIQUE DIDIER

PERRIN ET Cie, LIBRAIRES-ÉDITEURS

35, QUAI DES GRANDS-AUGUSTINS, 35

1903

A GASTON PARIS

Cher Maître,

Vous avez accueilli jadis ce volume avec l'attention bienveillante que vous accordez à toute œuvre sérieuse et sincère. Me décidant aujourd'hui à republier ce livre de jeunesse, j'ose le placer sous l'égide de votre nom illustre comme sous un signe heureux. Malgré toutes ses lacunes, je l'offre, comme un faible hommage de ma reconnaissance, à l'interprète savant et conscient de nos traditions nationales, dont l'œuvre a réveillé le génie endormi de la poésie populaire en France.

Édouard SCHURÉ.

PRÉFACE

DE LA NOUVELLE ÉDITION [1]

—

LE RÉVEIL

DE LA POÉSIE POPULAIRE EN FRANCE

(1870-1900)

En relisant les feuilles de ce volume, j'ai revu en perspective ma solitaire adolescence, avec ses élans éperdus vers la Poésie et l'Idéal, ses jeunes illusions et sa foi naïve. A la mélancolie des choses passées que suscite cette magie du souvenir se

1. La première édition de ce volume est de 1868 ; la seconde, parue en 1875, est épuisée depuis dix ans. Absorbé par des travaux plus importants, j'en ai retardé jusqu'à ce jour la réédition. On ne corrige pas un livre écrit de jet, à trente ans de distance. En pareil cas, il faut tout refaire ou ne rien toucher. Je me suis résigné à ce dernier parti, sans me dissimuler que plus d'une page étonnera par un enthousiasme excessif ou choquera par des erreurs de détail. Si, malgré ces défauts, le livre garde un mérite, c'est peut-être qu'il donne un tableau complet de la genèse du *lied* et de son action sur la littérature allemande. Toutefois, certaines pages et *la conclusion* ne s'expliquent plus, à l'heure qu'il est, que par la date où elles furent écrites. Le reproche que j'adressai alors à mes compatriotes de négliger leur propre poésie populaire serait aujourd'hui fort injuste. Car les recueils de chansons populaires françaises se

mêle cependant une double joie. Je constate d'abord
que, loin d'avoir perdu la foi de ma jeunesse, elle
s'est élargie et corroborée par l'effort de l'âge mùr.
Dans le vaste circuit, décrit par ma pensée depuis
l'Histoire du Lied, j'ai suivi, me semble-t-il, une
spirale ascendante, qui me ramène aujourd'hui à
mon point de départ, mais sur un plan supérieur.
De là, j'embrasse du regard tout le chemin par-
couru. Je n'ai pas cessé d'aimer ce que j'aimais
alors, mais je comprends mieux pourquoi. Car j'en
pénètre plus profondément le sens, grâce à ce que
j'ai trouvé au-dessus et au delà. D'autre part, mon
désir d'assister à une renaissance de la chanson
populaire en France s'est pleinement accompli.
Par un bonheur exceptionnel, qu'il vaut la peine
de remarquer, tellement il est rare, la réalité a surpassé mon attente.

L'heure et le lieu me semblent donc propices pour
jeter un coup d'œil sur le développement du *folk-*

---

sont multipliés chez nous depuis lors et de nombreux poètes s'en
sont inspirés.

Pour réparer cette lacune, dans une certaine mesure, et permettre
au lecteur une comparaison plus équitable entre la poésie des deux
nations si diverses de génie, j'ai joint à cette édition définitive cette
préface sur *le Réveil de la poésie populaire en France de 1870
à 1900*.

Ce n'est que l'esquisse rapide d'un vaste sujet. On y trouvera, du
moins je l'espère, l'essai d'une vue synthétique sur un ensemble que
les érudits, les amateurs et le public n'ont vu jusqu'à ce jour que
par fragments. Dans cette conscience de nos provinces, qui renaît
sous une forme poétique, on verra se dessiner, en traits encore in-
décis mais cependant suggestifs, les figures variées d'une France
nouvelle.

lore en France, depuis une trentaine d'années, d'autant plus que ce livre fut, à son apparition, un appel au réveil de la poésie populaire. Des voix plus puissantes que la mienne, celles de Gérard de Nerval, de Pierre Dupont et de Champfleury l'avaient précédé. Pourtant elles avaient retenti dans le désert. Mais, à ce moment, une sève nouvelle était montée silencieusement sous l'écorce dure jusqu'au sommet de l'arbre, et nous avons vu depuis une nouvelle branche pousser au tronc de notre littérature, celle des études françaises sur le folklore universel. D'autre part, presque toutes nos provinces ont apporté leurs gerbes de chansons glanées dans les campagnes. Enfin, un groupe de poètes distingués y a cueilli des fleurs exquises pour les transplanter dans le jardin opulent de notre poésie lyrique.

Résumons ce triple mouvement en un seul tableau.

I. — *Le mouvement du folklore de 1870-1900.*

Il y a un siècle que la science a démontré l'unité de la race blanche par l'origine commune des langues, des religions et des mythologies chez les peuples indo-européens. L'idée arienne, qui luit comme un flambeau inextinguible, en leurs routes diverses, devant les Iraniens et les Hindous, devant les Grecs et les Romains, devant les Celtes, les Ger-

mains et les Slaves, se résume dans le culte du
soleil. Mais ce n'est pas seulement d'avoir reconnu
instinctivement dans le soleil la source de toute la
vie terrestre, qui fait la grandeur et la noblesse
incomparable de la race blanche, c'est d'avoir fait
du luminaire céleste le symbole de la vérité et de
la beauté divines, que l'aube de l'âme précède d'un
élan passionné et que les peuples tumultueux poursuivent dans leur marche de l'Orient à l'Occident,
entraînés par la course enflammée de l'astre-roi.

La résurrection de l'idée arienne dans l'intellect
européen, la transmutation de cette conquête de la
science en un fait de la conscience pour la race
entière.ne présage-t-elle pas aux siècles futurs l'uni-
fication organique des nations indo-européennes
sous une idée religieuse et philosophique à la fois
plus large et plus haute? Cette idée, qui n'est encore
qu'une aurore timide, ne doit-elle pas avoir un
jour son midi resplendissant? Quoi qu'il en soit,
elle établit une solidarité nouvelle entre les peuples
de ce groupe, par un sens plus profond de leur tradition orale ininterrompue.

Dans cet ordre de conceptions, M. Gaston Paris
a émis une théorie des plus ingénieuses et des plus
fécondes. C'est à lui que revient l'honneur d'avoir
tracé naguère, d'une main sûre, la première esquisse
d'un *arbre généalogique des chansons populaires.*
« En somme, dit-il, le dessin général de l'arbre

généalogique de nos chansons devra un jour ou l'autre être fixé à peu près ainsi, en allant toujours du plus vaste au plus restreint ; on ira de l'humanité entière à la race blanche, — aux Aryens, — à chaque groupe des peuples aryens (slave, germanique, gréco-romain, celtique, etc.), à chaque peuple, à chaque province, à chaque canton. En d'autres termes, étant donnée une chanson populaire quelconque, il faudra pouvoir déterminer pour combien chacun de ces facteurs est entré dans sa formation. On en trouvera qui n'ont pas de racines et ne remontent pas plus haut que le village où on les entend ; d'autres, au contraire, qui, pendant des siècles, *ont volé sur les bouches des hommes*, et qui résonnaient peut-être déjà, à un temps antérieur à toute histoire, sur ces plateaux de l'Asie centrale où nos premiers pères conduisaient leurs troupeaux[1]. »

Pour mettre ce plan à exécution, on vit se lever en France une véritable armée de collectionneurs ; fouillant les campagnes et les bibliothèques, cueillant sur la bouche des enfants et des femmes, des vieillards et des travailleurs, les berceuses, les légendes, les devinailles et les formulettes, les vieux noëls et les toujours jeunes chansons d'amour.

En tête des périodiques qui se proprosèrent une étude approfondie du folklore chez toutes les

1. Article de Gaston Paris, dans la *Revue critique* du 22 mai 1866.

nations, et particulièrement en France, il faut citer
en première ligne et avec le plus grand honneur la
revue mensuelle *Mélusine* de M. Henri Gaidoz et
Eugène Rolland, fondée en 1878 et qui dura jusqu'en 1901. M. Rolland y fit valoir la plus complète collection du folklore français qu'il avait mis
des années à rassembler. Elle a paru depuis sous
ce titre : *Chansons populaires de France* (6 vol.,
Maisonneuve). M. Gaidoz y apporta sa profonde
érudition, la rigueur de son esprit scientifique et
le respect religieux de la poésie populaire en ses
plus authentiques manifestations. On admire en lui
ce qu'on trouvait jadis chez les aïeules sachant les
plus vieilles histoires : l'amour littéral de la tradition inviolable et la haine des amplifications qui lui
enlèvent presque toujours sa naïveté et sa profondeur. Il est vrai que cette tradition change constamment au cours des années. Elle ressemble un
peu à cette Mélusine que les fondateurs de la revue
ont prise pour symbole. La fée capricieuse, à
queue de sirène, devient une femme exquise sous
l'empire de l'amour, mais devant les curiosités
indiscrètes, elle reprend sa forme première et
retourne à sa vie de poisson, à moins qu'un grand
génie ne lui arrache son secret et n'imprime à cet
être élémentaire le sceau de l'éternité, en lui donnant une âme nouvelle. Toutefois M. Gaidoz pense
avec raison qu'il est du devoir du folkloriste de

fixer la tradition sous sa forme la plus ancienne et la plus spontanée. Tous les amis du folklore ont regretté vivement que *Mélusine* ait cessé de paraître depuis un an. Mais ses vingt volumes resteront un des plus beaux répertoires du folklore français et étranger, un véritable monument. — Il faut citer ensuite la *Revue des traditions populaires* de M. Paul Sébillot, qui en est à sa 17ᵉ année et contient les amples moissons de contes et de légendes de tous les pays. Ce groupe réunit tous les ans l'élite des folkloristes français en assises et en agapes fraternelles. — Joignons-y *la Tradition*, de M. Henry Carnoy, qui s'applique ingénieusement à mettre en lumière le côté poétique des légendes et des chansons.

En fait de recueils de chansons populaires françaises, il n'existait, à l'époque où parut l'*Histoire du Lied*, que les *Chansons populaires des provinces de France*, de Champfleury et Weckerlin. Ce volume n'apportait que trois chansons par province, mais ses curieuses et pénétrantes notices traçaient en quelque sorte le plan des moissons futures. J'avais pu consulter également les *Chansons de Normandie*, de Beaurepaire, et les *Noëls francomtois*, de Max Buchon. Depuis, chaque province est venue apporter sa gerbe. D'abord les *Chants du pays messin*, de Puymaigre, puis l'admirable recueil des *Chansons populaires de l'Ouest*, de Bujeaud, avec leurs mélodies originales, les *Gwerziou*, de Luzel, la *Légende de la Mort* et les *Soniou*, de Le Braz, enfin les *Chansons provençales*, de Damase Arbaud, et les *Chansons de Gascogne*, de Bladé. — Joignons-y l'intéressant ouvrage de M. Julien Tiersot, *Histoire de la Chanson populaire*, qui offre une étude approfondie des formes tonales et rythmiques de nos chansons et des rapports de notre mélodie populaire avec l'art musical. — Mentionnons encore, pour le folklore étranger, les *Chansons grecques*, recueillies en Grèce même par M. Bourgault-Ducoudray, qui sont d'une haute importance au point de vue musical. L'illustre compositeur breton, qui porte en lui l'énergie enthousiaste et le courage aventureux de sa race, a retrouvé dans les mélopées de marins des Cyclades, dans les airs de danse et les chants d'amour des jeunes Grecques d'aujourd'hui, les tonalités des modes antiques, base première de la musique de l'Église grecque et latine et de toute la musique moderne.

Si l'on essaye d'embrasser dans son ensemble ce beau florilège de légendes et de chansons, cueillies aux quatre coins de la France, on est saisi d'admiration devant la richesse des couleurs de tant de gerbes, devant la variété des costumes et des visages de ceux qui les apportent. Et l'on se dit aussitôt combien peu notre littérature, presque exclu-

sivement parisienne, a profité de ces trésors. Mais
laissez-vous aller à la saveur rustique de ces
refrains. Regardez ce peuple chantant qui vient
des sentes et des plages, des vallées et des plaines
— et bientôt une scène inattendue surgira à vos
yeux.

Ce sont nos vieilles provinces qui semblent reprendre
dre corps. Par une attraction involontaire, elles se
groupent autour de leurs deux grandes sœurs, qui
se taisent un peu dédaigneusement devant les autres. A leur démarche plus grave, à leur mine hautaine, on reconnaît les deux aînées de la France.
Voici la Provence, la Grecque-Romaine, couronnée
de pampre et d'olivier, front de Muse et robe de Bac-
chante, avec, dans ses yeux noirs, la flamme sarra-
sine. Et voici la Bretagne, la Voyante-Celtique, tantôt ridée comme une aïeule, tantôt éclatante de jeunesse, comme la druidesse qui prophétise sous le
chêne, où pousse le gui toujours vert. Avec son tambourin et son profil d'Arlésienne, l'une apporte, dans
les plis de sa robe, le rythme et la beauté antiques.
Triste et lente, l'autre couve dans ses yeux chan-
geants, couleur de mer, le songe infini des races du
Nord, le désir de ce qui est par delà l'horizon, des
paradis perdus, des au-delà cherchés. — A demi
railleuses, à demi fascinées, les payses du Centre et
de l'Est disent aux deux compagnes altières : « Eh
bien, où faut-il aller ? Est-ce au Nord ? Est-ce au

Midi ? Qui de vous deux nous conduira? — Je suis
l'Aînée, dit la Provence. Je vous ai tirées de vos
forêts, je vous ai vêtues des lambeaux de ma robe,
je vous ai enseigné la langue de mes Dieux.

   — Et moi, je suis l'Aïeule, dit la grande Celtique. Je me souviens et j'espère, je dis les jours qui
ne sont plus et les jours qui viendront. — Choi-
sissez ! » s'écrient les chanteuses rivales. Mais, entre la reine du gai savoir et la sombre fée de l'Océan,
les provinces chuchotent et demeurent incertaines.

   Le voilà bien le problème de la France, qui se
reflète dans ses plus lointaines traditions comme
dans ses dernières chansons populaires. Entre ce
Midi et ce Nord-Ouest, l'harmonie est difficile. Et
pourtant cette synthèse n'est-elle pas la raison historique de la France, qui est de résumer l'Europe
dans une pensée d'humanité [1]? Toutes les races
européennes se sont fondues dans son creuset, celles de la Méditerranée et celles du Septentrion.
L'élément germanique, qui prédomine au Centre, à
l'Est et au Nord, y représente la force équilibrante
entre le brillant midi gréco-latin et le profond génie celtique. Aussi l'ensemble de nos chants populaires résonne-t-il comme une symphonie complexe,

---

   1. Voir, à ce sujet, le beau travail de Henry Bérenger sur *le Génie de la France* (*Revue des revues*, 1er et 15 janvier 1901) et la
préface sur *l'Ame Celtique* dans mes *Grandes Légendes de France*
(Perrin).

où la France, aux voix multiples, cherche son dernier mot et sa grande mélodie.

II. — *Les nouveaux poètes du peuple.*

On l'a souvent dit, le folklore ne devient une science que lorsque le génie créateur inconscient s'éteint chez le peuple. Le collectionneur n'apparaît que lorsque le chanteur populaire est en train de disparaître. Cela est vrai en France comme ailleurs. Pourtant le folklore peut aider à créer un art nouveau en rapprochant les lettrés de la spontanéité primitive. M. Gaston Paris le disait naguère : pour accomplir sa tâche d'une manière féconde, il faut que le collectionneur même ait en lui « l'âme des vieux récits dont il recueille les formes souvent incomplètes et desséchées ». Il opposait aux simples érudits « ces charmeurs savants » qui possèdent en eux le génie de la tradition et savent faire revivre les contes perdus avec des fragments épars. « Nous savons, ajoutait-il, qu'ils ont un secret magique et que, posés sur leurs doigts, les doux chanteurs qu'ils ont sauvés vont se mettre à gazouiller comme ils le faisaient dans la forêt [1]. »

Eh bien, chez nous aussi, les oiseaux des villes sont venus écouter les oiseaux de la forêt. En France

---

1. Article de M. Gaston Paris sur *les Contes populaires norvégiens* et les *Contes des fées et des esprits* d'Asbiœrnson, dans le 1er tome de *Mélusine*, page 393.

comme en Allemagne, nos poètes récents se sont inspirés des beautés secrètes de nos chansons populaires. Si ce mouvement n'a pas eu la même importance
que de l'autre côté du Rhin, il offre cependant de
beaux résultats et des promesses pour l'avenir. Là
aussi, comme dans la cueillette des contes et des
chansons, toutes les provinces ont donné. Là aussi
nous voyons s'élever, au-dessus des autres contrées,
cette trinité des races françaises, qui maintient l'Est
pondérateur entre la Provence fougueuse et la
rêveuse Bretagne.

André Theuriet est un des premiers poètes qui,
vers 1870, comprirent le charme profond de la poésie populaire et s'en imprégnèrent. Déjà sensible
dans *le Bleu et le Noir*, cette influence s'accentue
dans *le Chemin des Bois*. Lorrain de naissance et
de cœur, Theuriet représente à merveille, parmi
les poètes régionaux, cette zone de l'Est, où les
arbres sévères du Nord, chênes et sapins, se serrent
en armées sombres ou vertes, comme les bataillons
en temps de guerre. Le Lorrain est tenace, renfermé, défiant, tourné au positif, mais non sans
grâce et sans finesse. C'est vraiment l'arôme des
bois et la lumière tamisée des hautes branches qui
circulent dans les vers d'André Theuriet :

> Aux bois émus, aux bois baignés
> De rosée et de lumière,
> J'offre ces vers tout imprégnés
> De la senteur forestière.

On y voit passer des silhouettes de bûcherons, de forestiers, de charbonniers, de chercheuses de muguet, de fines ouvrières et de jeunes filles champêtres. On y retrouve, sous une forme plus parfaite, les chansons de métier qui scandent harmonieusement la vie du campagnard et rattachent au labeur journalier les joies et les peines de toute l'existence.

Brins d'osier, vous serez le lit frêle où la mère
Berce un petit enfant aux sons d'un vieux couplet :
L'enfant, la lèvre encor toute blanche de lait,
S'endort en souriant dans sa couche légère.

Brins d'osier, brins d'osier,
Courbez-vous assouplis sous les doigts du vannier.

... Et vous serez aussssi, brins d'osier, l'humble claie
Où quand le vieux vannier tombe et meurt, on l'étend,
Tout prêt pour le cercueil. — Son convoi se répand,
Le soir, dans les sentiers où verdit l'oseraie.

Brins d'osier, brins d'osier,
Courbez-vous assouplis sous les doigts du vannier.

Mais fuyons avec Jean Aicard, le poète de la Provence, par-dessus les cimes noires du Jura, par-dessus Lyon, la fourmilière humaine aux cheminées fumantes, fuyons avec le Rhône, entre les Cévennes et les Alpilles, vers la terre fauve et rousse, aux cent mille mamelles, où pousse l'olivier, vers la terre qui porte comme un bouquet ses jardins de roses et de palmes à la mer d'azur. Le Rhône fouetté du mistral, c'est l'âme violente de la contrée. Jean Aicard a bien chanté le roi de son pays:

Le cheval à crinière jaune,
Nez écumeux, front de taureau,
C'est le Rhône indompté, le Rhône,
Couleur d'or et de bon terreau.

Il bondit, galope et dévale ;
Et de lui voir les reins si forts,
— Nez au vent, hennit la cavale
Qui venait boire sur ses bords !

Les ardents troupeaux qu'il abreuve,
Les taureaux noirs, les chevaux blancs.
— De humer l'air qui vient du fleuve
Sentent l'amour gonfler leurs flancs.

Dans sa première jeunesse, Jean Aicard avait
célébré son pays, sur le mode virgilien, dans ses
Poëmes de Provence, tableaux délicats, aux con-
tours nets, au dessin sobre comme celui des bas-
reliefs antiques. Il disait alors, comparant sa terre
ensoleillée aux forêts de la vieille Gaule, à la
majesté des Pyrénées, aux grâces estompées de la
Loire et de la Seine :

Mais j'ai pour la Provence au ciel bleu la tendresse
Qu'on a pour l'Italie et qu'on a pour la Grèce.

Plus tard il écrivit *Miette et Noré*, la souriante
idylle, qui forme un digne pendant à la classique
Mireille de Frédéric Mistral.

Dans ce poème varié, on retrouve, en traits plus
modernes, les pâtres à cheval de la Camargue, les
bergers errants vêtus de peaux, les vendangeurs et
les vendangeuses, les fiers gars et les jolies lavandières. D'étape en étape, des chansons brodent ce

récit et le parfument comme la lavande et le romarin au flanc des collines, où poussent l'olivier et le cyprès. On y sent que Jean Aicard s'est enivré, lui aussi, des chansons populaires comme du cri vibrant des cigales. Ce n'est plus du dehors qu'il regarde sa Provence, il a fondu son âme avec l'âme du peuple. C'est avec le cœur de ses payses, qu'il chante la passion de l'amour, et ce cœur frémit et palpite comme un tambourin au rythme effréné de la farandole.

> J'ai fait de mon cœur trois morceaux,
> Et pourquoi ? pour une parole !
> Vole, vole, vole, ah ! mon cœur vole !
> Le premier morceau qui s'envole
> Ce fut pour les nids des oiseaux.
> Vole, mon cœur, en trois morceaux,
> Vole, mon cœur, vers l'oiseau, vole !
>
> J'ai mis mon cœur en trois lambeaux
> Pour un baiser qui me rend folle.
> Vole, vole, vole, ah ! mon cœur vole !
> Le second morceau qui s'envole
> S'accroche aux buissons des tombeaux.
> Vole, mon cœur, en trois lambeaux,
> Vole, mon cœur, au tombeau, vole !
>
> En trois lambeaux, en trois morceaux,
> J'ai mis mon cœur et m'en désole.
> Vole, vole, vole, ah ! mon cœur vole !
> Le troisième morceau qui vole
> N'est pas pour vous, oiseaux, tombeaux.
> C'est pour qui m'a fait tous mes maux !
> Vers mon ami mon cœur s'envole !

La Bretagne, qui a versé de tous temps un si riche flot de poésie à la France, a pris, depuis les

jours déjà lointains de Villemarqué et de Brizeux,
la part la plus active à ce renouveau lyrique de nos
provinces, par le contact vivant de ses poètes avec
la tradition populaire. Parmi les contemporains, Le
Goffic a donné la note bretonne dans sa pénétrante
simplicité, mais le tempérament passionné et l'âme
imaginative d'Anatole Le Braz expriment plus
abondamment la nature diverse de ce pays et de
cette race [1]. Proses ou rimes vibrent chez lui d'un
coloris puissant, d'une émotion profonde. Il pourrait prendre pour devise de toute son œuvre ces
deux vers de sa *Chanson de Bretagne* :

Et mon âme est pareille à ces grands coquillages
Où la plainte des mers s'éveille à tous les vents.

Le Braz est un poète trop personnel pour imiter
directement et volontairement les formes populaires, qu'il connaît en celtisant érudit et en breton
bretonnant. Mais on sent courir dans ses strophes
l'amer parfum des bruyères et la forte brise de l'At-
lantique. On sent qu'il a vécu avec les terriens et les
pêcheurs, avec les paysans des montagnes d'Arrée,
aux mœurs préhistoriques, et les gardiens de phares aux pointes des caps, avec les sévères Iliennes
de Sein et d'Ouessant. Quelquefois lui échappe un
Sône pareil à ceux que murmurent en breton « les

---

1. Voir les ouvrages en prose de Le Braz: *la Légende de la Mort,
Au pays des Pardons, Pâques d'Islande*, non moins remarquables
que ses vers. Voir aussi *l'Ame bretonne*, de Le Goffic.

fileuses de lin clair » et quand le poète regarde
sa bien-aimée, il y voit passer toute sa vie en paysages d'une intimité prenante. C'est ici vraiment
qu'apparaît sa puissance de rêve et d'évocation :

> Penché sur tes yeux gris à la clarté changeante,
> Je vois un pays grave, un pensif horizon,
> Des quais, au bord de l'eau qu'un clair de lune argente,
> Et, dans un bourg antique, une jeune maison.

> ... Dans tes yeux assombris, je vois une nuit douce !
> L'ajonc mouillé l'embaume, et le goëmon roux...
> Une fontaine en pleurs sanglote dans la mousse ;
> Entendre sangloter les fontaines est doux.

Mais quand il s'abandonne au démon intérieur,
on croit entendre la voix du vent, le son des cloches,
le bruit des vagues ; et toute la vieille âme celtique
gémit et gronde dans ses vers. A cette musique, défilent, en visions rapides, les kloareks songeurs, les
farouches faneuses de goëmons et les lavandières
muettes, dont l'amour brûle sous des yeux tranquilles et qui vivent leur passion en dedans. Et, de
même que sur les plages, aux jours d'ouragan, la
basse fondamentale de l'Océan domine les siffle-
ments de la tempête, de même une note profonde
persiste et se prolonge à travers ces poésies,

> La désolation de la terre d'Armor.

Michelet a dit de la race celtique: « Elle lutta huit
cents ans par les armes et mille ans par l'espé-

rance. » Ne désespérons de rien. Le désir est un
créateur et l'espérance une magie. En lisant Le Braz,
il semble parfois qu'on soit à la veille d'une résurrection, que les grandes âmes du passé vont revenir
et qu'une palyngénésie du monde celtique se prépare :

> Et voici. Le printemps a rajeuni le monde,
> Et le pays croulant, soudain ressuscité,
> S'éveille entre les bras de la lumière blonde,
> Et l'hymne de la vie en son cœur a chanté !
>
> La mer est toute neuve et comme adolescente,
> Et, ramenant ses flots d'un geste harmonieux,
> Elle se lève et marche en sa grâce puissante,
> Et le ciel est plus beau reflété dans ses yeux.
>
> Des appels sont venus de la patrie antique.
> Les rochers qui jadis furent bardes et rois,
> Au souffle évocateur du renouveau celtique,
> Sentent vibrer en eux les harpes d'autrefois.

J'ai laissé la France de l'Est, du Midi et de l'Ouest
chanter son renouveau. Que d'autres poètes régionaux je pourrais nommer ! Ne citons que les plus
remarquables : Charles de Pomairols, avec ses poèmes *la Nature et l'Ame* et ses *Regards intimes,* où
les sentiments exquis d'un penseur subtil s'incrus-
tent aux traditions familiales et aux paysages de la
Rouergue ; Lucien Paté et ses *Poèmes de Bourgogne,* d'une fière tenue et d'un patriotisme ardent ;
Gabriel Vicaire et ses *Emaux Bressans,* qui chantant la vie facile sous les tonnelles et les amours

arrosés de vin avec leurs lendemains de fête. Rappelons encore Achille Millien pour le Nivernais, Gabriel Marc pour l'Auvergne, Rollinat pour le Berry. Il serait injuste d'omettre, dans cette revue sommaire, les pays limitrophes de la France, qui parlent sa langue et s'y rattachent par leur littérature, la Suisse romande et la Belgique vallonne. Dans sa *Chanson de l'Alpe* comme dans ses *Chansons simples* et ses *Rondes enfantines*, Jacques Dalcroze, poète et compositeur, a traduit avec bonhomie et non sans grâce l'humour genevois et ce solide amour de la nature, si cher à tous les Suisses. Par contre, Maeterlinck a exprimé, dans ses énigmatiques *Serres chaudes*, le mysticisme flamand, qui glisse à perte de vue au fil des canaux et des dunes, tissant dans ses villes mortes et ses cloîtres dentelés son rêve de madone, sous le glaive tragique de la vie.

Si je voulais continuer, pas un pays de France, pas un pays de langue française jusqu'au Canada ne manquerait à l'appel. L'étendue de ce courant en prouve la force. C'est un mouvement circulaire et enveloppant, qui va de la périphérie au centre et vient se répercuter au tourbillon de Paris. Par une fortune inespérée, il s'est trouvé un vrai poète pour le canaliser et en faire un instrument d'éducation. Maurice Bouchor, l'auteur des délicates fantaisies du *Théâtre des marionnettes*, consacre depuis dix ans son beau talent et sa foi robuste à la

propagande de la chanson populaire en France. Il
a compris qu'il fallait non seulement éduquer le
peuple avec nos classiques, mais encore assainir
le goût des hautes classes avec la fleur de nos chansons populaires. Pour cela, il a prodigué sa parole
humoristique et chaleureuse dans les universités
populaires comme dans les cercles lettrés. Il a fait
admettre, pour l'enseignement primaire, ses *Chants
populaires pour les écoles* avec des paroles nouvelles sur des airs de nos provinces ; il a répandu
dans nombre de salons ses *Chansons de l'Ouest*,
empruntées au recueil de Bujeaud ; il vient d'a-
dapter son *Poème de la vie humaine* à des airs de
Lulli, de Bach et de Beethoven. Qu'en de telles en-
treprises le sérieux de l'intention morale prédomine
quelquefois sur la spontanéité de l'inspiration et
donne l'impression du voulu, cela est inévitable.
Quoi qu'il en soit, il faut louer sans réserve cet
admirable effort. Car il sème largement le bon grain
dans la terre tendre, pour les moissons futures.

III. — *L'intuition psychique dans la poésie populaire.*

Ainsi, par son essence même comme par son
action, la poésie populaire nous révèle sa force secrète et sa haute portée. En quoi consiste donc son
ferment d'idéal ? Avant tout dans un sens direct de

l'âme et de ses mouvements intimes. Ce sens, qui existe à l'état réfléchi chez tous les grands créateurs, apparaît chez le peuple à l'état spontané et inconscient, et cela sous des formes naïves, parfois enfantines, mais toujours énergiques.

Il y a plaisir à constater, sous ce rapport, la supériorité de cet art naïf sur l'art savant et raffiné des époques de décadence ou de transition. Ce que nos romanciers et nos critiques ont pris l'habitude d'appeler *psychologie* n'est, pour la plupart du temps, que la réaction du corps sur l'âme, le reflet des fonctions physiologiques dans la sensibilité passionnelle et dans les opérations de l'esprit. Sous l'influence des doctrines matérialistes en philosophie et d'un réalisme outré en littérature, le sens profond de l'âme s'est oblitéré et perverti chez nos meilleurs écrivains. Aussi leurs « tranches de vie » ou leurs prétendues « planches d'anatomie » ne montrent guère que les naufrages de la conscience et les capitulations de la volonté, alors que l'art devrait mettre son ambition à nous raconter les victoires de l'âme et ses conquêtes dans le royaume de l'idéal. Nos chansons populaires, comme celles de tous les peuples, ne sont pas exemptes de grossièretés, mais elles y forment l'exception. Par contre, on y trouve de ces brusques soubresauts, qui trahissent la perception instinctive des pouvoirs latents et presque infinis de la volonté dans l'être humain.

Voici comment l'amante, évincée par une rivale plus
heureuse, formule sa douce plainte dans une chanson de l'Ouest :

> Elle n'est pas aussi jolie,
> Mais elle est plus savante,
> Elle fait la pluie, elle fait le vent,
> Elle fait fleurir la lande !...

Et quelle foi à la puissance souveraine de l'a-
mour dans ce cri de passion de la payse séparée de
son gars :

> Ah ! soleil, fond les rochers !
> Ah ! lune, bois les rivières !
> Que je puisse rejoindre
> Mon amant qu'est derrière.

Outre le sens des pouvoirs secrets de l'âme sur
l'âme et sur les choses, on trouve dans nos humbles
chansons le sens du mystère infini qui nous enveloppe, de l'invisible au-delà qui dépasse la perception des sens physiques. Parvenue à ce degré
d'exaltation, la muse populaire a quelquefois des
paroles sibyllines, des cris de Pythonisse. D'un vol
d'alouette essorée ou d'hirondelle tourbillonnante,
elle s'élance par bordées vers la vérité divine qui
l'éblouit, comme dans ce Noël :

> Non, non, nous ne finirons pas !
> Nous dirons trois fois :
> Feuille de Mars,
> Feuille d'Avril,
> Feuille de tourmente,

Qu'il pleuve qu'il neige ou qu'il vente,
Ouvrez-nous es portes du paradis!

Joie et Noël!
Nous en aurons dans le temps!
Nous en aurons au firmament!

Donc, aux deux bouts de l'échelle humaine, à l'extrême naïveté comme à l'extrême conscience, dans la chanson populaire, comme dans la plus haute poésie, l'âme humaine affirme le monde divin. Elle chante éperdûment la Justice, la Beauté et la Vérité, qu'elle sait être à l'origine comme à la fin des choses, parce que les rayons de ces Déesses fulgurent en elle-même. Par là, elle touche à Dieu, elle entre dans l'Eternel, elle possède l'Absolu.

Ainsi se vérifie, dans l'ordre esthétique comme dans l'ordre psychique, la parole attribuée à Hermès : « Ce qui est en haut est comme ce qui est en bas. Rien n'est petit, rien n'est grand dans l'Univers et Celui qui travaille est Un. »

Paris, Noël 1902.

HISTOIRE DU LIED

OU

LA CHANSON POPULAIRE EN ALLEMAGNE

———

Le monde est une grande lyre,
Où l'Esprit sans cesse a vibré.
Toute chante ! et l'âme à l'âme aspire
Et veut se joindre au chœur sacré.
Ce sont ces voix enchanteresses
Qui d'amour font frémir ton cœur.
Oh ! sens le bonheur des tristesses,
Sens la tristesse du bonheur !

Chant éternel, ô chant immense,
Va, cours sur les créations ;
Cherchez-vous, cœurs pleins d'espérance,
Embrassez-vous, ô nations !
Qu'un sentiment vous réunisse,
Répondez-vous de cieux en cieux ;
Qu'en vous l'Humanité jaillisse
Et vous serez la voix des dieux.

HERDER.

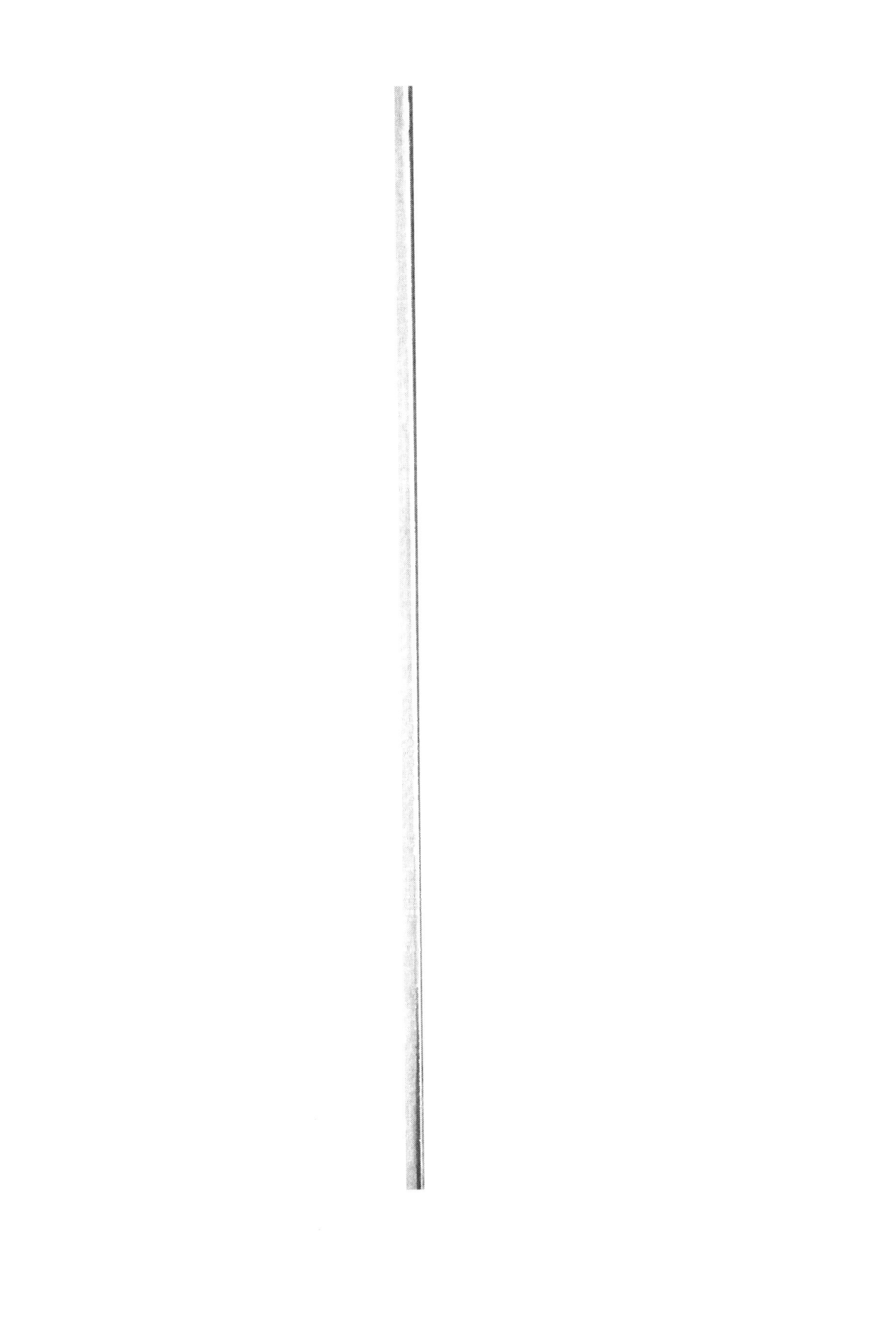

DÉDICACE DE LA PREMIÈRE ÉDITION

—

A M. ALBERT GRÜN

PROFESSEUR DE LITTÉRATURE ALLEMANDE

A Strasbourg.

———

MAITRE ET AMI,

C'est vous qui le premier m'avez introduit sur la terre vierge de la poésie allemande. Alors que mes regards incertains et ravis la contemplaient de loin sans pouvoir l'embrasser, vous m'avez pris par la main pour me conduire dans le pays de mes rêves. Vous m'y avez guidé d'un pas sûr et d'une main ferme, vous m'en avez fait parcourir les sites grandioses, les magiques profondeurs, et de hauteur en hauteur vous me fîtes monter jusqu'aux sources pures de la poésie primitive. Je vous dois d'avoir bu hardiment à ces eaux fortifiantes. Car vous m'avez dit maintes fois qu'il suffit d'y tremper ses lèvres pour haïr à jamais la beauté fardée qui n'est qu'un mensonge et pour aimer plus fortement la beauté naïve qui est une sainte vérité.

Quand je résolus d'esquisser une histoire du *Lied*,
vous ne m'avez pas seulement offert vos conseils et votre
expérience, vous m'avez permis de puiser dans vos travaux, vous m'avez aidé de votre zèle, vous m'avez soutenu de votre enthousiasme qui souvent faisait honte
au mien. Permettez que je vous remercie à cette place
et que je vous offre ce livre comme un faible témoignage de ma reconnaissance. Mieux que personne
vous en connaissez les imperfections, mieux aussi que
tout autre vous savez que c'est l'ardent amour de
mon sujet qui m'a mis la plume à la main. Quelle que
soit la destinée de ce premier essai, je lui dois un bonheur qui m'est cher entre tous, c'est de nous avoir unis
dans une même pensée : la régénération de la poésie
française par l'étude de la poésie populaire et primitive.
Cette pensée n'est encore qu'un espoir. Puisse-t-elle
devenir un jour l'ambition des jeunes poètes d'une
France nouvelle!

E. S.

(1868)

DÉCOUVERTE DE LA POÉSIE POPULAIRE

> Il n'y a qu'une seule poésie, la franche, la vraie.
> Tout le reste n'est qu'illusion et pastiche. Le
> talent poétique est donné au paysan tout aussi
> bien qu'au chevalier ; il ne s'agit pour chacun
> que de s'emparer de sa vie et de l'exprimer di-
> gnement ; et, pour cela, la condition la plus sim-
> ple offre les plus grands avantages.
>
> GŒTHE.

Caractère sacerdotal du poète à l'origine des civilisations.
— Le don poétique considéré comme une révélation
divine chez les anciens, comme une faculté exceptionnelle
chez les modernes. — Le peuple poète sans le savoir.
— Ses créations. — Les *Voix des peuples*, de Herder. —
Découverte des chants populaires de l'Allemagne. —
Nouvel horizon en esthétique et en poésie.

La vraie poésie est-elle une création spontanée
de l'homme primitif ou l'œuvre réfléchie de la civilisation? Est-ce la vérité pour les grandes âmes et
rien qu'un mensonge pour la foule, sublime folie
de quelques-uns ou mystérieux désir qui tressaille
dans les profondeurs de l'humanité? Tout le monde
sent la poésie, diront les uns, le poète seul l'exprime. Qui n'éprouve le besoin de dire tout ce qu'il
espère, tout ce qu'il aime et tout ce qu'il croit et de
répandre dans les autres le flot de joie ou de douleur qui le déborde? Mais c'est en vain. Le poète

seul donne une voix éclatante aux aspirations confuses de ses semblables et met au jour l'idéal que
nous portons en nous. — Illusion de votre vanité,
diront les autres. Les petits imitent les grands sans
les comprendre et ce qu'ils n'éprouvent pas, ils le
feignent. Bien moins encore est-il juste de prétendre que la faculté poétique existe chez tout le
monde, quoique peu développée. C'est un don rare
et absolu qu'on ne saurait ni acquérir ni expliquer.
On le possède ou l'on en est dépourvu ; le reste
est un mystère. Il y a un abîme entre le poète et
ceux qui l'écoutent, rien ne saurait le combler.

L'histoire ne donne-t-elle point raison à ces incrédules? Les seuls poètes qui apparaissent à l'origine de l'âge historique ce sont les fondateurs de
religions ; prophètes entourés de quelques croyants
ils les animent de leur esprit, mais n'en reçoivent
rien. Le premier pasteur nomade qui s'agenouilla
sur le versant de l'Himalaya pour adorer le Dieu du
feu et de la lumière eut une révélation extraordinaire. Sans doute qu'il sentit se presser confusément dans son âme les puissantes émotions qui
nous troublent encore et qui devaient s'épanouir
dans le cours des siècles en hymnes sans nombre
comme sans fin ; il dut frémir de sympathie à l'aspiration de tous les êtres vers la lumière et la vie,
qui éclate dans le cœur de l'homme en un cri d'a-
mour. Ce fut un esprit hautement religieux et un
poète, il trouva des disciples, mais combien le comprenaient? Quand ces peuples nomades descendirent de leurs âpres montagnes vers les bords du
Gange, fondèrent des royaumes et jetèrent les
bases de la plus antique civilisation qui nous soit

connue, le plus petit nombre, la caste des brahmanes, retint la religion entre ses mains, tandis que les guerriers usaient leur force dans les combats et que le vil paria restait accablé sous le poids de travaux infimes. C'est la caste des prêtres qui imposa à la société sa religion et son culte, c'est elle encore qui lui donna sa poésie. Elle transforma les vieux hymnes védiques, les expliqua, créa l'épopée théologique. Le Ramâyana, le plus élevé des poèmes de l'Inde, est l'œuvre d'un prêtre. Aujourd'hui même, où la force créatrice de cette société semble à jamais éteinte et où les Anglais cherchent à la renouveler par les idées européennes, quelques brahmanes érudits sont les seuls qui veuillent connaître et sentir leur poésie de trois mille ans.

Chez les Grecs le poète se sépara de bonne heure du prêtre, mais plus que partout il resta l'homme exceptionnel, l'initié par excellence. C'est des montagnes de la Thrace, c'est de l'Olympe et de l'Hélicon, où les bois sacrés et les enceintes de pierre furent les premiers signes de la présence des dieux, que descendirent les premiers poètes et qu'ils amenèrent à un peuple de laboureurs le chœur des muses, la lyre d'or d'Apollon et avec elle les secrets du ciel et de la terre. Orphée, le premier poète selon la fable, élevé parmi les Ménades, l'ardent enthousiaste de Dionysos est presque un demi-dieu. S'il enchaîne à ses pas les bêtes féroces émues, s'il arrache Eurydice aux divinités des enfers par le charme de son chant et l'immensité de sa douleur, sans doute que les Grecs voulurent glorifier en lui la poésie comme une puissance divine plus forte que la mort, mais au-dessus des vulgaires mortels.

Zeus ne parlait aux hommes que dans le chêne de Dodone, Apollon ne révélait ses oracles qu'à la Pythie, sur le trépied d'or, au-dessus du gouffre terrible et dans les convulsions de la fureur sacrée; de même il fallait le dieu pour faire le poète. Témoin Homère lui-même. Car pour les Grecs, Homère n'était pas, comme aux yeux de la science moderne, la personnification poétique de toute une classe de chantres sacrés, qui eux-mêmes n'avaient fait qu'embellir et donner un contour plus précis à des traditions populaires, mais un demi-dieu, le révélateur de l'Olympe, faisant part aux hommes des plus grandes actions des dieux et des héros. Quand les rhapsodes, tenant une branche de laurier à la main en signe de leur sainte mission, chantaient la colère d'Achille ou les aventures d'Ulysse dans les palais des rois et devant les pêcheurs des Cyclades, parfois sans doute ils s'abandonnaient à l'inspiration du moment, mais ceux qui les écoutaient dans un religieux silence n'en croyaient pas moins entendre des paroles divines, la voix du grand Homère. Dans l'Athènes de Périclès, il est vrai, au foyer d'une démocratie ardente, sous les portiques des philosophes et dans les combats oratoires de la place publique, les poètes se rapprochèrent beaucoup des autres citoyens. Mais ils restèrent isolés dans leur fonction et ne cessèrent d'exercer un sacerdoce. Pindare est un interprète de la sagesse delphique, dans les tragédies d'Eschyle rugit parfois la magnifique ivresse du dithyrambe et ses chœurs respirent les saintes voluptés des mystères d'Eleusis. Quand il met le cothurne, il parle de haut et on l'écoute comme un devin. Bref,

c'est surtout aux Grecs que nous devons l'idée qui
fait du poète un inspiré des dieux, c'est-à-dire un
être privilégié, seul capable de comprendre les choses les plus hautes et d'en parler dignement, en un
mot, un homme doué d'une faculté supérieure dont
les autres sont privés. Et cette image ne mourra
pas, parce qu'elle contient une vérité éternelle, c'est
que la beauté est une religion qui a ses prêtres,
ses martyrs, ses saints et qu'elle en a besoin pour
vivre.

Que dire de la littérature latine? En Grèce, le
poète, quoiqu'il passât pour un homme supérieur,
était constamment en rapport avec tous les hommes
libres de sa cité. Il vivait avec eux, comme eux, il
formait leurs cœurs et dirigeait leurs esprits. Mais
à Rome, dans un état militaire construit pour exterminer et pour conquérir, dans ce peuple de légistes,
de tribuns et de soldats, le favori des muses fut bien
plus isolé. Chez les Grecs, il était devenu naturellement l'interprète des plus hautes idées religieuses,
chez les Romains, il fut forcé devenir le héraut de
la gloire militaire. Pour faire croire à sa mission
divine il dut célébrer Rome maîtresse du monde
par les armes. C'est ce que firent Ennius, Virgile,
Horace. Malgré tant d'efforts pour se rendre populaires, quel rapport y avait-il entre eux et la
grande masse du peuple? Quelle part avait-il dans
leurs créations, combien de voix dans la renommée? Ces légionnaires, qui allaient laisser leurs os
dans les forêts de la Germanie ou à l'extrême Hel-
lespont, lisaient-ils ces poèmes où l'on chantait leur
courage? Il est permis d'en douter. A mesure qu'on
avance dans l'histoire romaine, on rencontre de plus

en plus une littérature élégante de capitale, d'amateurs, de *récitations*, qui ne pénètre pas plus avant
au cœur de la nation. Cette nation, d'ailleurs
qu'était-elle devenue? Faut-il appeler de ce nom
cette plèbe d'oisifs qui vendait son suffrage au plus
offrant ou cette soldatesque qui faisait et défaisait
les empereurs? Faut-il y ranger aussi la foule des
esclaves sans droit qui, bien loin d'oser aspirer à
la vie de l'esprit, pouvaient à peine sauver leur corps
et pour lesquels l'espérance était un crime? Non,
alors ce grand peuple avait perdu sa religion et sa
poésie; il n'avait plus que des superstitions, et des
amusements. Toute l'histoire de la poésie latine
offre le spectacle d'une élite de lettrés qui vivent
entre eux d'une vie à part. Les orateurs seuls agirent sur la foule au temps de la liberté, épousant
ses passions ou l'animant des leurs; les historiens
héritèrent d'une partie de leur influence. Mais plus
qu'ailleurs le poète était un étranger chez les
Romains, incompris du peuple et relégué dans un
autre monde.

Il suffit de jeter un coup d'œil sur les principales littératures de l'Europe au moyen âge pour
s'assurer que le poète y fut très isolé du peuple et
que la poésie ne descendit que très lentement
dans les couches inférieures de la société. La circonstance que le christianisme supplanta les religions païennes en Gaule, en Bretagne, en Germanie, et que la hiérarchie catholique, prenant la place
de l'omnipotence romaine, vint serrer dans son
réseau tous les peuples de l'Occident, décida du
caractère des nouvelles littératures comme du genre
de la nouvelle civilisation. Le premier soin de l'E-

glise fut de détruire le paganisme, et comme, au
sortir de l'état barbare, la poésie se développe toujours au sein du culte, le clergé seul inaugura la
poésie chrétienne chez nos ancêtres. La noblesse
féodale la prit de ses mains. Après avoir amalgamé
les sentiments chrétiens avec ses mœurs, parvenue
à un haut degré d'enthousiasme, elle créa la poésie
chevaleresque. Mais, d'une part, les grands poètes
sont très rares ; de l'autre, cette poésie est limitée
à l'élite des seigneurs et des chevaliers. Dès qu'ils
tombent en décadence, les communes se consolident
et la bourgeoisie se fait entendre. Mais ce n'est plus
la voix de la poésie, c'est celle de la prose. La bourgeoisie fit la littérature moderne, elle y règne encore,
mais quel rôle y joue la poésie ? N'est-elle pas toujours
l'œuvre de quelques grands individus qui s'affran-
chissent de tous les préjugés de caste, qui ont
toutes les peines à percer, que peu comprennent
dans le fond, et qui, une fois reconnus, s'imposent
avec une autorité dictatoriale très dangereuse à
leurs successeurs ? Racine et Boileau, aidés de
Louis XIV et de sa cour, n'ont-ils pas arrangé le
Parnasse français ? N'y ont-ils pas régné aussi longtemps que la cour de Versailles régna en France ? Et
quelle part la nation tout entière prit-elle à leur
œuvre, hors la cour et la ville ? Que faisait-il pendant ce temps, ce peuple opprimé, dragonné, sucé
à blanc ? Avait-il une poésie, pouvait-il en avoir
une ? Cette question eût fait rire les courtisans du
grand roi.

Que ressort-il de tout ceci ? C'est que la poésie
semble une chose étrangère à la vie commune de
l'humanité, et les poètes de grandes exceptions qui

s'imposent par la force du génie, de la mode et des circonstances. Plus heureux ou plus malheureux que leurs frères, ils pénètrent seuls dans le monde idéal ; acclamés ou maudits, ils vivent dans la solitude. S'inspirant d'âge en âge ils ne s'entendent qu'entre eux, et, comme ces jeunes Grecs dans les courses du Cyrénaïque, ils se passent le flambeau sacré, qui parfois semble s'éteindre et se rallume toujours. Virgile suit Homère, Dante suit Virgile, Shakespeare les salue de loin, Goethe les réunit dans son panthéon. De longs cortèges suivent ces grandes ombres, dont la marche est l'histoire de la poésie. Quant au reste des hommes, il a passé comme un vil troupeau emporté par le torrent de ses passions et de ses intérêts, sans deviner le secret de l'idéal.

Eh bien, ce peuple si longtemps méprisé, il rêve, il chante à notre insu, il a sa poésie et son idéal ! Un grand et sourd travail se fait en lui. A certains âges, surtout aux époques primitives, comme aux temps de renaissance et de révolution, chaque fois qu'un souffle de liberté l'arrache à ses misères et lui ouvre un plus vaste horizon, ce travail intérieur éclate au dehors en jets vigoureux. Parfois, ces œuvres instinctives passent dans la littérature, mais leurs véritables auteurs restent inconnus. Alors même que rien n'en arrive aux oreilles des gens de lettres et des classes cultivées, l'imagination populaire continue son œuvre souterraine, multiple, créatrice, incessante. Sans savoir lire ni écrire, le peuple a ses chants, ses légendes, ses poèmes. Il invente des épopées comme des religions, et ses créations sont en un sens plus intéressantes que les chefs-d'œuvre des plus beaux génies parce qu'elles

sont pures des frivolités de la mode, des calculs de
l'ambition et des hypocrisies de la vanité. Profonde,
invisible croissance pareille à la végétation du corail
qui s'élève lentement en ramifications infinies du
fond de la mer et finit par percer à sa surface en îles
charmantes qui étonnent et ravissent le navigateur.
En un mot, à côté de la poésie officielle, il y a une
poésie cachée, avant l'art réfléchi il y a un art spontané, sous l'idéal des grands esprits il existe un
idéal populaire qui naît sans leur concours et s'enfante de lui-même, si j'ose dire, dans l'âme du
peuple.

Cette grande découverte, dont on n'a pas encore
tiré toutes les conséquences, nous la devons aux
plus hardis esprits de l'Allemagne, à ceux qui firent
la révolution poétique dans la seconde moitié du
dernier siècle. La littérature allemande était alors
captive dans l'imitation de l'étranger et dans le
pédantisme de l'école. On comptait des syllabes, on
épluchait des mots, on imitait froidement la tragédie classique et les sonnets italiens. Une prosodie
de savants, des vers de cabinet, fades pastiches des
madrigaux de Versailles, voilà ce qui se targuait du
nom de poésie. Mais la voix de Rousseau avait
trouvé de puissants échos en Allemagne. Cet enfant
du peuple, l'écrivain le plus audacieux, le plus sincère et le plus persécuté que la France ait jamais eu,
voulant faire sortir la morale de la nature de l'homme, l'éducation de ses seuls besoins, la société de
ses rapports naturels avec ses semblables, détruire
l'hypocrisie, bannir des mœurs tout ce qui se fonde
sur le préjugé, non sur la nature et la raison ; car
voilà ce qu'il entendait au fond par sa devise : reve-

nir à la nature. Les Allemands, plus portés vers
l'idéal que vers la pratique, inspirés par lui ou par
leur propre génie. appliquèrent sa méthode à l'art.
Revenons à la nature ! devint le cri des forts ; à leur
tête, Lessing dans le drame et le jeune Gœthe enivré de Shakespeare. Ce furent les vieilles ballades
anglaises de Percy, ce furent les poèmes d'Ossian,
que Macpherson disait avoir traduits de chants gaë-
liques, qui révélèrent aux esprits l'existence d'une
grande poésie populaire. Ce fut comme un éclair
dans la nuit profonde ; sa lumière éblouissante
semble éteindre le pâle flambeau que nous portons
et découvre à nos yeux un océan de montagnes.
Herder l'avait entrevu et se promit de le parcourir.
Son regard se porta tout d'abord sur la poésie lyrique et populaire de toutes les nations. Il voulut
montrer que le peuple sait chanter, émouvoir, exprimer poétiquement sa vie sur tous les points du globe.
Et certes il était bien fait pour remplir cette tâche,
l'homme qui avait développé cette pensée de Lessing : l'histoire est l'éducation du genre humain,
et l'avait formulée ainsi : outre l'histoire de chaque
peuple. il y a une histoire de l'humanité ; les peuples se lèguent et se communiquent le trésor de
leurs mœurs, de leurs arts et de leur culture. Pénétré de cette pensée, il recueillit, dans les vieilles
chroniques, dans les récits des voyageurs, dans la
bouche même du peuple, les chants les plus simples,
les plus beaux, et les réunit sous ce titre : *Voix des
peuples*. Ce livre est jusqu'à ce jour d'un haut intérêt. On y trouve des chants de presque toutes les
nations. Depuis l'Espagnol. qui joue sa romance
sous le balcon mauresque de sa dame. depuis le

pêcheur de Sicile, qui invoque la Vierge sous son
ciel étoilé, jusqu'au pauvre Lapon qui s'entretient
de sa maîtresse avec son renne fidèle, dans les step-
pes de neige de sa patrie ; depuis la pensive Lithua-
nienne qui, dans sa harpe de tilleul, entend soupirer l'âme de sa sœur, jusqu'au Péruvien qui, dans
sa mythologie naïve, imagine la pluie comme une
jeune fille portant une cruche d'eau et le tonnerre
comme un frère brutal qui vient la lui briser ; dans
toutes les zones, sous tous les climats, tout vit, tout
aime, tout chante et chacun a sa voix. Il n'y a pas
jusqu'aux sauvages de l'île de Madagascar, dont
les chants ne soient d'une beauté saisissante. Comme
le chevalier Parny l'avait déjà raconté, ces peuplades se divisent en une infinité de petites tribus
qui se font une guerre à mort. Quoique sanguinai-
res, elles pratiquent l'hospitalité, et leurs mœurs
abondent en traits touchants. Le terrible roi Ampanani, après avoir réduit un village en cendres, pleure
en voyant passer les enfants prisonniers. — Enfants
innocents, dit-il, vous souriez et vous êtes esclaves !
Il veut prendre pour maîtresse la plus belle des pri-
sonnières. Elle lui dit : « O roi, j'avais un amant.
— *Ampanani*. Où est-il ? — *Vaina*. Peut-être est-il
tombé dans le combat, peut-être s'est-il sauvé par
la fuite. — '*Ampanani*. Qu'il soit tombé dans le combat, qu'il se soit sauvé par la fuite, je veux être ton
amant. — *Vaina*. O roi, aie pitié des larmes qui arro-
sent tes pieds. — *Ampanani*. Que veux-tu ? —
Vaina. Ce malheureux a baisé mes yeux et ma bouche, il a reposé sur mon sein, il est dans mon cœur
et rien ne saurait l'en arracher. — *Ampanani*.
Prends ce voile et couvre tes charmes. Va en paix.

— *Vaina*. Laisse-moi le chercher parmi les vivants ou parmi les morts. — *Ampanani*. Va, belle Vaina. Qu'il meure le monstre qui peut ravir des baisers mêlés de larmes. » On le voit, les sentiments généreux et la force de les exprimer ne sont pas incompatibles avec l'état sauvage. Mais le fléau de ces peuples fut la traite des nègres qui doubla leur férocité. Car, depuis ce moment, ils ne songèrent plus qu'à se vendre. La tribu vendait la tribu, le frère sa sœur, la mère sa fille. C'est là le sujet d'une des plaintes les plus poignantes qu'on ait poussées contre l'esclavage :

« Une mère traînait sa fille unique au rivage pour la vendre aux blancs.

« O ma mère ! Ton sein m'a porté, je suis le premier fruit de ton amour : qu'ai-je fait pour mériter l'esclavage ? J'ai soulagé ta vieillesse, pour toi j'ai cueilli les fruits, pour toi j'ai poursuivi les poissons dans le fleuve ; je t'ai protégée contre le froid, pendant la chaleur je t'ai portée sous les ombrages embaumés, pendant que tu dormais j'ai veillé près de toi, j'ai chassé les insectes de ton visage. O ma mère, que deviendras-tu sans moi ? l'argent qu'on te donnera pour moi ne te donnera pas une autre fille. Tu périras dans la misère, et ma plus grande douleur sera de ne pouvoir t'aider. O ma mère ! ne vends pas ta fille unique.

« Vaines prières ! Elle fut vendue, chargée de chaînes, jetée sur un navire et quitta pour toujours sa chère, sa douce patrie [1]. »

---

1. Herder, *Stimmen der Volker. Sammtliche Werke*, t. XVI, pp. 428 et s. — Cotta, Stuttgart.

Voilà de ces cris de nature qui défient la poésie!
Le recueil de Herder en est plein et ses contemporains en furent émus. L'attention des jeunes poètes se porta de plus en plus sur les chants populaires de l'Allemagne. Non seulement Herder en
avait recueilli un certain nombre dans son livre,
mais pendant son séjour à Strasbourg, où il exerça
une grande influence sur Goethe, qui n'avait alors
que vingt ans, il lui fit remarquer la beauté des
chants populaires de l'Alsace. L'ardent jeune
homme, dont le génie rapide s'emparait de tout
au vol, profita du conseil; on retrouve dans les
inspirations les plus suaves de sa muse lyrique la
note touchante de la chanson populaire. Bürger
vint après et adopta d'antiques légendes dans ses
ballades fantastiques; les autres firent comme lui.
Tous prêtèrent une oreille attentive à la voix du
peuple qu'on avait entendue jusqu'alors sans la
la comprendre. Ils ressemblaient à ces jeunes héros
de la Germanie païenne qui, après avoir trempé
leurs lèvres dans le sang du dragon, comprenaient
tout à coup le langage des oiseaux et marchaient,
saisis de terreur et de ravissements, sous la forêt
murmurante dont les voix rieuses leur prédisaient
un immense avenir. Ainsi, ces paroles, ces mélodies, prirent un sens nouveau, on se mit à les
noter, à les recueillir pieusement. Achim d'Arnim
et Clément Brentano y consacrèrent leurs loisirs
et toute leur passion. Voici comment le premier
raconte la révélation qu'il eut de cette nouvelle
poésie : « Ce fut à la campagne que je compris
pour la première fois le sens du chant populaire et
que j'en subis le charme puissant. C'était au milieu

d'une chaude nuit d'été, des voix éclatantes me
réveillèrent. J'ouvris la fenêtre et je vis à travers
les arbres des soldats et des paysans pêle-mêle. Ils
chantaient et se renvoyaient ce refrain :

> Debout, mes frères, soyez forts !
> Voici le jour d'adieu.
> Nous allons par delà les mers,
> Nous partons avec Dieu.

« Ils partaient pour leur régiment. Ces vers
réveillèrent en moi d'autres refrains qui avaient
frappé mon oreille, et tout ce que j'entendais chanter par des gens qui n'étaient pas poètes de profession m'attirait alors davantage, depuis les graves accents du mineur sortant de son noir souterrain jusqu'aux gais couplets du couvreur suspendu
sous le ciel bleu. Plus tard je m'aperçus que dans
ces chants le peuple atteint du premier coup ce que
les poètes de profession poursuivent en vain : c'est
de faire retentir la même note en beaucoup d'âmes
et de les unir toutes. » Parlant de la gent littéraire qui tient le haut du pavé, il dit : « Sous leur
mine hautaine et sous leur langage précieux, ils
cachent leur nullité et leur sotte extravagance. Ils se
séquestrent dans un coin et vivent loin de cette partie du peuple qui seule peut encore supporter toute
la force de l'enthousiasme. Nos amateurs de théâtre et de concert s'enfuiraient à toutes jambes
devant l'art pur et vrai, ils tomberaient sans connaissance dans l'air des montagnes. » Et pourquoi
ces deux vaillants champions entraient-ils en lice,
en arborant le drapeau de la poésie populaire ? « Ce
qui fait la richesse de tout notre peuple, dit Achim

d'Arnim, en concluant, son art intime et vivant,
tissu des âges et des puissances de l'âme, sa foi et
son expérience, ce qui l'accompagna dans la joie et
dans la mort, ses chants, ses récits, ses légendes,
ses proverbes, ses histoires, ses prédictions et ses
mélodies, nous voulons rendre tout à tous [1]. »

Ce fut en 1805 seulement qu'Achim d'Arnim et
Clément Brentano publièrent leur premier recueil.
Ils l'intitulèrent *le Cor magique de l'enfant*. Les
délicats et les précieux ne manquèrent pas de
s'égayer sur les naïvetés du peuple, mais parmi les
esprits sérieux et dans le grand public le succès fut
général et de longue durée. Le livre méritait son
titre et ses effets furent plus puissants que ceux du
cor d'Obéron. Car il réveilla une âme nouvelle chez
les meilleurs de la nation, l'âme vraie, celle qui
craint toujours de se montrer, qu'étouffent les lâche-
tés de l'éducation, les hypocrisies de la société.
Quelle joie mâle dut tressaillir dans ces hommes,
dans ces poètes amis du peuple ou sortis de ses
rangs, lorsqu'ils découvrirent cette vaste poésie
populaire comme une superbe forêt vierge derrière
le jardin ratissé de la littérature? Le peuple chante
aussi et mieux que nous, durent-ils s'écrier. Sous
la poésie que nous faisons, il y en a une autre qui
se fait elle-même. Le génie du peuple est tout un
monde que nous ignorons et qu'il faut connaître.
Chez lui tout est vrai, parce qu'il chante ce qui
l'émeut, chez nous tout est faux, parce que nous
chantons ce qui est convenu. Allons à l'école chez
ces vagabonds, ces lansquenets, ces filles amoureu-

1. *Des Knaben Wunderhorn.* — Préface d'Achim d'Arnim, t. I,
page 444.

ses et ces gais compagnons pour apprendre la langue de la nature. Qu'est-ce d'ailleurs qu'une poésie de salon, de coterie, d'encre et de papier, de pédants et de fats? Il nous faut une poésie nationale. Comblons l'abîme qui nous sépare du peuple, chantons avec lui et qu'il chante avec nous. Donnons-lui la foi en l'idéal, il nous donnera la puissance de la sympathie.

Voilà ce que pensaient Achim d'Arnim, Clément Brentano et leurs amis, ce qu'avaient pensé avant eux Herder et Gœthe. Ce mouvement fut d'une immense portée, d'abord pour l'histoire de la poésie. On s'habitua à donner une place capitale dans les littératures à toutes les œuvres spontanées de l'imagination populaire, à y étudier les secrets de la création poétique. Les recueils de *Volkslieder* se suivirent et se multiplièrent d'année en année. Les poètes les plus illustres, comme Uhland et Hoffmann de Fallersleben, rivalisèrent pour rétablir ces chansons dans leur intégrité primitive. Dans l'intervalle, d'autres études s'étaient ajoutées à celles-ci. Les frères Grimm venaient de jeter un jour nouveau sur la mythologie germanique et scandinave qui, elle aussi, est une création populaire, ils avaient recueilli de la bouche même du peuple les Contes (*Maerchen*) où l'on retrouve les derniers vestiges de cette antique religion. Ces exemples trouvèrent des imitateurs dans toute l'Europe. On écouta, avec une admiration mêlée d'étonnement, les chants de la Grèce moderne, les chants des Serbes, les chants des Bretons, que M. de Villemarqué réunit dans son bel ouvrage *Barzaz-Breiz*. Dès lors, une nouvelle tâche se posa à l'historien littéraire :

étudier la poésie du peuple à côté de celle des grands esprits et trouver leurs rapports.

Cette étude est en effet de la plus haute importance pour l'intelligence de la vraie poésie et pour son rôle dans la vie humaine, pour son présent, comme pour son avenir. On veut aujourd'hui que toutes les questions se résolvent d'elles-mêmes par l'histoire. Plus de théorie sans la contre-épreuve de l'expérience, plus d'expérience qui ne serve à la théorie. Ici l'histoire vient compléter l'esthétique, et, loin de donner tort à l'idéal, le peuple, dans sa poésie, lui donne raison sans le savoir. Car il sait faire jaillir l'idéal vivant de toutes les situations et de toutes les émotions de la vie. L'homme le plus simple, quand il arrive à la conscience de sa liberté, de son droit d'individu, éprouve, sous le coup des sensations fortes, le besoin de se représenter, de chanter et d'idéaliser sa vie pour en savourer l'essence. La poésie n'est donc pas autre chose que l'essence de la vie clairement et fortement exprimée. Elle ne peut nous donner que ce qui se passe en nous et dans les autres. Mais la réalité est toujours obscure, fragmentaire. La vraie poésie débrouille, éclaire, achève. Elle saisit partout l'origine des sentiments, des passions et des destinées particulières, les incarne dans des êtres vivants, les isole de ce qui pourrait gêner leur développement, les renforce, les pousse à l'extrême et les transporte ainsi dans une région supérieure sous l'éclair de l'imagination. Mais ce qu'elle donne n'est que ce que nous sommes ou ce que nous pourrons être, c'est la nature refondue par l'esprit, mais qui ne cesse pas d'être la nature.

La poésie est donc un besoin universel et profondément humain. Le grand poète possède, dans une forte mesure, une faculté qui existe chez tout le monde à des degrés très divers. L'intelligence de la poésie populaire le lui a prouvé et qu'il s'en réjouisse. Car, s'il ne se croit plus l'inspiré des dieux, il se sent d'autant plus frère de tous les hommes ; frère, parce que ceux-ci veulent chanter comme lui, frère, parce qu'il doit les élever à une plus haute conscience d'eux-mêmes et de l'humanité, en leur faisant comprendre que l'homme aspire au juste, au beau et au vrai par la seule force de son être. Ainsi comprise, la poésie n'est plus un don d'en haut, mais l'effort éternel, instinctif ou voulu de tous vers la beauté ; inextinguible symphonie qui, chez le grand poète, éclate en un chant triomphal.

C'est pour cela qu'elle vit dans le cœur de l'humanité comme la religion ; mais elle s'en distingue. Elle regarde la terre et non pas le ciel. Elle considère moins l'homme dans son effrayante contradiction avec l'infini que dans les mille situations où son sort le jette ; elle n'essaie pas de résoudre le problème de l'univers comme la philosophie et la religion, mais le problème de la vie, qui se pose toujours en nouveaux termes. Elle ne se fonde pas sur le vain rêve d'une félicité parfaite qui serait la mort, mais sur la sympathie, sur le besoin qu'ont les hommes de s'épanouir les uns dans les autres ; elle suppose l'égalité. Et, lorsque la conscience pure de l'idéal se joint à ce sentiment de la fraternité humaine, pourquoi la poésie ne pourrait-elle devenir une religion, puisque toute religion n'est qu'un beau poème sur l'éternité?

Telles sont les pensées que réveille le spectacle de la poésie populaire en grand. Il doit faire plus et nous faire entrer dans ses profondeurs. La poésie étant chose sérieuse et nécessaire à l'homme, c'est là qu'il faut en étudier le jet primitif et original ; rien ne peut faire pénétrer plus avant dans sa nature. Le poète trouve dans son enthousiasme la foi à sa mission et n'en veut pas d'autre preuve, je le sais, mais il peut chercher ici les moyens de la mieux remplir. Car la poésie du peuple est la moins factice et la plus puissante, quelquefois la plus belle. Montaigne, l'un des rares écrivains qui sut se maintenir en dehors du courant de la mode, qui eut le courage d'être lui tout cru et lui seul, l'avait déjà pressenti. « La poésie populaire, dit-il, et purement naturelle, a des naïvetez et grâces par où elle se compare à la principale beauté de la poésie parfaicte selon l'art ; comme il se voit ès villanelles de Goscoigne, et aux chansons qu'on nous raporte des nations qui n'ont cognoissance d'aucune science n'y mesmes d'escriture. La poésie médiocre qui s'arrête entre deus est desdeignée, sans honeur et sans prix. »

Si c'est déjà une bonne fortune que d'entendre par hasard l'une de ces chansons à la campagne, c'en est une plus grande encore pour l'historien, le psychologue et l'ami du beau que de rencontrer toute une littérature de ce genre d'une inépuisable richesse. La chanson populaire en Allemagne est un vrai trésor. Grâce aux nombreux et consciencieux recueils qu'en ont faits des hommes à la fois poètes et savants, on peut remonter à son origine au quatorzième siècle, la suivre dans sa floraison

au quinzième et 'au seizième, dans sa décadence
pendant la guerre de Trente ans, dans sa renaissance féconde au dix-huitième siècle et l'accompagner jusqu'à nos jours. Ce n'est pas un peuple vague, une masse confuse, un fantôme d'abstraction,
c'est un peuple vivant avec ses types innombrables
qui ressuscite devant nous ; et chacun nous chante
ses aventures, ses peines et ses espérances. Jetons-
nous dans cette foule, écoutons un instant les voix
du passé, qui sont quelquefois celles de l'avenir. Il
ne s'agit pas ici d'une épopée héroïque et populaire
comme les Nibelungen, inspirée par de grands événements historiques, où une nation dépose sa pensée collective, mais d'œuvres lyriques très indivi-
duelles, très variées, où des enfants de la nature
ont répandu le trop-plein de la sève riche qui débordait en jets de musique et de poésie de leurs
âmes jeunes et vierges. D'un côté, ces voix vibrantes des montagnes et des forêts, ces hardies chansons de guerre, ces douces mélodies d'amour et de
tristesse feront revivre à nos yeux tout un peuple
naissant, dans sa naïveté primesautière ; de l'autre,
elles nous amèneront, par maint sentier perdu, aux
sources profondes du vrai lyrisme germanique, qui
s'épanche dans la suite des temps en mille joyeux
ruisseaux et se déroule en fleuves si majestueux.

II

> Il a tenu sa forte épée
> Celui qui fit ce chant,
> Sa moisson fut bien moissonnée
> Dans le fer et le sang.
>
> Il brandit l'épée et la vielle,
> Gai vielleur, bon soldat,
> Il plait au seigneur, à la belle,
> Au danseur, au prélat.
> VEIT WEBER (xive siècle).

La poésie populaire chez les Celtes et les Germains. — Culte des Français pour la poésie officielle, des Germains pour la poésie libre et spontanée. — L'épopée païenne en Germanie. — Le christianisme étouffe la vieille poésie populaire. — Lutte entre le christianisme et le génie germanique. — Le réveil du peuple et les guerres des Suisses. — Chants sur la bataille de Sempach et de Morat. — Naissance du *Lied* moderne ; il jaillit du sentiment de la liberté. — Son épanouissement au quinzième et au seizième siècle. — Son auteur, c'est le peuple tout entier.

Les Gaulois eurent de tout temps un penchant irrésistible pour la poésie officielle. Les récits des historiens romains et les plus vieux fragments de la littérature bardique nous montrent le collège des druides en possession de la religion, de la science et de la poésie. Dans les temps primitifs, hors de l'en-

ceinte inabordable où les vieux druides, blanchis
dans l'étude des plantes divines, des révolutions
célestes et des trois cercles de l'existence, ensei-
gnaient à leurs disciples les secrets du ciel et de la
terre, personne n'osait toucher à la harpe sacrée,
ni chanter les exploits des dieux. Quand, par l'avènement du christianisme, les bardes perdirent leur
prestige religieux, ils n'en restèrent pas moins une
caste privilégiée, forte de ses traditions et jalouse
de son autorité. Il faut voir de quelle colère un
barde breton du sixième siècle s'emporte contre
les poètes ambulants qui commençaient à lui faire
concurrence. « Les *Kler* (écoliers-poètes)! s'écrie-
t-il, les vicieuses coutumes poétiques, ils les suivent ; les mélodies sans art, ils les vantent ; la
gloire d'insipides héros, ils ne cessent d'en for-
ger ; les commandements de Dieu, ils les violent ;
les femmes mariées, ils les flattent dans leurs chansons perfides, ils les séduisent par de tendres paroles ;... de misérables gueux forment leur société,
etc. [1]... » Bien souvent les Français ont confir-
mé l'anathème du vieux Taliésin contre la poésie
populaire. Le besoin d'autorité se dément rarement
dans l'histoire de notre littérature. Inné à la race
gauloise, il est corroboré par la tradition latine,
soigneusement entretenue par l'Église catholique.
Qu'il reconnaisse une Sorbonne, une académie ou
un chef d'école, c'est toujours lui, c'est toujours
l'esprit d'autorité qui réclame un tribunal souverain
pour décerner des récompenses et pour proscrire.

Un esprit tout opposé éclate dès les temps les

1. Villemarqué, *Barzas-Breiz*, I, Introduction, 21.

plus reculés dans la race germanique. L'individu s'y pose plus carrément et s'inquiète moins de son voisin. Là, point de prêtres qui détiennent la religion, point de bardes qui jouissent du monopole de la poésie. La religion appartient à tout le monde, la poésie est le besoin et le droit de chacun. Chez les Germains comme chez les Anglo-Saxons, le chant volait de bouche en bouche, au gré du souffle populaire. Dans la salle des chefs, au festin de victoire, à la lueur des flambeaux et des armes, était poëte qui voulait et gloire à l'inspiré du jour. A la cour des rois, la harpe passait de main en main comme la coupe d'hydromel. Les rois euxmêmes ne dédaignaient pas le chant. Dans le poème de Beowulf, le roi des Danois Hrodgar saisit la harpe et célèbre les actions de ses aïeux.

Dans Gudrun, Hettel, roi des Frisons, charge Hôrant et deux autres de ses amis d'aller ravir au delà des mers la belle Hilde, la fille du sauvage Hâgen. Ce n'est pas par la force qu'on s'empare de la belle vierge, c'est par le chant merveilleux de Hôrant qu'elle est émue, séduite et attirée sur le vaisseau des ravisseurs, qui part à toutes voiles avec sa proie. Aussi, quel chant irrésistible! Quand Hôrant élève sa voix, c'est une musique douce d'abord, puis de plus en plus éclatante, c'est un enchantement délicieux qui épanouit le cœur des hommes et saisit peu à peu toute la nature.

« Comme la nuit touchait à sa fin et que le jour commençait à poindre, — Hôrant se mit à chanter; et tout à l'entour dans les feuillages — les oiseaux se turent devant sa douce mélodie. — Les hommes endormis se levèrent en sursaut.

« Belle et pure résonnait sa voix, toujours plus puissante elle montait dans les airs ; — Hâgen lui-même l'entendit et sa femme assise auprès de lui ; — tous deux sortirent de leur chambre et montè-rent à la tour. Le chanteur était bien avisé ; car l'entendait la jeune reine.

« La fille du sauvage Hâgen et ses jeunes ser-vantes — immobiles.prêtaient l'oreille à cette voix, et les oiseaux — oubliaient de gazouiller dans la cour du château — et plus d'un héros s'étonnait, tant il était beau le chant du Danois [1]. »

Hòrant est le type le plus vivant du roi chanteur que nous ait laissé la vieille poésie germanique. Il nous fait deviner tout ce que le chant avait d'insi-nuante magie pour ces peuplades barbares. A côté des rois, les simples guerriers jouaient de la harpe et de la viole (sorte de violon rustique), témoin le Volker des Nibelungen, qui berce ses compagnons fatigués avec les chants de la patrie lointaine. Tout chanteur, tout poète est le bienvenu, d'où qu'il vienne, pourvu qu'il charme ou qu'il émeuve. Tan-dis que les Gaulois, compagnons de Vindex, s'élan-cent au combat, au chant des bardes, les Ger-mains, avant la bataille, entonnent en chœur leurs hymnes sauvages. Est-ce à dire qu'ils n'eurent point de chanteurs de profession ? Loin de là ; mais jamais ceux-ci ne formèrent une caste, jamais ils ne jouirent d'aucun privilège ; jamais ils n'exer-cèrent une autorité tyrannique. Liberté complète d'inspiration, voilà le besoin qui s'accuse fortement chez les premiers Germains, qui finit par triompher

1. *Gudrun*, sixième aventure, strophe 8.

dans l'histoire de la poésie allemande et qu'Uhland a proclamé en ce siècle avec tant d'autres
lorsqu'il s'est écrié : « Chantez, vous tous qui avez
une voix, dans la libre forêt des poètes allemands ! »

Cette absence de monopole, cette haute et franche
liberté du chant et de la poésie est un des caractères
saillants de la race germanique. Elle s'y est toujours
maintenue et s'y maintiendra toujours. Grâce à elle,
se développèrent au sein du peuple ces grandes
légendes épiques dont le chant de Hildebrand et
de Hadubrand, le Beowulf anglo-saxon, le poème
latin Walter et Hildegunde, Gudrun et les Nibelungen ne sont que des fragments grandioses,
pareils à ces torses de marbre, mutilés par la massue des barbares, rongés par la terre et la pluie,
mais dont les muscles puissants, les poitrails
superbes trahissent la race immortelle des dieux
helléniques et ressuscitent à nos yeux Hercule vainqueur de l'hydre ou Jupiter tonnant.

Toutes ces grandes épopées populaires sont l'œuvre du génie païen de la Germanie primitive. Survient le christianisme et Charlemagne, l'Église et la
société féodale s'élèvent sur les débris du paganisme.
Dès lors, deux sociétés, deux puissances, deux
génies divers sont en lutte, le peuple et l'Église,
l'esprit païen et le christianisme, la poésie populaire et la poésie savante. Le christianisme triomphe, l'Église étouffe la vieille épopée au cœur du
peuple, la poésie ne vient plus d'en bas, mais d'en
haut, elle ne sort plus des entrailles du peuple, elle
est imposée par le clergé. A partir de ce moment,
la nation allemande s'assimile le génie chrétien, la
chevalerie crée un idéal nouveau et la poésie des

Minnesinger s'épanouit dans toute sa splendeur au sein de la noblesse du douzième et du treizième siècle. Quant à la grande masse du peuple, elle n'eut aucune part à ce mouvement poétique. Artisans et serfs, assujettis à leurs durs travaux ou à leurs lourdes corvées, restèrent plongés dans l'ignorance et l'apathie. La poésie vraiment populaire et nationale était morte, mais elle devait renaître sous une forme nouvelle. Dès le quatorzième siècle, la haute noblesse, qui exploitait le peuple à son profit, commence à déchoir, l'Église et la féodalité s'ébranlent sur leurs bases. D'autre part, le peuple se sent plus fort et secoue le joug, les villes grandissent, organisent des milices et font la guerre aux seigneurs; les serfs murmurent et se mutinent. Plus les chevaliers sont déchus de leur grandeur, plus le peuple fait mine de se lever, jusqu'à ce qu'il se lève en effet, réclamant ses droits et la liberté de conscience.

La chanson populaire est l'accompagnement riche et varié à l'infini de ce grand mouvement ascendant du peuple, qui commence au quatorzième siècle, pour atteindre une force irrésistible au quinzième. Sans doute, le peuple ne cessa jamais tout à fait de chanter, mais il ne se sentit des ailes, il ne prit son élan qu'avec le sentiment de sa force et de sa liberté. Alors il crée le *Volkslied*, le vrai *Lied* moderne. Désormais le chant lui reste et l'espérance avec lui. Plus de longues épopées, mais des cris de l'âme, des éclats de lyrisme pur. Ce sont encore des chants populaires, mais quelle différence avec ceux des temps barbares ! On y sent l'avènement du peuple à la vie individuelle. Aux temps primitifs, l'homme est poussé vaguement en avant par une force aveugle ; il se précipite comme en rêve à la guerre, à des vengeances sans pitié ou à des sacrifices sublimes, son âme d'enfant ne vit que dans le génie de sa race. S'il se devine lui-même, c'est par ses ancêtres, par ses héros, par ses divinités. Il ne fait qu'un avec eux ; lorsqu'il agit, elles lui commandent, puissances terribles et mystérieuses qui pèsent de tout leur poids sur sa destinée. Voilà le caractère de l'homme aux âges barbares, voilà le génie de la grande épopée. Mais aux époques de révolutions religieuses et morales, l'homme revient sur lui-même, s'abandonne sans frein à tous les caprices de sa nature et s'enivre de sa force. Voilà le génie du vrai lyrisme. Ce fut celui de la chanson allemande à son origine.

Le premier cri de la chanson populaire fut un cri de révolte et d'indépendance ; il partit de la Suisse. On sait que le lac des Quatre-Cantons fut le berceau de la liberté helvétique. Là vivait depuis des siècles un peuple de pâtres, de pêcheurs et de chasseurs de chamois, que les seigneurs des environs n'avaient pu plier à leur joug de fer. C'était un peuple vierge et indompté ; les dîmes, les corvées, le servage n'avaient pas passé sur lui. L'empereur y exerçait la justice capitale, mais c'était tout. Pour le reste, on s'en tenait aux hommes les plus respectés des villes et des villages, chacun vivait de son travail sur la sa terre ; dans les grandes circonstances seulement, on tenait conseil, et le dernier pâtre y avait une voix. République patriarcale s'il en fût, qui ne peut s'épanouir qu'au vent des glaciers, sur les hauts pâturages entourés de précipices et au bord des

lacs, cernés de montagnes. Se voyant menacées dans
leur indépendance par la maison de Hapsbourg, ces
villes, qui jusqu'alors avaient vécu paisiblement,
sans lien politique bien solide, s'unirent pour se
défendre à la vie et à la mort. La lutte constante
contre la nature avait merveilleusement préparé ces
montagnards à la lutte contre les seigneurs, leur
énergie morale ne fut que l'expression ennoblie de
leur vigueur physique. Sur le point d'être écrasés
par la noblesse des pays environnants, ils se décla-
rèrent, d'une voix unanime, une nation libre, forte
de ses droits, et se conduisirent en grands citoyens.
Ces paysans gagnèrent, au commencement du quatorzième siècle, sur la fleur de la chevalerie autrichienne les batailles de Laupen et de Morgarten.

La victoire de Sempach (1383) fit sur l'Europe
l'effet d'un coup de tonnerre. Elle fut chantée par
l'un des combattants, Halb Suter, homme obscur
d'ailleurs. La bataille en valait la peine, car plus que
jamais la liberté de la Suisse y fut en jeu. Dans
l'espace de douze jours les quatre cantons reçurent
cent soixante-sept déclarations de guerre de princes, d'évêques et de chevaliers. Déjà toute la noblesse
de Thurgovie, d'Argovie, d'Alsace, de haute Bourgogne et de Wurtemberg marchait contre eux sous
la conduite de Léopold le Débonnaire. La rencontre eut lieu près du petit lac de Sempach. Léopold
marchait fièrement en tête de son armée, et c'était
un vrai héros. Il fit descendre de cheval l'élite de
la noblesse et lui commanda de former un grand
front de bataille, hallebardes en avant. Quand les
chevaliers ainsi rangés virent les Suisses s'agenouil-
ler selon leur coutume pour invoquer l'assistance

de Dieu, ils crurent qu'ils demandaient grâce. Mais quel fut leur étonnement quand ils les virent se relever, se former en pointe et marcher contre eux d'un pas ferme. C'est ici qu'il faut écouter le poète populaire. Il personnifie l'armée autrichienne dans un lion et celle des Suisses dans un taureau :

«... Lucerne, Uri, Schwytz, Unterwalden avec plus d'un homme vaillant rencontrèrent le lion d'Autriche à Sempach devant la forêt : — Hé ! le taureau sauvage était prêt : — Lion, veux-tu te battre avec moi ? Je ne refuse pas la bataille.

« Le lion dit : — Sur ma foi, c'est un droit qui m'est dû. J'ai là dans cette campagne plus d'un fier chevalier, plus d'un écuyer hardi. Hé! je vais te payer ton salaire, car jadis à Laupen tu m'as navré de cent blessures.

— «Oui, près de Morgarten tu m'as tué plus d'un combattant fervêtu. Mais crois-tu que je te laisserai vaincre aujourd'hui ? Hé ! j'accepte la bataille. Et le taureau dit au lion : Tu te repentiras de ton audace.

« Le lion se mit à rugir et à battre ses flancs de sa queue. Alors le taureau s'écria : En avant, marche ! si tu veux te mesurer avec moi. Hé ! approche donc et que la verte campagne boive ton sang rouge.

« Ils se mirent à tirer sur notre front de bataille. Un mur de lances marche sur les braves fédérés. Hé! cette insulte n'était pas douce. On voyait tomber les plus forts comme des chênes avec leurs branches superbes.

« Les nobles se tenaient ferme, un large mur hérissé de lances. Nos vaillants hommes commen-

çaient à s'irriter. Alors Winkelried s'avança : —
Hé! voulez-vous prendre soin de ma femme et de
mes enfants? Alors je percerai ce mur.

« Compagnons fidèles et bien-aimés, j'y perds
ma vie. Le mur de fer nous enveloppe, le renverser est impossible. Hé! je veux y faire une brèche.
Souvenez-vous de ma race à tout jamais et suivez-
moi !

« Et ce disant, il prend dans ses deux bras des
lances tant qu'il peut et les enfonce dans sa poitrine.
Il tombe ? — et par-dessus, nous nous ruons dans
la brèche. Hé ! il avait l'âme d'un lion. Sa mort
intrépide, sa virile mort sauva les libres villes des
forêts !

« Et le voilà rompu le mur de fer de la noblesse,
on le perce à coups d'épée, on l'abat à coups de
massue. Dieu aie l'âme de Winkelried ! Hé ! sans
lui plus d'un vaillant fédéré eût jonché la terre.

« Ils frappèrent sans crainte, ils tuèrent plus
d'un homme libre. Les braves fédérés s'excitaient
entre eux. Hé! le lion en était bien marri. Le
taureau baissa ses cornes et lui donna un grand
coup.

« Alors le lion se mit à hurler et à marcher en
arrière. Le taureau fronça les sourcils et lui donna
encore un coup. Hé! comme il mordit la poussière.
— Je te le dis, lion sauvage, il faut me laisser ma
pâture [1] ! »

Ce chant est encore à demi épique par la forme.
Le poète raconte une bataille, mais il ne la domine
pas de haut comme Homère domine les armées des

1. *Heinrich Kurz, Geschichte der deutschen Litteratur*, t. I,
page 600.

Grecs et des Troyens, comme le poëte des Nibelungen
domine ceux des Bourguignons et des Huns. C'est
un soldat tout couvert de la poussière du combat
et encore tout embrasé du baiser de la victoire, qui
ne chante que pour perpétuer la gloire de son pays
et le courage de ses amis. Cela donne à ce chant un
caractère essentiellement lyrique, et la répétition du
cri : hé ! dans chaque strophe, fait passer à travers
l'ensemble un accent de triomphe. On songe involontairement à l'admirable chant de Tyrtée : « Il est
beau de combattre pour la patrie, au premier rang
de bataille ! » où l'on croit voir les Lacédémoniens
muets, fermes, impassibles, luttant avec leurs ennemis, homme contre homme, bouclier contre bouclier et poitrine contre poitrine. Ici ce sont des cris
sauvages, ce n'est pas moins intrépide. Ici, comme
chez Tyrtée, un chant enthousiaste tient lieu de discipline militaire. Dans une nouvelle bataille il exci-
tera les courages, et, par cette vertu secrète du
rhythme uni à la pensée, il maintiendra les combattants dans leurs rangs et roidira leurs membres
sous la grêle des lances. Seulement, ce qui manque
à la chanson populaire, c'est cette brièveté et cette
perfection plastique dont les Grecs seuls eurent le
secret. Mais on y sent ces corps vigoureux, ces
muscles de fer, cette armée qui marche comme un
seul homme et les coups terribles de ces massues
garnies de pointes, que les Suisses appelaient
étoiles du matin ; mais par-dessus tout, on y entend le rugissement de colère de ces rudes montagnards et l'âpre joie qui succède à la victoire de
la liberté. Joie et force immenses, où la mort du
héros n'attriste pas et n'est plus qu'une douloureuse

mais sympathique modulation dans l'harmonie du triomphe.

C'est dans ces luttes à mort pour son indépendance, que l'homme éprouve toute sa force ou toute sa faiblesse en un seul moment. Alors le ressort de sa volonté met en une fois tout son être en mouvement, ou se brise pour toujours. Il grandit d'une coudée en un jour, ou retombe dans le néant. S'il trouve l'énergie de braver la mort, il arrive, dans cet amer renoncement, à la plus haute affirmation de son être et à la plus grande intensité de vie. Dans cet effort suprême, qui donne l'élan à toutes les puissances de son âme, comment ne trouverait-il pas une langue nouvelle ? C'est le cri de Winkelried, c'est la voix de son compagnon ; et voilà le chant, voilà le commencement de la poésie populaire.

Elle se développa dans les longues luttes où la fédération suisse assura sa liberté. Toutefois nous ne la voyons reparaître qu'environ cent ans plus tard, entre les années 1404 et 1476. L'Autriche vaincue au quatorzième siècle, les Suisses eurent à combattre, au quinzième, un nouvel ennemi, le plus fameux et le plus terrible des ducs de Bourgogne. Charles le Téméraire, déjà maître de la Flandre, des Pays-Bas et de la Picardie, pensait asservir sans peine un peuple de *vachers*. Ceux-ci lui envoyèrent une députation, qui lui dit : « Notre pays ne vaut pas autant que l'argent aux rênes de tes chevaux. » Le duc, s'imaginant qu'ils avaient peur, la renvoya en riant. Il pénétra en Suisse avec sa célèbre artillerie et 40.000 hommes. Sur son chemin, il rencontre le château de Granson ; premier obstacle. Il somme la garnison de se rendre à merci ; sinon, le gibet pour tous. Les braves Suisses se défendent pendant dix jours. Charles leur promet la vie sauve s'ils se retirent. Ils sortirent, mais le duc furieux pend les uns, noie les autres. A cette nouvelle, l'armée suisse qui approchait fut saisie de fureur. Quoique plus faible de moitié, elle se précipite contre l'armée bourguignonne. Les premiers assaillants donnèrent déjà à réfléchir aux gens de Charles. En voyant accourir toujours de nouveaux bataillons, le front plus superbe et plus méprisant, quand les cornes de bataille d'Uri et d'Unterwalden se mirent à mugir pour l'attaque générale, quand on vit s'avancer l'arrière-garde des Hautes-Alpes avec ses haches et ses *étoiles du matin*, quand on se trouva face à face avec ces hommes grands et chevelus, dont les pères avaient combattu à Morgarten et à Sempach, le duc, qui ne tremblait jamais, fut saisi d'une sorte de terreur : « Qu'allons-nous devenir ? s'écria-t-il ; déjà les premiers nous ont fatigués. » A ces mots, qui courent de bouche en bouche, la panique s'empare de toute l'armée. En vain Charles veut l'arrêter. D'indignation il se serait fait tuer, lui qui avait pour seule vertu d'insulter la mort et de braver le monde entier. Mais son armée l'entraîne dans sa fuite et se disperse comme paille au vent. Le fou du duc galopait après lui, cramponné à son cheval ; le pauvre fou était pâle et mort de terreur. Quand ils furent en sûreté, il respira et, se souvenant que son maître aimait à se comparer à Annibal : « Monseigneur, dit-il d'une voix piteuse, nous voilà bien annibalés ! »

Cette victoire et celle de Morat, qui la suivit de

près, donnèrent au patriotisme des Suisses un nouvel élan, qui eut un puissant écho dans la poésie
populaire. A en juger par les traces qui en restent,
ce mouvement eut un caractère plus prononcé que
le premier. Car le chanteur Veit Weber, auteur de
cinq ou six chants patriotiques, que les chroni-
queurs notèrent à cause de leur grande popularité,
n'est plus un simple combattant devenu poëte par
la force des circonstances, mais un chanteur de profession. Nous ne savons de sa vie que ce qu'il dit
dans ses chansons. Né à Fribourg-en-Brisgau, il se
fit chanteur ambulant, métier qui n'était guère plus
estimé que celui de saltimbanque. Mais notre chanteur n'en était que plus gai. Joyeux compère et fringant aventurier, ne dédaignant pas les belles, il aimait
les combats autant que le chant. Un bruit de guerre
éclatait-il en Suisse, vite il jetait sa vielle pour prendre l'épée, et quittait la table de l'évêque ou la cour
du seigneur pour aller combattre avec ses braves
compagnons. Mais après la bataille, sous la tente
de l'ennemi, vidant les cornes pleines de vin à la
lueur des torches, il ravissait ses compagnons par
un chant énergique qui allait courir la Suisse et
porter jusqu'en Allemagne ce fier sentiment de
liberté, qui ranimait l'espérance du peuple asservi,
et redoublait la rage des seigneurs. Voici son chant
qui célèbre la bataille de Morat:

> Dans nos montagnes on s'écrie:
> Gare au duc de Bourgogne! —
> Debout, debout pour la patrie
> Debout contre Bourgogne!
>
> Gai! marchons dans la verte plaine,
> Gai! braves paysans.

Hé ! répond Renaud de Lorraine,
Où sont les premiers rangs ?

Nos chefs tiennent conseil ensemble,
Mais il nous faut du cœur !
Plus de conseil, mort à qui tremble,
En route ! avez-vous peur ?

Le soleil a chassé l'aurore
Moins paresseux que vous.
Il brille ! et nous tardons encore
A frapper les grands coups.

Ils tonnent les canons de Charle,
On en rit de grand cœur.
On marche, on frappe et nul ne parle.
Qu'importe si l'on meurt ?

Le glaive en cercles étincelle,
La lance vibre au poing,
Le sang jaillit, le sang ruisselle,
La soif ne cesse point.

Les fiers chevaliers hors d'haleine
Reculent devant nous,
Leurs corps entassés dans la plaine
Nous vont jusqu'aux genoux.

Le soleil touche les montagnes.
Victoire ! tout s'enfuit.
Fuyez, félons, par les campagnes
Dans la honte et la nuit.

Son camp, sa tente, sa couronne,
Qu'aux pauvres nous laissons,
Tout nous revient, le duc nous donne
Cet or pour sa rançon.

Voici le jeu d'échecs du prince,
Nous les avons aussi !
Charle est venu de sa province
Pour nous l'apprendre ici.

5

Il a roqué le Téméraire,
Roqué devant Morat.
Trop tard! apprenez donc la guerre,
Beau duc! Échec et mat!

Il a tenu sa forte épée.
Celui qui fit ce chant.
Sa moisson fut bien moissonnée
Dans le fer et le sang.

Il brandit l'épée et la vielle,
Gai vielleur. bon soldat.
Il plaît au seigneur, à la belle,
Au danseur, au prélat.

Quand je fus né, ma forte mère
Me dit en m'embrassant :
Jean, sois vaillant, j'en serai fière!
Et je m'appelle : Jean[1]!

Charmante confiance en soi, aimable courage,
vraie gaîté de la vie, voilà ce qui pétille dans cette
chanson. On voit que dans l'espace d'un siècle cette
poésie populaire toute instinctive, et par conséquent
très lente à se développer, a changé de caractère.
Dans la chanson de Halb Suter sur la bataille de
Sempach, il y a encore quelque chose de l'épopée.
C'est un récit passionné sans doute, mais où la per-
sonnalité du chanteur ne se dessine pas encore
nettement. Ici tout est lyrique d'expression, d'âme,
de sentiment; l'individualité se dégage avec une
remarquable énergie. Ainsi plus on approche du
seizième siècle, plus la poésie populaire devient
individuelle, sans cesser d'être spontanée.

Un grand fait ressort de ce mouvement poétique
en Suisse, c'est que l'avènement du peuple à la

---

1. *Des Knaben Wanderhorn*, t.I, pag. 58, 1ʳᵉ édition.

poésie individuelle eut lieu avec la conscience de sa force, de ses droits et de sa liberté.

Les guerres victorieuses des Suisses mirent l'Allemagne en émoi. Quand le paysan sut qu'un peuple opprimé s'était affranchi tout seul, la pensée de l'imiter dut lui venir. Les Ditmarses firent en 1500 contre le Danemark ce que les Suisses avaient fait contre l'Autriche et la Bourgogne. C'était une race forte encore indomptée. Leurs ancêtres, les Frisons, avaient étonné les Romains en réclamant la place des sénateurs au théâtre de Pompée, parce que, disaient-ils, aucun peuple de la terre ne surpasse les Germains en courage et en franchise. Leur devise fut toujours : « Plutôt mort qu'esclave. » Quand Jean de Danemark leur demanda un tribut de quinze mille marcs et le droit de bâtir trois châteaux forts dans leur pays, ils refusèrent net. Leur chanson populaire dit : « Alors les Ditmarses s'écrièrent de toute leur force : Cela n'arrivera ni aujourd'hui, ni jamais! Pour rester libres, nous risquerons la gorge et la fortune, pour être libres tous nous voulons mourir, plutôt que de voir le roi de Danemark se ruer sur notre beau pays! » Ils le battirent. Mais, pour fonder d'une manière durable leur indépendance, il leur manquait les montagnes et l'alliance des villes. Cinquante-six ans plus tard ils furent soumis; encore n'en tira-t-on qu'un faible tribut. Mais un soulèvement bien plus général et plus redoutable avait fait trembler les seigneurs au commencement du seizième siècle. La guerre des paysans avait éclaté sous l'influence de la Réforme. Accablés sous le poids du malheur, les paysans avaient fini par se persuader qu'ils étaient d'une nature inférieure et par se résigner. Mais lorsqu'ils entendirent prêcher que tous les hommes étaient les enfants de Dieu, que tous étaient égaux devant lui, quand la voix tonnante de Luther, sévissant contre toutes les tyrannies, retentit du haut de la Wartbourg et que ses échos pénétrèrent dans les derniers villages et dans les auberges des plus pauvres hameaux, le courage leur revint. Ils osèrent réclamer la prédication de l'évangile pur, la liberté et l'abolition de tous les droits seigneuriaux. Les uns en rirent, les autres les leurrèrent de promesses; les moins timorés, pour toute réponse, les firent piller par des soldats. Ils frémirent d'indignation et se soulevèrent en masse. Dans le Wurtemberg, en Bavière, dans les pays du Rhin, en Thuringe, ils arborèrent le drapeau du *Bundschuh* [1] avec la devise hardie :

> Vous tous qui voulez être libres
> Suivez ce rayon de soleil!

Et qui ne l'eût suivi ce rayon, qui semblait à ces malheureux l'aurore d'un jour splendide? Mais ce ne fut qu'un rayon trompeur, suivi d'une nuit plus noire. Les paysans manquaient de chefs, de discipline; ils avaient contre eux le clergé et tous les seigneurs du monde. En Wurtemberg, en Alsace, en Thuringe, ils furent écrasés et leur affranchissement retardé de deux siècles.

On ne chante que ses victoires, on se tait sur ses défaites, surtout quand elles amènent la servitude. Les paysans d'Allemagne retombèrent dans le

---

1. Littérairement le soulier de la ligue. Le soulier était l'enseigne du paysan, les éperons l'enseigne du chevalier.

silence ; ils n'avaient pas leur journée de Sempach à célébrer. Mais le puissant réveil de l'âme et le sentiment de liberté qui produisit cette insurrection avaient traversé tout le peuple allemand et suscité dans son sein une vie nouvelle, que la féodalité ne put étouffer.

Deux grandes puissances agitaient alors la société et favorisaient l'essor du lyrisme. C'était d'abord la Renaissance. Les humanistes, en ressuscitant le monde grec et romain aux yeux de leurs compatriotes, créèrent l'Idée moderne. Jusqu'alors, l'horizon intellectuel des hommes ne dépassait guère leur milieu et le temps présent. Enfermés dans leurs châteaux, leurs cités, ou leurs huttes, ils ne voyaient dans les autres pays et dans le passé que l'effrayant inconnu, dans le paganisme qu'une monstrueuse idolâtrie. Quel fut l'étonnement et bientôt l'admiration de ces chevaliers, de ces bourgeois, de ces artisans et même de ces hommes du peuple, quand ils entendirent parler de la Grèce radieuse, de Platon et de ses disciples, d'Homère et de ses combats, de la cité antique avec ses dieux, ses sages et ses héros ! Vision sereine, éblouissant spectacle de la vie heureuse au sein de la nature, qui fit sortir les imaginations assombries de l'enceinte étroite du christianisme et les entraîna sur l'océan des âges comme la voix irrésistible d'une belle sirène. Séduits, éperdus, les esprits ardents s'écriaient alors : Il y a deux mille ans qu'ils ont vécu, ces philosophes, ces poètes, ces grands citoyens. C'étaient des hommes puissants et heureux, nous ne les valons pas, il faut les égaler ! Et les plus hardis pensaient : la nature n'est ni mauvaise, ni maudite comme le veut l'Église ; le monde n'est pas une vallée de larmes, mais un temple de force et de beauté ; le bonheur n'est pas dans l'ascétisme, mais dans l'harmonie des sens et de l'âme, du plaisir et de la conscience, de la nature et de l'esprit. Ces idées non encore formulées, mais débordant des fortes têtes en vives images, étaient vulgarisées par une foule de satiriques, de nouvellistes, de curieux. Elles entraient ainsi déguisées en farces, en lazzis, en anecdotes, jusque dans la boutique de l'artisan et dans la cabane du serf. Un monde nouveau s'ouvrait à l'esprit, et l'écolier s'en allait chantant l'histoire de Pyramus et de Thisbé, de Hero et de Léandre.

A la Renaissance vint s'ajouter une force plus redoutable encore, la Réforme. Depuis Jean Huss elle travaillait le peuple ; par la voix de Luther elle éclata, formidable, incendiaire, armée. Au moyen âge, le centre de la religion fut l'Église, son représentant le prêtre, son moyen de gouvernement le terrorisme. Tout le monde la craignait, on la subissait toujours. C'est alors que les réformateurs osèrent dire : Le siège de la religion c'est votre conscience, il n'y a personne qui ait le droit de se mettre entre Dieu et vous. Croyez, aimez, embrassez-vous en frères et il vous entendra. De la Thuringe au Wurtemberg, des prédicateurs exaltés comme Thomas Münzer parcouraient l'Allemagne en prêchant au bord des routes, au coin des rues, devant des foules enthousiastes, l'abolition des prêtres, du servage, des droits seigneuriaux et la fraternité universelle, au risque de se faire lapider. L'imprimerie vint au secours de la Renaissance et de la Réforme multipliant à l'infini leurs découver-

tes, leurs harangues, leurs appels au grand combat.
Avec tout cela, les guerres privées et publiques
sévissaient en Allemagne et, personne n'étant sûr
de sa vie, chacun était forcé de se défendre. Mais
les tempéraments énergiques se trempaient dans
ces luttes physiques, dans ces crises morales ; les
penseurs, ne sachant parfois pour qui prendre parti
dans le chaos politique et religieux, sentaient naître en eux l'idée d'une patrie allemande.

Sous le coup de tant de mouvements divers qui
formaient la société, un invincible besoin de voir,
d'apprendre, de voyager s'empare de tout le monde.
Le chevalier se met en route pour combattre les
Turcs ; le compagnon va faire son tour d'Allemagne ; le paysan quitte la charrue pour se faire lansquenet et chercher fortune en Italie ; l'enfant en
haillons du serf prend la fuite et devient étudiant
dans une université ; le libre penseur, une épée
au côté, un Virgile et un Aristote dans sa valise,
trésor inappréciable en ce temps, se met en route
pour la conquête de la science et de la poésie. Et
combien d'aventuriers sans foi ni loi, sans feu ni
lieu, courent les auberges, battent les grandes routes, ne sachant pourquoi, mais poussés par un vague
désir de jouir, d'aimer et de vivre. Par une foule de
rapides intuitions, l'homme se transforme tout d'un
coup. Il franchit les barrières de sa caste, rompt
les liens de sa naissance et se rit de ses maîtres ; il
se sent lui-même avant tout, avec toutes les énergies de son être et s'écrie : Je veux vivre pour moi !
Il y a là plus d'un pauvre mendiant qui n'a rien à
perdre et tout à gagner ; plus d'un cavalier fringant qui veut jouir de sa journée, ne sachant si

demain le frais gazon ne le couvrira pas ; plus d'un
triste compagnon au cœur brisé qui a dû quitter sa
bien-aimée, peut-être pour toujours ; plus d'un
chasseur léger qui aujourd'hui se repose et demain
sera en route, qui aime aujourd'hui deux lèvres
rouges et aimera demain deux yeux bruns rayonnants ; plus d'un audacieux écolier qui a pouvoir
sur le diable et les femmes, qui le matin mange le
pain noir de la paysanne et le soir sera page d'une
reine. Quelle vie autrement riche que celle des chevaliers du treizième siècle, que d'action, de mouvement, de vie de l'âme et des sens ! Ils parcouraient
le monde avec leur pauvre valise, leurs amours et leurs
illusions, sans songer au lendemain. Rarement ils
revoyaient leur pays ; leur première amie qu'ils
avaient tant aimée les attendait sept ans et plus,
mais en vain. Ils ne revenaient pas, ils étaient morts
à la lisière d'un bois ou au fond d'un bouge ; nul ne
savait leur tombe et bientôt ils étaient oubliés. Mais
qu'importe ? ils avaient vécu et laissaient à leurs
compagnons ce qui les unissait tous : leurs chants !

Et comment, si riches d'âme et de courage, n'auraient-ils pas chanté la vie dont ils s'enivraient à
torrents ? Comment n'auraient-ils pas donné une
voix à leurs tristesses et à leurs voluptés, eux qui
jetaient aux quatre vents du ciel leur cœur, leur
flèche et leur chanson ? L'eau qui s'amasse au cœur
de la montagne ne trouve pas plus sûrement une
issue à travers les rochers que les émotions secrètes de l'âme à travers l'écorce des plus rudes natures. Qu'on observe l'enfant abandonné à lui-même ;
au milieu de ses jeux solitaires et de ses courses
sauvages, il parle et chante sans discontinuer. Sa

vie intérieure est alors une perpétuelle conversation
avec lui-même ; les mots se cherchent, se rencontrent au hasard dans sa tête et se jouent sur ses
lèvres sans pouvoir exprimer tout ce qui l'agite confusément ; c'est plus qu'un murmure et ce n'est pas
encore un chant. Le dimanche après-midi, les jeunes paysannes font presque de même, dans certaines contrées de l'Allemagne surtout. Quand elles
ne chantent pas, elles fredonnent sans cesse en se
promenant bras dessus bras dessous en longues
rangées sur la grande route. Quelle force plus grande
encore avait ce sentiment de vie débordante au
XVIe siècle, alors qu'il éclatait pour la première fois :

> S'il est des sources jaillissantes,
>   Il faut s'en abreuver,
> S'il est des filles florissantes,
>   Il faut, il faut aimer,
> Leur faire signe et leur sourire,
>   Leur marcher sur le pied.
> Être amoureux et n'en rien dire,
>   Est un vilain métier [1].

Voilà l'origine et toute l'explication du lyrisme
populaire ; le vase trop-plein déborde, la surabon-
dance de vie crée le chant.

Les auteurs de la chanson populaire allemande
ne sont donc pas des poètes de profession, ni même
des chanteurs ambulants. Son auteur, c'est tout le
monde ; c'est le chevalier coureur d'aventures, non
moins que la pauvre fille délaissée, c'est la paysanne
éprise du lansquenet comme la bourgeoise amoureuse de l'étudiant, c'est le rêveur mystique qui

---

1. Uhland, *Volkslieder*, t. I, page 71.

chante l'amour sans bornes de la Vierge, tout aussi
bien que le protestant enthousiaste qui entonne son
cantique de combat. Ils chantent malgré eux et presque sans le vouloir; — ce qui les y force, c'est le trop
plein du cœur, et voilà ce qui prête à leurs chants
un charme intarissable. Car le fond inexprimé de
l'âme s'agite tout entier sous ces simples paroles.
La chanson, une fois jaillie sous le coup de la douleur ou du plaisir, de l'amour ou de la haine, vole
de bouche en bouche en subissant quelques change-
ments sans doute. mais en conservant toujours le
jet primitif. Ce sceau indélébile de l'individualité
créatrice suffirait à démontrer leur origine, mais des
preuves plus frappantes encore viennent la confir-
mer; c'est qu'un grand nombre de ces chansons
portent la signature avec elles. Par exemple, un soldat a supplanté son rival auprès de sa maîtresse.
L'infortuné est un écrivain public, personnage régulièrement sacrifié. L'heureux amant chante victoire,
et voici comment il termine sa chanson :

> Ah! l'écrivain, pauvre écrivain
>   Qui reçut sa corbeille [1],
> Il donnerait bien un florin
> Pour qu'on ne chantât ce refrain.
>   Il reçut sa corbeille —
> Ah! l'écrivain, pauvre écrivain !

Ou bien, c'est un pauvre meunier qu'aima la fille
d'un chevalier. Pour elle, ce n'était qu'un caprice,
mais pour lui c'était de l'amour. L'amante passionnée est redevenue la fière et froide souveraine et l'a
congédié. Il ne sait ce qui lui arrive et chante pour
se consoler :

1. Expression proverbiale pour : il a eu un refus.

Ah! l'adieu! faut-il que j'en pleure!
Mais qui donc a pu l'inventer?
Il fait souffrir de bien bonne heure
Mon jeune cœur libre et léger.
Ah! l'adieu! cette chansonnette,
La chante un meunier peu joyeux.
Il fut conduit par la fillette,
Conduit de l'amour à l'adieu.

Tous ne sont pas aussi résignés. Un chasseur jure la mort de son rival.

Et qui nous a chanté la ronde?
Mathieu le chasseur est son nom.
En vidant la cruche profonde,
Il a lancé cette chanson.
Il est son ennemi dans l'âme!
Il n'a pu rencontrer l'infâme,
Mais attendons!

Ces poètes primitifs sont ordinairement si pénétrés de leurs sentiments qu'ils oublient le monde entier dans l'ivresse du moment. Certes qu'il chantait pour son plaisir, celui qui pouvait s'écrier:

Son cœur lui rit et d'amour lui tressaille
A celui qui rêva ce chant!

Et, c'est un orgueil charmant, le véritable orgueil du premier amour, celui qui ose dire:

Celui qui fit la chansonnette
Imagina l'amour.
A sa bonne amie il souhaite
Mille fois le bonjour!

Quelquefois aussi on se mettait à deux pour faire une chanson et les belles filles y aidaient des yeux, de la cruche et de la voix.

> Ceux qui nous ont chanté la ronde,
>   Ah, qu'ils ont bien chanté ;
> Ce sont deux francs tailleurs de pierre
>   De Fribourg la cité.
> Ah ! comme ils chantaient dans l'ivresse,
>   D'un verre de vin frais !
> Et la fillette de l'hôtesse
>   Etait assise auprès.

Il y a des centaines de chansons, où les auteurs
se trahissent ainsi dans la joie de leur cœur, et toujours les situations sont nouvelles. Cela prouve
assez que le peuple est le véritable auteur de cette
poésie, et qu'il y a mis le plus pur sang de sa vie.

Les musiciens du seizième siècle qui recueillirent
ces chansons, alors très répandues, nous ont aussi
conservé les mélodies ; et d'ailleurs le peuple lui-
même chante encore les plus belles. Elles sont d'une
grande beauté, franches dans la joie et si profondes
dans la tristesse qu'involontairement elles font
venir les larmes aux yeux. Elles ont fait l'admiration des plus grands musiciens qui ont désespéré
d'en égaler la touchante simplicité, tant il est vrai
que tout ce qui est spontané dans les manifestations
de l'âme humaine a un charme indéfinissable, que
le génie même ne saurait remplacer. Ces mélodies
sont évidemment nées avec les paroles, d'une seule
et même inspiration. Elles se confondent si bien
avec elles, les deux forment une si parfaite unité,
qu'on ne peut les séparer une fois qu'on les a en-
tendues ensemble. Les premières notes de la mélodie font venir les paroles aux lèvres et les paroles
prononcées prennent sans qu'on le veuille la douce
cadence de la mélodie. C'est là la vraie poésie lyrique, celle qui pénètre le plus avant dans le cœur.

Car, plus que tous les autres arts, la musique exprime l'inexprimable. Les mélodies populaires fixent, dans leurs simples modulations, ce qu'il y a de plus intime dans le sentiment du peuple. Les paroles rendent ce qu'il y a d'universel dans une émotion et l'éternisent par la pensée, mais la musique en exprime, pour ainsi dire, la naissance mystérieuse, le mouvement instantané et la vibration intérieure. Toute pensée lyrique sort d'un état indéfini de tout notre être, qui échappe au signe abstrait de la parole articulée. La poésie ne peut que le faire pressentir; mais, dans la musique l'âme s'épanouit tout entière et communique aux autres le rythme de sa vie, comme la vague à la vague. Ceux qui n'ont pas entendu les chansons populaires chantées par le peuple n'en ont point connu la force et l'originalité. Quand, sur les bords du Rhin, on descend un dimanche soir les hauteurs boisées du *Siebengebirge*, quand les montagnes, les collines, les vignobles, les clochers et les villages, semés de vergers, déroulent à vos pieds leur ondoyant tapis et que le fleuve majestueux paraît s'endormir sous la pourpre du couchant, parfois on entend deux voix de femmes chanter dans un vallon perdu, et une simple harmonie pleine de douceur et de tristesse s'élève dans l'air pur du soir. La première voix soutient la mélodie, la seconde la suit avec de naïves inflexions dans les notes graves et vibrantes de l'alto. Ce sont deux bonnes amies, deux *compagnes de jeu*, comme dit le peuple, et c'est ce qu'elles chantent, c'est toujours quelque vieux chant d'amour et de regret. Alors ces refrains si connus, ces plaintes éternelles, ces espérances toujours

renaissantes s'animent d'une beauté extraordinaire,
on les sent couler de l'éternelle source de vie et il
semble qu'on les entende pour la première fois.

La chanson populaire éclata à peu près en même
temps dans toute l'Allemagne, mais il y a des contrées où elle se développa avec plus d'abondance.
Ce sont les mêmes pays qui, trois siècles aupara-
vant, avaient produit la plus belle floraison de la
poésie chevaleresque : la Suisse, la Souabe, la Franconie et les pays du Rhin, la Bavière, le Tyrol,
l'Autriche et la Thuringe : voilà le berceau de la
chanson populaire. Jusqu'à nos jours, elle a conservé son caractère particulier dans chacun de ces
pays. En Autriche, sur les bords du Danube, on
est le plus gai. Ce n'est pas la tendresse qui prédomine dans l'art primitif de ces contrées, comme
dans la Souabe et sur les bords du Rhin, mais l'ironie de l'amour dans la passion même, une folle insouciance unie à une sensibilité profonde. Pendant
les haltes des pèlerinages, les jeunes filles chantent
d'un ton moitié triste, moitié joyeux :

> Il a plu frais dans la prairie,
> La goutte aux arbres tremble encor,
> J'avais une fois une amie,
> Je voudrais bien l'avoir encor.

Les jeunes gens répondent gaiement :

> Sur l'eau frétillent les poissons,
> Et gai! Dansons, nous autres garçons.

Dans le Tyrol, dans la haute Bavière et en Suisse,
la poésie populaire a un caractère campagnard,
comique et paysanesque. Les Tyroliens surtout ont

parfois quelque chose de la gaîté enjouée du Sicilien. Les plus joyeux gaillards se réunissent à l'auberge ou à la veillée pour rimer tant bien que mal les événements comiques de la semaine, où l'on ne manque pas de trahir les secrets des amoureux et de les tourner en ridicule.

En Souabe et dans les pays du Rhin, la chanson populaire a le cachet le plus pur et le plus universel. Quoique inspirée par la réalité, elle s'élève toujours à l'idéal et nous charme par cette mélancolie pénétrante, qui révèle un si profond sentiment de la vie et qui semble trempée d'un amour infini.

Quoique les chansons eussent leur caractère fortement accentué dans chaque pays, les plus belles faisaient rapidement le tour de l'Allemagne. Et quoi de plus facile en ces temps de voyage, où tout ce qui se sentait libre allait chercher fortune et courir les aventures au loin ! Le pâtre chantait dans les solitudes des Alpes :

> Ah ! s'il est quelque part un homme qui respire,
> Je voudrais être auprès de lui !

Il se croyait seul, mais un chasseur l'avait entendu et rapportait ses refrains au village, et de vallée en vallée la chanson descendait jusqu'au Rhin. Un gai compagnon en train de faire son tour d'Allemagne l'emportait avec ses autres couplets sur un bateau marchand de Bâle à Strasbourg. La nuit, sur le pont, quand les bateliers se chauffaient autour du feu, et que la gourde faisait la ronde, les chansons de montagne alternaient avec les chansons de plaine, et l'étudiant en voyage chantait l'amourette sur sa cithare à demi cassée. A Heidel-

berg, nouveaux voyageurs, nouvelles chansons.
C'est la Souabe qui les envoyait du fond de son
riant jardin, comme une bouffée de printemps par
l'embouchure du Neckar. Vrai torrent de chansons
qui grossissait à mesure qu'il s'approchait du
Rheingau. C'est là le vrai pays du chant. A l'ombre de ces rochers pittoresques qui encaissent le
fleuve, parmi ces riches vignobles, au fond de ces
villages nichés dans les hautes ravines, dans tous
ces coins délicieux, le chant naît de lui-même. Les
voyageurs fatigués amarraient leur barque. Ils
étaient bien étonnés en entendant l'ermite chanter
devant son ermitage :

> Dans les sombres ravines,
> Sur les hautes collines,
> Que d'oiseaux, que de chants !
> Et l'ermite s'élance
> A la danse, à la danse,
> Et son froc flotte aux vents[1] !

Mais une douce ivresse les saisissait lorsqu'ils
voyaient passer sur les prairies, à la lisière de la
forêt, des jeunes filles couronnées de fleurs et que
la brise leur apportait ces rimes légères :

> Le coucou, de sa voix,
> Enchante tout le monde,
> Le soir gaiement au bois
> Les filles font la ronde ;
>
> Bras dessus, bras dessous,
> Vont cherchant la verveine,
> Et de fleurs et de houx
> Couronnent la fontaine.

---

1. *Wunderhorn*, t. III, page 25.

Les fleurs sont en honneur !
Tout est joie et ramage,
Et le peuple en voyage
Cherche au loin le bonheur [1] !

Ainsi voyageaient ces chansons. Par ces conti-
nuels échanges poétiques entre les divers pays, qui
se faisaient par le mouvement même de la vie, il se
forma une chanson populaire vraiment allemande et
si j'ose dire idéale, qui réunit dans une harmonieuse
unité les traits communs du peuple. C'est celle-là
qui est digne d'être connue par toutes les nations.
Mais il faut la suivre dans les diverses régions de
la vie intime et sociale, car, au seizième siècle, elle
les parcourt toutes, depuis la vie naïve au sein de
la nature, à travers la vie aventureuse et toutes les
luttes de l'amour jusqu'à la vie religieuse et patriotique. Elle prend sa source dans les dernières profondeurs de la nature et jamais aucun lyrisme n'a
été plus vrai, plus dégagé de toute convention.
C'est là ce qui fait sa beauté incomparable et sa
puissance éternelle.

Achim d'Arnim et Clément Brentano ont mis en
tête de leur recueil une ballade populaire. Un jeune
homme inconnu qui parcourt le monde sur un cheval rapide entre au château de l'impératrice. Il descend de cheval, se présente à son trône, s'agenouille devant elle et lui offre un cor d'ivoire orné
de pierres précieuses. C'est une fée de mer qui
envoie ce présent à la jeune souveraine pour prix
de sa pureté et de sa sagesse. Il suffit de le toucher d'une certaine façon pour qu'il s'en échappe

---

1. Hoffmann v. Fallersleben, *Gesellschaftslieder*, n° 150.

une musique divine. Cette musique est plus douce
que le gazouillement des oiseaux, que le frémissement de la harpe, que la pénétrante voix de
femme et même que le chant des sirènes. L'impératrice touche le merveilleux instrument, aussitôt
d'ineffables mélodies viennent chanter à son oreille.
Tout le monde est sous le charme, elle veut remer-
cier le jeune homme inconnu, mais déjà il est
reparti sur son cheval et disparaît au loin. Ce cor
magique n'est-ce pas la chanson populaire elle-
même, sortie des profondeurs de l'âme du peuple et
envoyée au monde entier sur les ailes de la musique ? Elle ne révèle ses plus chers secrets qu'aux
cœurs purs, aux plus simples comme aux plus
élevés: mais l'aimer, c'est déjà la comprendre.

III

LES BALLADES MERVEILLEUSES
ET L'IDYLLE DANS LES BOIS

> Quand le mai nous revient tout est jeune et joli;
> Tout verdit, tout festoie et la source s'emplit.
> La colombe sauvage
> Prend son vol et voyage
> Et par monts et par vaux retentit l'hallali.
>
> On y rit, on plaisante et l'on songe à causer,
> On y chante, on y saute et tout veut s'amuser,
> Et l'amie à l'amie
> Conte amour et folie,
> Mainte bouche reçoit à la danse un baiser.
>
> CHANSON POPULAIRE.

Groupement naturel des chants populaires. — Ils reflètent
la vie du peuple allemand au seizième siècle. — Débris
de la mythologie païenne. — Métamorphoses des dieux
germains persécutés par l'Eglise chrétienne. — Les
génies des lacs et des montagnes. — Les Nixes en Suède
et en Allemagne. — Le seigneur Olaf des forêts. — L'i-
dylle primitive ; le pâtre et la bergère.

La chanson populaire nous précipite dans le
tourbillon de la vie du seizième siècle. On ne sait
au premier abord comment s'y orienter. Ouvrez le
recueil d'Arnim et de Clément Brentano, où toutes
les chansons sont jetées pêle-mêle, c'est tout un
peuple que vous rencontrez, un peuple qui vit,
chante, pleure et s'exalte. Chacun passe devant

vous, son refrain à la bouche, et ne songe qu'à vous
dire ce qui l'agite à l'instant même, chacun veut
vous découvrir le fond de son âme. Tantôt c'est un
brigand saisi de remords qui, après avoir tué sa victime au coin d'un bois, se prend à l'aimer dans un
accès de désespoir ; tantôt apparaît un moine age-
nouillé, qui adresse sa prière à la Vierge et voit sa
douce tête lumineuse flotter dans les ténèbres de sa
cellule. Ici chemine gaiement un lansquenet armé
de pied en cap, là pleure une pauvre fille, perdue
au fond des bois. Ici un chevalier hautain séduit la
fille du peuple en passant son anneau d'or à son
doigt. Là le hardi charpentier lève ses regards victorieux vers la femme du margrave. On est entraîné
comme au vol par monts et par vaux, à travers toutes les provinces de l'Allemagne, à travers tous
les rangs de la société. On va de l'étroite boutique
du pauvre tailleur au trône des rois, à peine s'est-
on bercé sur la barque paresseuse du pêcheur qu'on
est emporté sur le cheval fougueux du hussard au
beau milieu de la bataille. Toutes les situations de
la vie se succèdent de chanson en chanson; les adieux
les plus émouvants et les plus humoristiques sépa-
rations, les serments les plus passionnés et les plus
froides trahisons. Tous les sentiments se croisent et
semblent vouloir se détruire les uns les autres en luttant de force. La tendresse la plus douce éclate à côté
de la haine le plus féroce, l'égoïsme le plus brutal
alterne avec les dévouements les plus sublimes, les
joies les plus fières avec les plaintes les plus tristes sur
la mort et sur les terreurs de l'éternité. Et dans ces
accents que de franchise, de délicatesse, de sensualité, de naïve rêverie, quelle poésie et quelle musi-

que! Au milieu de cette foule parfois étrange, mais toujours plus vivante qui vous assaillit, vous ressemblez à ce magicien qui, par de longues incantations, avait évoqué les esprits du fond des abîmes. Ils sortent de tous les coins de sa chambre, fantômes de tout âge, de tout sexe, de toute forme. Déjà ils la remplissent; il veut les chasser; mais il a oublié la formule qui les ferait rentrer sous terre, et il en vient toujours davantage, ils tourbillonnent jusqu'au plafond et se pressent en masse autour du cercle infranchissable qu'il a tracé au-dessus de sa tête.

Comment se retrouver au milieu de ce monde bigarré? Comment saisir le lien qui unit tous ces personnages? Au premier moment, c'est impossible. Mais à mesure qu'on les observe et qu'on les comprend mieux, on y distingue des groupes de plus en plus marqués, dont chacun correspond à une certaine phase de la vie intérieure. Ce qui les unit tous sans qu'ils le sachent, ce qui amène sur leurs lèvres les paroles et le chant, nous l'avons vu, c'est qu'en tous tressaille le sentiment de leur force et de leur liberté, c'est que tous ils aspirent à la vie indépendante.

Mais ce grand réveil a des degrés infinis dont chacun marque un nouveau développement depuis le demi-sommeil jusqu'à la pleine conscience.

Il y a une série de chansons où l'homme apparaît encore comme perdu dans la nature et dominé par elle. Ses sensations et ses pensées ne sont alors que le reflet du ciel et de la verdure, l'écho vibrant de la brise et du cri des oiseaux. A ce premier degré de la vie de l'esprit, l'homme ne se sent guère que comme une partie de la nature et se confond sans cesse avec elle. Elle vit en lui, il ne vit qu'en elle. On peut appeler cet état de l'âme *la vie primitive* parce qu'il correspond à l'état d'âme de l'enfant et à la période mythologique des peuples. La chanson populaire nous y ramène dans quelques ballades mythiques dans ses chansons de printemps, de rossignols et de bergers. Le second groupe forme avec le premier un contraste frappant. L'homme est sorti de ce demi-sommeil pour se jeter dans le tourbillon du monde. Sa vie n'est plus un rêve, mais une action incessante ; la scène où il se meut n'est plus la nature, mais la société. Il brûle de jouir, de se faire valoir, se rit du monde entier et ne croit qu'en lui-même. Tels sont ces compagnons, ces chasseurs, ces lansquenets, ces étudiants qui se plaisent dans les vicissitudes de *la vie aventureuse*. L'amour paraît déjà dans leurs chansons, il n'y joue cependant qu'un rôle accidentel. *Les chants d'amour* proprement dits forment un groupe à part, et de beaucoup le plus important. Ce n'est pas sans raison que ce sentiment joue un rôle capital dans la poésie lyrique des peuples modernes. C'est que l'âme s'y révèle à elle-même avec ses énergies primitives, elle s'y trahit dans ce qu'elle a de plus intime et découvre sa destinée en se donnant librement à une autre aussi libre qu'elle [1].

---

1. Après la poésie amoureuse on pourrait placer les *chants patriotiques*. Toutefois, ils ne sont ni assez nombreux ni assez beaux pour former tout un chapitre dans cette étude. Les chansons comme celles sur le prince Eugène et sur Charles-Quint n'ont qu'un intérêt historique très relatif. Comme poésie elles sont bien au-dessous des chants suisses du quatorzième et du quinzième siècle que j'ai cités dans le chapitre précédent. Quelques chants énergiques des lansquenets rappellent de loin en loin ces mâles accents. Ils paraîtront

Mais le degré le plus élevé que l'âme puisse atteindre dans son développement, c'est *la vie religieuse*
où elle s'élève au-dessus de sa destinée personnelle
et cherche à saisir sa relation avec l'infini. Les chansons religieuses formeront donc le dernier groupe[1].
En accompagnant ainsi la chanson populaire
depuis ses rêves enfantins au sein de la nature
à travers les hasards du monde et les conflits de
l'amour jusqu'aux hauteurs de la pensée religieuse

dans le chapitre sur la vie aventureuse. Le patriotisme n'était, en
effet, qu'un épisode dans la vie de ces hommes. La patrie n'existait pas pour eux. Qui l'eût chantée ? qui aurait cru à son existence ? Un seul, le vaillant Ulric de Hutten, mais son courage ne
servit de rien, tous ses efforts se brisèrent contre l'égoïsme des
princes et l'esprit borné de sa caste. Personne ne l'écouta et les lansquenets de Franz de Sikingen répétèrent seuls par toute l'Allemagne le hardi refrain du chevalier humaniste : Je l'ai osé !

1. La division ordinaire adoptée par les Allemands est celle-ci :
*Chansons historiques — légendes — ballades — chants des divers
états - chansons d'amour — chansons religieuses — sentences —
énigmes*, etc. . Cette division est plus scientifique que celle qu'on
va trouver ici parce qu'elle permet une classification plus rigoureuse.
Mais il importait, avant tout, de présenter de cette poésie un tableau
saisissable, de faire ressortir la beauté des parties et le sens profond
de l'ensemble. La poésie populaire, qui commence à poindre au
quatorzième siecle, se développe au quinzième, s'épanouit au seizième
et subsiste jusqu'à nos jours, quoique le progrès des lumières, la
cessation de la vie instinctive et la civilisation industrielle la rendent de plus en plus impossible, cette poésie, dis je, m'est toujours
apparue comme un grand mouvement du peuple vers l'émancipation de l'âme et de l'intelligence. Il chante en ses meilleurs moments
parce qu'il commence a se sentir, parce qu'il veut comprendre sa
destinée et celle du monde. Pour suivre ce mouvement, je me suis
attaché à divers degrés de la vie de l'âme, dont le premier est cette
sorte de communion avec la nature qu'on retrouve encore chez beaucoup de montagnards et dont le plus elevé est la conscience religieuse.
J'ai groupé ces etudes dans cet ordre. De cette façon, je l'espère, on
pourra saisir la grandeur de cette révolution morale qui s'accomplit
dans le peuple et embrasser d'un coup d'œil les beautés supérieures
qui donnent à sa poésie une valeur universelle et hautement hu
maine.

nous assisterons pour ainsi dire au développement
intérieur et caché du peuple. Sous cent types
variés, par mainte joyeuse aventure et plus d'une
mort désespérée, dans la bonne comme dans la
mauvaise fortune, à travers mille plaisirs et mille
souffrances, nous le verrons lutter, grandir et aspirer à la plénitude de la vie, à la liberté.

Depuis l'ère chrétienne, les hommes n'avaient
plus vécu en paix avec la nature. Comme tous les
peuples du monde, les Germains l'avaient divinisée
autrefois dans leur mythologie. Survint l'Église
chrétienne qui proclama un seul Dieu invisible et
fit à toutes les divinités païennes une guerre d'ex-
termination aussi implacable que celle de Charlemagne contre les Saxons. Une grande lutte dut se
livrer dans l'âme inquiète du peuple, entre les
dieux de ses pères et le Dieu chrétien, lutte douloureuse qui dura plusieurs siècles. Le Dieu invisible triompha, les dieux germains furent détrônés et
dès lors la nature changea de face pour l'homme.
Ce n'était plus la terre, mère féconde et bien-aimée,
antique berceau des géants et des dieux, mais le
sol maudit depuis la chute de l'homme, repaire du
mal et du péché, le royaume de Satan, sombre
vallée de larmes et de tentation. Autrefois, l'adorer était toute la religion ; maintenant, l'aimer en
secret était déjà un crime.

Et pourtant on l'aimait toujours, car les vieux
dieux n'étaient pas morts. L'Église avec toutes les
promesses du ciel et toutes les menaces de l'enfer
n'avait pu les arracher de ces fortes âmes. Les
prêtres ne pouvant persuader aux barbares que
Wuotan (Odin, chez les Scandinaves), Donar (Thor)

et Freya (Frigg) n'existaient pas, durent leur faire
croire que c'étaient des esprits du mal, des suppôts
de Satan. Leur foi se trouva partagée entre deux
religions, deux mondes ennemis. Ils étaient forcés
de croire au christianisme, parce qu'ils le voyaient
victorieux et triomphant, renverser leurs chênes
sacrés et mettre des églises à la place; mais ils
croyaient encore au paganisme, parce qu'ils le portaient en eux-mêmes. Quand ils sortaient des voû-
tes de la basilique, ils rentraient dans leurs forêts
pour y écouter les voix tristes et menaçantes de
leurs dieux abandonnés. Au milieu de ces déchi-
rements intérieurs, ils essayaient de concilier l'ancienne et la nouvelle religion. Car comment haïr les
dieux de leurs pères! Mais ainsi, les dieux du Wal-
halla, les anciens maîtres du monde, tombèrent de
génération en génération au rang de divinités secon-
daires ; persécutés, rapetissés de siècle en siècle,
ils finirent par n'être plus que des esprits errants,
malheureux, relégués dans un coin obscur. On
n'en voit plus rien dans la poésie chevaleresque du
douzième et du treizième siècle. Là brille, dans
toute sa splendeur, le ciel chrétien et devant ses
rayons les dieux mâles et farouches de la vieille
Germanie ont disparu. Mais tout ce monde de divinités s'agitait encore confusément dans l'imagination populaire. Sans doute pour elle aussi le Christ
règne dans le ciel, mais les profondeurs ténébreuses
de la nature sont toujours peuplées d'esprits. Les
géants se sont retirés dans les cavernes des montagnes d'où ils font encore de rares apparitions. Le
puissant Wuotan n'est plus que l'homme au chapeau qui se promène par la pluie dans les forêts

et vient se réchauffer de temps à autre au foyer des bûcherons. Ses filles superbes, les fières Walkyries, les vierges de la mort qui recueillaient l'âme des guerriers sur le champ de bataille, ne sont plus que de vieilles sorcières qui font l'ascension du Broken sur leurs balais. A côté de ces dieux déchus, il y a le peuple des divinités inférieures, habitants des forêts, des lacs et de la mer, légion innombrable tantôt malfaisante, tantôt amie. Ce sont les Nains et les Trolls, gardiens de l'or dans la terre, les Elfes qui dansent au clair de lune, les belles Nixes qui chantent dans les lacs. Toutes ces divinités, gracieuses ou laides, bonnes ou méchantes, sont attachées aux hommes par un lien mystérieux et indestructible. Elles les charment, les séduisent, les perdent. C'est qu'elles les aiment et ne peuvent leur pardonner de les avoir trahies. De là leur tristesse, leur humeur fantasque. Ceux qui se promènent le soir dans la forêt entendent murmurer quelquefois les petits *elbes* qui se cachent dans les fleurs. Ils accusent les enfants des hommes et disent : Que le ciel est haut, et que l'infidélité est grande !

La fidélité est, avec la sincérité, une des plus antiques vertus germaniques, la poésie populaire en fait foi, et tandis que d'autres peuples rient de cette vertu qui leur semble trop gênante dans les relations de la vie, le vrai Germain en fait son bonheur et trouve, dans la persévérance de ses sentiments les plus nobles, comme un avant-goût d'immortalité. Ce qu'il a aimé une fois, il lui semble qu'il doive l'aimer toujours ; il reste fidèle même aux dieux déchus, tant qu'il peut. Ces reproches déli-

ats, ces tendres appels des esprits abandonnés, que
l'homme du peuple croyait entendre dans les fleu-
res et les forêts, le remplissaient de tristesse et de
remords. Il éprouvait alors pour ces êtres souffrants
et maudits de ces retours inattendus d'affection,
comme les enfants et le peuple peuvent seuls en
avoir. Une légende suédoise le dira mieux que tout
le reste. Les deux enfants du pasteur jouaient un soir
au bord du fleuve. Voici qu'un beau Nix sort des
flots avec une harpe et se met à jouer. Les enfants
espiègles le taquinent et crient : « Pourquoi joues-
tu, pourquoi chantes-tu, méchant Nix ? Tu n'en-
treras pourtant pas au ciel ! » A ces mots, le Nix
jette sa harpe, pleure amèrement et redescend dans
les profondeurs du fleuve. Cela amuse beaucoup
les enfants, ils reviennent à la maison et racontent
en triomphe à tout le monde qu'ils ont fait pleurer
le Nix. Mais le père leur reproche leur cruauté et
leur ordonne de s'en retourner au fleuve pour consoler le Nix. Les enfants s'en vont au rivage. Le
Nix était assis sur l'eau, se lamentant et pleurant.
Ils lui disent : « Console-toi, le père a dit que le
Sauveur est aussi venu pour toi. » Alors le Nix
reprend sa harpe et joue ses plus joyeuses mélodies et longtemps encore après le coucher du soleil on entend résonner sa douce musique. Comme
les deux enfants, le peuple est ému de pitié pour
les divinités proscrites. Il y revient sans cesse, il
ne peut s'en détacher. En vain, l'Église les damne,
il a plus de foi qu'elle, et veut les sauver.

Chassées de la religion et de la poésie officielles,
les divinités étranges n'en vivaient donc pas moins
dans la conscience du peuple. Aussi se montrent-

elles dans les chants populaires de toutes les races germaniques, en Allemagne, dans le Danemark, en Suède, en Norvège, et en Angleterre. C'est dans les pays du Nord qu'elles se maintinrent le plus longtemps, en Suède surtout, où elles furent toujours revêtues d'une grâce et d'une mélancolie particulières. Dans ces fleuves d'un bleu sombre, les Nixes vivent comme en des palais d'azur. Ces êtres capricieux, il y a en des deux sexes, poursuivent les enfants des hommes de leurs amours perfides et de leurs enchantements. Ils jouent admirablement de la harpe et subissent ce même charme de la musique qu'ils exercent si fortement. Quand on sait les prendre par là, on les subjugue facilement et on parvient à leur arracher leurs victimes. Christine doit épouser le seigneur Pierre. Elle pleure, car ses deux sœurs ont été enlevées par le Nix le jour de leur noce sur le pont de Ringfalla, et on lui a prédit le même sort. Le sieur Pierre fait mettre des sabots d'or au cheval de sa fiancée, pour qu'il ne bronche pas sur le pont. Lorsqu'ils arrivent à Ringfalla, un cerf au bois d'or joue au bord de la route, tout le monde s'élance à sa poursuite et Christine traverse seule le pont. Son cheval bronche et tombe dans le fleuve ; la voilà comme ses sœurs la proie du Nix. Mais alors le seigneur Pierre a recours à la puissance de sa harpe, pour forcer le dieu du fleuve à rendre les trois jeunes filles.

> Le seigneur Pierre dit à l'écuyer servant :
> Cours me chercher ma harpe et reviens sur-le-champ.
>
> Ah ! comme il fait vibrer sa harpe harmonieuse !
> Le Nix tout aussitôt sort de l'onde écumeuse.

Pour la seconde fois frémit la harpe d'or ;
Le Nix pleure à sa voix, sourit et pleure encor.

Pour la troisième fois la harpe d'or résonne ;
Un bras blanc sort de l'onde et le fleuve en frissonne.

Il joue, il joue un air suave et si divin
Que les petits oiseaux le dansent en chemin.

Il joue, et chaque rose avec amour s'incline.
Il joue, et sur son cœur il attire Christine.

Et le Nix sort du fleuve à ce chant triomphant,
Sur chacun de ses bras est assise une enfant.

Voilà bien la foi enfantine dans la puissance de
l'âme sur le monde extérieur, ravissante illusion
qui n'appartient qu'aux âges primitifs. Le sentiment
est si fort que, par son énergie, l'homme croit pouvoir subjuguer tous les éléments, comme les puissances de son âme subjuguent son propre corps et
le font vibrer à leur gré. Il prend la nature pour un
clavier docile, sur lequel il n'a qu'à jouer, pour en
faire sortir toutes les harmonies. Et, chose étrange,
c'est elle qui joue sur lui, et toute cette musique
étourdissante s'échappe de son propre cœur. Mais
il ne s'en aperçoit pas et s'imagine que des êtres
surhumains, quoique semblables à lui, l'écoutent
et lui répondent, lui commandent ou lui obéissent.
Dans les ballades suédoises il y a une sorte de
gageure entre les hommes et les esprits, c'est à qui
l'emportera sur l'autre. Celui qui sent en soi le
plus de musique, le plus de force dominatrice et
enchanteresse, restera vainqueur. La lutte est dangereuse, car ces esprits ne font pas grâce, ils n'ont
que le désir de fasciner, de posséder. Toutes les jeunes
filles qu'ils enlèvent ne sont pas aussi heureuses que

Christine. Une vierge avait rencontré le roi de la montagne ; il l'entraîne dans son royaume souterrain. Après sept ans, elle lui demande la permission d'aller revoir sa mère. Il la lui accorde à condition qu'elle ne le nomme pas. La fille revient chez sa mère, et, se croyant sauvée, elle nomme son séducteur. Aussitôt le roi de la montagne est devant elle et l'emporte pour toujours. Revenu dans son royaume, il lui fait boire de l'hydromel dans une corne d'or.

> Pour la première fois elle vida la corne,
> Elle oublia le ciel et la terre.
>
> Pour la seconde fois elle vida la corne,
> Elle oublia le soleil et la lune.
>
> Pour la troisième fois elle vida la corne,
> Elle oublia son père et sa mère.

La voilà devenue Elfe, reine de la montagne, immortelle, mais au prix de tout amour, de tout souvenir humain. Ainsi l'imagination populaire va filant son rêve. Ne lui demandez pas ce qu'elle veut dire, laissez-la se jouer dans la royaume des songes. Elle a besoin de s'expliquer le monde et la destinée humaine ; elle le fait par des images comme nous le faisons par des lois. Le charme insaisissable de ces naïfs récits sera toujours cette profonde intimité de l'homme enfant avec la nature, encore toute remplie de belles divinités palpitantes de vie et de désir. L'illusion une fois perdue, elles disparaîtront pour ne plus revenir et toute la puissance des poètes sera vaine pour les rappeler.

Ce monde merveilleux se trouve dans la chanson populaire des Allemands, mais il y est plus rare et y a perdu quelque chose de sa magie. Les Nixes et les Elfes, si sveltes et si diaphanes en Suède et en Norvège qu'elles semblent se confondre avec les vagues mobiles et les feuillages frissonnants, deviennent quelquefois trop réelles et trop palpables dans les chansons allemandes. Le paysage aussi n'a plus ces profondeurs sombres, fuyantes, mystérieuses qui jettent l'esprit dans une rêverie sans fin. Les causes en sont nombreuses. D'une part, la nature a rarement en Allemagne ce caractère sauvage et grandiose qui favorise la croyance aux divinités élémentaires; de l'autre, l'esprit du peuple allemand, quoique très porté au merveilleux, n'y incline pas autant que les peuples scandinaves et se plaît davantage dans les affections purement humaines. Ajoutons surtout qu'à l'époque où fleurit la chanson populaire il était déjà trop éveillé, trop secoué par la politique et la religion, trop travaillé par le besoin d'agir pour s'absorber dans sa vieille mythologie. Il se passionne plus volontiers pour des personnages en chair et en os, pour les scènes dramatiques de la vie réelle. Cependant, le monde des divinités évanouies lui apparaît de temps en temps comme une vision lugubre noyée dans le crépuscule. Les elfes le hantent encore. Écoutons l'histoire d'Olaf [1] :

Olaf la nuit au bois chevauchait hardiment,
Pour inviter la noce; il fredonnait gaîment.

Les Elfes en dansant lui barrent le chemin.
Et la reine des bois lui tend sa blanche main.

1. Cette ballade est d'origine suédoise. Elle existe sous plusieurs formes dans cette langue. La version allemande est une reproduction, non une traduction.

— Salut, seigneur Olaf, soyez le bienvenu !
Pour danser avec moi n'êtes-vous pas venu ?

— Danser ? non, je ne puis, je ne veux pas danser,
Demain au point du jour je dois me marier.

— Écoute, bel Olaf, viens danser avec moi,
J'ai deux éperons d'or que je garde pour toi.

J'ai la plus belle robe et le plus riche habit,
Mes doigts fins l'ont tissé, la lune l'a blanchi.

— Danser ? non, je ne puis, je ne veux pas danser,
Demain au point du jour je dois me marier.

— Écoute, bel Olaf, viens danser avec moi,
J'ai dans mon vert palais un monceau d'or pour toi.

— Un monceau d'or de toi, je veux bien l'accepter,
Mais pour l'amour de Dieu, je ne saurais danser.

— Quoi ! tu refuses donc de danser avec moi ?
Que la mort sans retard monte en croupe avec toi.

Elle élève le bras et lui frappe le cœur.
— Grand Dieu, qu'ai-je senti, grand Dieu, quelle douleur !

Et puis, le replaçant pâle sur son cheval :
— Va-t'en danser demain avec ta belle au bal !

Et quand il s'en revint au seuil de son château,
Sa mère l'attendait, et lui dit aussitôt :

— O mon fils, qu'as-tu donc ? Mon fils, tu me fais peur !
D'où vient ton œil si terne et d'où vient ta pâleur ?

— Ma mère, calme-toi, ma mère n'aie pas peur,
Une Elfe des forêts m'a frappé sur le cœur.

— Couche-toi, fils chéri, que ton sommeil soit doux.
Ta fiancée, hélas ! que lui conterons-nous ?

— Dis-lui que je chevauche et par monts et par vaux,
Que j'essaie en chassant mes chiens et mes chevaux.

Il se couche et s'endort. A l'aube du matin
La fiancée arrive, elle chante en chemin.

— Quoi, tu pleures ma mère, et qu'as-tu donc, dis-moi
Pourquoi mon bien-aimé n'est-il pas avec toi?

— O ma fille, il chevauche et par monts et par vaux,
Il essaie en chassant ses chiens et ses chevaux.

La vierge souleva le manteau brodé d'or,
Et le seigneur Olaf était là pâle et — mort!

C'est là une de ces vengeances implacables comme les aiment les divinités proscrites. La reine des Elfes, aux yeux bleus scintillants, doux et cruels, aux bras éblouissants comme la neige, à la chevelure blonde qui flotte follement autour de ses épaules nues, l'Elfe rieuse et sauvage qui danse au clair de lune sur la pointe des herbes entre les bouleaux frissonnants, est plus puissante que la pieuse fiancée. D'un éclat de rire, elle l'emporte sur un long et fidèle amour. Olaf la voit danser, au premier coup d'œil il est fasciné, déjà il aime, et quoi qu'il fasse il succombera à cette séduction. En vain sa bouche est-elle fidèle à sa fiancée, son cœur l'a déjà trahie. La reine des Elfes le poursuit, le presse, et comme il refuse toujours de danser avec elle, elle le frappe au cœur d'un coup mortel. La nature se moque des vœux éternels, elle commande en maîtresse et tue qui lui résiste. Cette ballade est un hymne tout païen à sa puissance, que le peuple célèbre sans le savoir.

L'homme du fleuve (*Wassermann*) et la fée de mer (*Meerfei*) font aussi leur apparition dans la chanson populaire allemande. Mais ce ne sont que les fantômes pâlissants d'un monde qui s'en va, et leurs chants sont comme les derniers soupirs des divinités païennes qui meurent solitairement au fond de leurs lacs et de leurs forêts. A l'époque où elles régnaient dans tout leur prestige, l'homme était encore sous le coup de la nature. Elle le frappait, elle le pénétrait d'effroi, de désir ou de volupté ; il ne réagissait pas. Les sensations douces ou violentes, qui ébranlaient tout son organisme, se traduisaient à son imagination en êtres gracieux et sauvages, dont il se croyait fasciné, aimé, poursuivi. Heureux ou malheureux, le divin lui apparaissait dans ce vaste enivrement de terreur et d'amour, où son âme était comme perdue. O sombres génies des torrents de la montagne, Elfes des forêts fantastiques, Nixes ondoyantes qui vous jouez au bord des lacs dormants, pourquoi vivez-vous toujours, pourquoi hantez-vous encore les enfants des hommes, pourquoi nous appelez-vous parfois de vos voix tristes et caressantes, qui se marient aux sons de la harpe ? D'où vient que nous ne pouvons vous dire l'éternel adieu ? et par quelle loi mystérieuse sommes-nous liés à vous ? C'est que vous nous parlez d'une voix si douce d'un temps où vous étiez les rois du monde et où l'homme vous adorait. Alors, rien ne le séparait encore de la nature vivante, il la saluait dans un premier élan d'enthousiasme et c'est vous qui avez retenu le secret de ses ravissements. L'Église vous a maudits, la civilisation vous chasse, le peuple, qui vous aimait, à son tour vous raille et vous oublie. Mais nous nous souvenons encore de vous, belles divinités. Car, malgré nous, nous revenons à la nature, à cette mère universelle (γῆ παμμήτορ), comme dit Eschyle, pour nous fortifier dans ses embrassements et sentir l'esprit éternel qui circule en toute chose. C'est alors que vous ressuscitez un instant et que nous retrouvons dans vos sourires la joie des premiers âges !

Du monde crépusculaire de la mythologie germanique, passons, avec la chanson populaire, au monde riant et lumineux de la vie patriarcale. Nous voici au fin fond des montagnes, en quelque vallée perdue, que n'atteignent pas les révolutions de l'histoire. Là vit une une population bien simple d'esprit, bien primitive de mœurs, tout absorbée par son travail. Ce sont des charbonniers qui veillent jour et nuit près de leurs montagnes de bois toujours fumantes. Ce sont aussi des bûcherons qui sans cesse font retentir les forêts des coups secs de la cognée. Ce sont encore des mineurs qui passent la moitié de leur vie dans les flancs de la montagne ou bien les couvreurs qui vivent suspendus dans les airs et sifflent comme des merles en travaillant.

Ces gens-là vivent réellement avec la nature, avec le rocher, avec l'arbre et la forêt ; leur existence s'y incruste pour ainsi dire. L'homme qui a vu grandir depuis son enfance le chêne avec toutes ses branches ne met pas la cognée à sa racine sans une sorte de regret et regarde avec émotion les nombreux rejetons qui perpétueront la beauté de la forêt. Le mineur a pour les entrailles de la terre, avec son labyrinthe de cavernes, une admiration mêlée d'orgueil et de respect. Il en connaît tous les détours, il bénit la source souterraine qui jaillit du rocher et lui attribue la vertu de donner une longue vie. Encore aujourd'hui rien de plus gai, de plus éveillé, de plus aimable que le mineur du Harz. Presque toujours privé de la lumière, il la salue par

des cantiques improvisés chaque fois qu'il la revoit.
L'habitude du danger établit entre lui et ses compagnons une joyeuse fraternité qui s'étend à tous
les visiteurs. Son bon vouloir et sa tranquille confiance se résument dans un mot par lequel il apostrophe l'étranger à l'entrée et au sortir de la montagne : *Glückauf !* ce qui résonne à notre oreille
comme : Bon courage, et Dieu vous protège ! Autrefois tous ces ouvriers des montagnes, de métiers
si divers, avaient l'habitude de consacrer leur travail par le chant, lui donnant par là un prix supérieur au gain, une dignité morale et religieuse.

Mais le roi de ce monde primitif, c'est le pâtre,
le plus insouciant des hommes et le plus gai des
chanteurs. N'ayant que son troupeau à surveiller,
toujours au grand air et libre de tous ses mouvements, il peut vivre tout à sa guise. On se le figure
aisément, ce fils de bûcheron, robuste adolescent
à la nuque vigoureuse bronzée par le soleil, au front
rustique qui semble défier la grêle. Quand, au
retour de la belle saison, il s'achemine vers la haute
montagne, laissant derrière lui les villages et les
dernières habitations humaines, une vive sensation
de liberté lui dilate la poitrine. Il se dit, ou plutôt
il sent par instinct que cette vaste étendue lui
appartient et n'aura d'autre maître que lui. Le voilà
libre de courir sur ces pelouses à perte de vue, de
guetter l'oiseau dans le taillis, de se rouler dans la
fougère mouillée pendant que le soleil darde le dôme
impénétrable de la forêt et de rafraîchir sa lèvre
brûlante aux baies sauvages qui frissonnent dans
les fourrés. Mais pendant ces longues matinées,
et ces soirées si calmes, que faire si ce n'est un peu

de musique sur un de ces instruments primitifs
que les bergers de tous les pays savent fabriquer.
Musette ou cornemuse, peu importe, cela excite les
oiseaux, fait dresser l'oreille au chien et fait passer
des heures entières dans un bercement délicieux.
Mais quand le matin est plus clair que d'habitude,
quand un vent vif et tranchant rafraîchit le sang et
l'âme, il jette avec impatience musette et cornemuse
et se met à chanter, et quel plaisir d'entendre sa
propre voix résonner contre les rochers :

> Non loin de mon troupeau dormant,
>   Bien doucement,
> Couvert de mousse je sommeille.
> Au sein du bonheur je m'éveille
>   Frais et content.
> Châteaux à tourelle dorée
>   Du val lointain,
> Vous n'êtes pour moi que rosée
>   D'un beau matin.
>
> Et quand paraît l'aurore en feu
>   Je chante à Dieu !
> Je souffle dans ma cornemuse.
> De mon troupeau la voix confuse
>   Me rend joyeux.
> Pas de chant triste et monotone
>   Au point du jour,
> Car le soleil m'a fait un trône
>   Tout de velours.
>
> Sous l'ombre à midi qu'il fait beau !
>   Le ciel est chaud,
> La source rafraîchit mes lèvres,
> Vaches, brebis, agneaux et chèvres
>   Sont au préau.
> Je vais m'asseoir sur ma banquette
>   Avec mon pain,

> Je n'ai jamais sous la houlette
>   Pleuré de faim.
>
> Enfin quand l'étoile du soir
>   Se laisse voir,
> A la cascade murmurante,
> Rossignol de la voix vibrante
>   Me dit bonsoir.
> La liberté c'est la richesse
>   D'un cœur léger,
> Adieu la pompe et son ivresse,
>   Je suis berger [1] !

Ces accents sont empreints de la sensation large et vague des hautes montagnes, où l'azur sans nuage enveloppe les dômes de verdure éternelle. Nul combat intérieur n'altère l'accord majeur de cette harmonie, nul désir n'en hâte le retour cadencé. Le jeune pâtre laisse expirer lentement sa dernière note sur les croupes amènes des hauteurs ondulées et semble la suivre encore au loin. Personne ne l'entend, mais il se sent heureux ; Dieu l'écoute.

La vie cependant a ses revers. Parfois l'orage et la tempête le surprennent loin de son réduit. La pluie le fouette au visage, la foudre tombe à ses côtés, le froid le pénètre. Il s'en rit et siffle dans l'ouragan, mais sous ces nuées sombres des pensées tristes lui viennent. Il songe à sa pauvreté, à son abandon et se compare aux riches d'en bas qui ont un abri et une famille, les danses et les fêtes. Il songe enfin que pas âme qui vive ne se soucie de lui. Les larmes amères de la solitude lui montent aux yeux. A ce moment, le coucou reprend son cri monotone dans la forêt voisine et l'arrache à sa

1. Se trouve dans le recueil : *Des Knaben Wunderhorn.*

mélancolique rêverie. C'est son oiseau favori, son compagnon perpétuel avec lequel il aime à converser des heures entières. Ne devrait-il pas être triste aussi par ce temps noir? Mais non, il chante malgré la pluie et attend le prochain rayon de soleil.

> L'oiseau gris chante à la feuillée,
>   Coucou, coucou !
> Il pleut ; sa pauvre aile est mouillée,
>   Coucou, coucou, coucou !
> Le soleil perce les nuages,
>   Coucou, coucou !
> L'oiseau fait sécher son plumage,
>   Coucou, coucou, coucou !
> Il prend son vol d'une aile fière,
>   Coucou, coucou !
> Vers le lac bleu, vers la lumière,
>   Coucou, coucou, coucou [1] !

Le pâtre se console avec lui. Lui aussi se promet de s'élancer vers le bonheur et la lumière, dès que le ciel sera plus serein. Au premier beau jour, le voilà parti pour la vallée. Caché dans un bouquet d'arbres qui s'élève sur le versant rapide, il voit passer plus haut sur le sentier des jeunes filles qui fredonnent à mi-voix :

> Quand le mai nous revient tout est jeune et joli,
> Tout verdit, tout festoie et la source s'emplit,
>   La colombe sauvage
>   Prend son vol et voyage.
> Et par monts et par vaux retentit l'hallali !

Les garçons, qui sont en bas et s'efforcent de les rejoindre, répondent par la strophe suivante sur un ton un peu plus provoquant :

1. Recueil d'Uhland, n° 11.

On y rit, on plaisante et l'on songe à causer,
On y chante, on y saute et tout veut s'amuser.
    Et l'amie à l'amie
    Conte amour et folie.
Mainte bouche reçoit à la danse un baiser!

Notre berger n'y résiste pas et court à la fête. Une foule d'hommes, de femmes et d'enfants se pressent autour d'un char sur lequel gesticulent les deux héros. Le premier est un fringant gaillard aux joues rouges, à la forte carrure. Vêtu en roi, d'étoffes reluisantes et bariolées, il porte sur sa tête une épaisse couronne de fleurs et de feuillages et tient à la main un sceptre fleuri de liserons. C'est l'été. L'autre est un vieillard à barbe grise, accoutré comme un mendiant ou un bandit et couronné de feuilles sèches, qui s'appuie sur un bâton de houx. C'est l'hiver. L'été s'avance fièrement, agite son sceptre et dit :

C'est aujourd'hui le plus beau jour de fête,
L'été, l'été va faire sa conquête.
    Regardez-moi; n'ayez pas peur,
    L'été est un vaillant seigneur.

Mais l'hiver s'avance à son tour et lui répond en grommelant :

Tu mens, je suis plus fort et je te brave,
Je suis l'hiver; tu n'es que mon esclave.
    Regardez-moi, je n'ai pas peur,
    L'hiver est un puissant seigneur[1]!

La lutte s'engage. L'hiver parle de glace, de fri-

---

1. Cette scène est encore représentée dans certains villages d'Allemagne. Le dialogue dont je cite le commencement se trouve dans le recueil d'Uhland, t. 1, page 23.

mas et de gelée. L'été hausse les épaules et prétend qu'il les fera fondre d'un rayon de soleil. Mais l'hiver lui dispute le terrain pied à pied, il gronde, menace de sa voix creuse et fait le moulinet avec son houx, d'un air résolu. Alors l'été éclate de rire et le touche de son sceptre fleuri. L'hiver tressaille comme étourdi sous les clochettes printanières des liserons. Sa voix devient chevrotante, essaie encore la menace et finit par supplier humblement. Enfin, l'hiver hésite, recule et s'enfuit, chassé par une pluie de muguets. L'été seul occupe triomphalement la scène.

A cette victoire éternelle du printemps sur l'hiver, de la vie sur la mort, la foule pousse un immense cri de joie, un cri à réveiller les divinités païennes endormies dans les cavernes des montagnes. Puis, ivre de plaisir, elle court la célébrer par la danse en plein air. Entraîné par le flot, le berger se glisse au pré où les couples mènent leur danse champêtre; cependant les longues files de paysannes qui le regardent en riant ne sont pas faites pour l'encourager. Les plus hardies lui lancent par-dessus l'épaule une œillade avec un bout de chansonnette significative :

> S'il est des sources jaillissantes,
>   Il faut s'en abreuver.
> S'il est des filles florissantes,
>   Il faut, il faut aimer.

La seconde ajoute :

> J'ai fait choix d'une fille
> Vertueuse et gentille. —
> — N'est-ce pas ? —

Vient la troisième qui fredonne, d'une voix malicieuse :

> Ne hâtons rien, beau page,
> Restons honnête et sage,
> Au bout de l'an, oui, oui ; oui, oui, je reviendrai.

Est-ce pour l'agacer, est-ce pour se moquer de
lui ? Il ne sait, mais pour un empire il ne se risque-
rait pas au milieu de ces rieuses, dont les voix lui
tintent dans les oreilles et qui se laissent entraîner
l'une après l'autre à la danse vagabonde. Inquiet,
moitié ravi, moitié maussade, il se retire sous un
arbre pour observer la fête à son aise, lorsqu'une
ravissante apparition attire ses regards. Dans le
chemin creux, entre les haies, il aperçoit la bergère
de la vallée. Les mains jointes sur son tablier, la
tête légèrement inclinée en avant et les yeux grands
ouverts, elle s'avance furtive, légère, inquiète, à pas
lents. Pour toute parure elle porte sur sa tête une
couronne de chèvrefeuilles dont les fleurs sauvage-
ment entrelacées tremblent au vent avec sa chevelure brune comme pour rehausser l'expression suave
et agreste de son visage. Arrivée au pré, elle s'arrête tout à coup et prête l'oreille à la musique
bizarre du ménétrier. Une villageoise la prend sous
le bras pour l'emmener vers les beaux du village, elle
résiste. Une autre la prend de l'autre côté et veut
l'entraîner de force ; elle se dégage et s'esquive. Un
paysan lui saisit la main et veut la faire danser.
Mais la fille des montagnes lui lance un regard
oblique et courroucé, s'échappe et se précipite sous
l'arbre derrière lequel se tient le pâtre émerveillé.
Elle ne l'aperçoit pas. Alors, il s'en approche et

l'entoure doucement de son bras. Elle se retourne
vivement et le regarde de ses grands yeux doux
et sauvages. Mais elle ne s'enfuit pas. Ils restent
immobiles et se regardent longtemps. « Viens avec
moi, dit-il à voix basse, n'entends-tu pas le chant
tendre du rossignol, qui chante là en bas dans les
vallées ? T'effraies-tu de marcher à l'ombre, dans
la mousse ? je te conduirai. Viens ! » Les yeux de
la fille des bois prennent une expression plus
rêveuse et plus passionnée. Elle écoute tour à tour
le rossignol qui chante là en bas et la voix caressante de l'enfant hardi qui la presse de son étreinte.
Puis tout à coup d'une voix décidée : « Là en bas ?
Non, je n'ose, vas-y seul. Adieu ! » Et d'un bond
elle disparaît dans les buissons.

Il descend, descend, il cherche, cherche encore.
Point de bergère dans la clairière du vallon, point
de bergère à la fête ; il faut s'en retourner à la montagne, seul, triste, mais fier comme un page qui
vient de ramasser une plume tombée du chapeau
de sa châtelaine. Certes, il se promet de revenir un
jour à la danse et d'être plus heureux. Mais en
attendant il erre souvent au-dessus du vallon perdu.
Son ami le coucou l'accompagne toujours à distance
et a soin de se nicher assez près pour se faire entendre. Ces deux joyeux musiciens ont besoin l'un de
l'autre et se servent d'auditoire dans les jours de
pluie et de soleil. Le coucou aidera-t-il au berger
à découvrir la sauvage bergère ? Il n'en doute pas
et souvent il chante par-dessus la haie :

> Je suis le gai coucou des bois
> Qui passe et qui repasse,
> Mon nom joyeux est dans ma voix,

Je chante et ne me lasse.
L'hiver j'habite les forêts,
Et l'été les prairies,
Toujours mon cœur séjourne auprès
Des bergères fleuries.

Quand mon troupeau paisiblement,
Se répand dans la plaine,
Je m'arrête et m'assieds gaîment
Parmi la marjolaine.
Je crie à haute voix : coucou !
J'appelle au loin, j'appelle !
Du fond des bois je ne sais d'où
Répond, répond ma belle[1] !

Mais personne ne répond, et toutes ses chansons hardies et suppliantes, voluptueuses ou plaintives, vont se perdre sur le versant impassible des montagnes, et si l'écho mélancolique d'une vallée lointaine n'en répétait mystérieusement les derniers mots, du fond des sapins, il douterait que jamais quelqu'un en soit touché.

La bergère de la fête les entend peut-être, mais elle n'en fuit que plus loin sur sa lande déserte et n'ose en sortir. La vie de cette singulière enfant a bien changé depuis la scène de la danse, où sans doute une curiosité de jeune fille l'avait entraînée. Le ciel lui paraît plus bleu, la forêt plus verte et le vent qui frôle les feuilles chuchote des paroles étranges. Les fleurs brillent de couleurs plus vives, les unes brûlent comme des flambeaux dans les ténèbres de la forêt, les autres la regardent et ont l'air de lui dire : Prends garde[1]. Les oiseaux tantôt la poursuivent de longues risées, tantôt la saluent de mélodies passionnées et gonflent son sein d'un inex-

1. Recueil de M. Simrock, n° 121.

primable désir. Il en est un surtout qu'elle écoute avec
une anxiété mêlée d'espérance. C'est le rossignol. Car
de même que les bergers de la chanson populaire
ont le coucou pour conseiller, les jeunes filles, et
surtout celles de la montagne, ont pour ami le rossignol, ou plutôt rossignolette (*Frau Nachtigall*),
c'est ainsi qu'elles l'appellent. L'oiseau chanteur
par excellence, qui joue déjà un si grand rôle en
Orient et au moyen âge, est encore le plus célébré
et le mieux compris par le peuple allemand. Pour
les poètes arabes et persans comme pour les *minnesinger*, il n'est guère que le chantre du désir. Au
moyen âge le rossignol était très redouté comme
tel par de grands personnages de l'Eglise. Quand
saint Bernard, dit la légende, visita le couvent des
Cisterciens, il s'aperçut que la discipline des moines était très relâchée. Mais il n'eut pas plutôt
entendu autour du couvent le chant voluptueux des
rossignols qu'il comprit la cause de l'esprit mondain des frères. Plein de colère il éleva la main et
bannit toute la gent ailée qui prit son refuge dans
un couvent de femmes et y obtint, dit-on, des succès encore beaucoup plus remarquables. Mais au

---

1. A ceux qui douteraient de la vivacité d'impressions semblables
chez le peuple, il suffit de rappeler la symbolique des fleurs qui joue
un si grand rôle dans la chanson populaire. Chaque fleur porte un
nom significatif dans le vocabulaire de l'amour ; dans ces noms
doux et mystérieux, depuis le *Vergissmeinnicht* (ne m'oublie pas)
jusqu'au *Jelangerjelieber* (d'autant plus longtemps, d'autant mieux), on
ne peut assez admirer la puissance de l'imagination à saisir le rapport
entre la forme de la plante et la pensée qu'on lui prête. Nos froides
analyses, notre langue prude et solennellement ennuyeuse ne risquent
jamais d'exagérer le feu caché du sentiment populaire. Elles restent
toujours bien au-dessous.

Voir : Hoffmann v. Fallersleben, *Gesellschafts-lieder aus dem
sechszehnten Jahrhundert*, 160 et 166.

temps de la chanson populaire, Rossignolette était un être à part, extrèmement fantasque et d'une nature supérieure. Ses chants et ses rôles sont très divers. Elle enflamme et calme les amants, elle séduit et sermonne les jeunes filles, elle est tour à tour confidente, messagère, prophétesse d'amour et consolatrice des pauvres captifs, mais elle est avant tout la reine des forêts, la libre, la passionnée, plus heureuse que les hommes, mais les aimant comme une amie. C'est là une création éminemment populaire. Les organisations primitives, les âmes poétiques sans manifestation apparente reçoivent de la nature vivante des impressions bien plus fortes que nous autres enfants de la civilisation. Toute leur attention est tournée au dehors et se concentre dans leurs sens qui en acquièrent une finesse de perception, auprès de laquelle nous sommes des sourds et des aveugles. Un bûcheron, une pauvre fille qui vivent dans les bois distinguent à la longue, dans le chant des oiseaux, mille nuances, mille inflexions qui se confondent pour nous et qui pour eux ont un sens précis. Car ces cris, ces modulations leur découvrent toutes les nuances de leurs propres sensations.

Rossignolette est donc la grande amie de la bergère. Elle n'en a point d'autre et jusqu'ici leur union était restée bien paisible. Que de fois, couchée sous un arbre, ses cheveux bruns épars à grands flots dans la mousse fraîche, les yeux perdus dans le fouillis des feuillages sombres et lumineux n'a-t-elle pas écouté sa mélodieuse compagne? Elle voulait qu'elle lui apprenne à chanter, et elle chantait déjà :

Près de la maison de mon père
Là-haut il y a un vert tilleul,
Rossignol de sa voix claire
Tous les jours il y chante seul.

Rossignolet au doux ramage,
Si tu veux m'apprendre à chanter,
D'or je veux border ton plumage,
Un bijou je veux t'apporter.

Mais l'oiseau répondait :

Et que m'importe l'or qui brille ?
Ton bijou ne peut me tenter,
Libre et fier je lance mon trille
Et nul ne saurait me dompter [1] !

En automne, elle craignait pour Rossignolette la fraîche rosée du soir et la froide gelée du matin. Mais elle répondait : « Que la fraîche rosée me mouille, le chaud soleil me séchera. » Souvent aussi par les nuit sereines, assise sur sa lande, elle écoutait s'élever dans les airs sa voix pure et enthousiaste, quand déjà tous les autres oiseaux se taisaient depuis longtemps. Il lui semblait alors que cette voix ne lui parlait plus à elle, mais à un être supérieur, à Dieu sans doute, dont elle ne sait que peu de chose, si ce n'est qu'il réside au-dessus des étoiles ; et pénétrée d'un profond sentiment d'adoration, elle mariait sa voix à celle de l'oiseau bienaimé :

Charme des nuits, ô rossignol,
Qu'au ciel ton chant prenne son vol,
Au ciel ta voix aimante !
Des oiseaux le dernier soupir

1. Recueil d'Uhland, 16, 17.

Sous la feuille est venu mourir,
O chante, chante, chante !
Du fond du bois sombre et dormant
Chante dans le silence,
Et que ton cœur s'élance
A Dieu qui règne au firmament !

Déjà le soleil s'est couché,
Et les ténèbres t'ont caché,
Mais la voix vibre encore,
La voix qui chante au fond du cœur
La gloire de son créateur,
Mon cœur toujours adore !
Du fond du bois sombre et dormant
Chante dans le silence,
Et que ton cœur s'élance
A Dieu qui règne au firmament !

Silence ! au loin qu'ai-je entendu ?
L'écho sauvage a répondu,
Lui qui toujours sommeille.
Si le sommeil veut nous dompter,
Par joie il faut en triompher,
L'écho lui-même veille.
Du fond du bois sombre et dormant
Chante dans le silence,
Et que ton cœur s'élance
A Dieu qui règne au firmament !

Petit oiseau, cher à mon cœur,
Alerte ! redoublons d'ardeur,
Exaltons-nous encore !
Le jour viendra s'épanouir
Le monde va se réjouir,
Chantons jusqu'à l'aurore !
Du fond du bois sombre et dormant
Chante dans le silence,
Et que ton cœur s'élance
A Dieu qui règne au firmament [1] !

1. *Wunderhorn*, I, page 183.

Mais, depuis qu'elle a entendu le jeune pâtre lui murmurer des paroles d'amour, l'oiseau parle une autre langue. Le bel enfant n'a-t-il pas voulu la conduire au vallon perdu pour écouter le rossignol et ne chantait-il pas ce jour-là d'une voix étrange et forte ? Elle n'y est pas allée, mais, depuis ce jour, l'oiseau tentateur la poursuit et répète la sauvage mélodie du val perdu. Effrayée, elle lui dit : « O rossignol, petit oiseau, cesse ton chant si fort !» Mais il ne cesse ; ses accents languissants pénètrent plus avant dans l'âme et ont parfois tant de puissance qu'ils semblent devoir briser sa gorge délicate lorsqu'ils jaillissent par bordées éclatantes. Troublée, éperdue, elle s'en retourne à sa hutte près de la métairie.

Des semaines, des mois se passent, un jour de danse est revenu. Le matin, des jeunes filles, qui passent devant sa hutte, ont l'air de dire pour elle :

> Au bel été, gazouillent les oiseaux
> Et dans le foin gambadent les agneaux,
> Ils vont chanter à la porte des belles
> Venez, venez danser sous les tonnelles.

La tentation est trop forte. Elle s'apprête, se pare, met sa couronne. Déjà, elle marche dans le chemin creux, déjà les premiers sons de la musique font battre son cœur, quand une branche d'églantine qui retombe jusqu'au milieu du chemin par une courbe gracieuse attire son attention.

> — Bonjour, bonjour, belle églantine
> Pourquoi si verte ce matin ?
> — Bonjour, fille fraîche et lutine,
> Pourquoi si belle ce matin ?

8

— D'où me vient ma joue empourprée ?
Je te le confierai sans peur,
Je bois du vin à la vesprée,
Le vin frais met ma joue en fleur.

— Tu bois du vin à la vesprée,
Le vin frais met ta joue en fleur,
Et sur moi tombe la rosée
Qui fait ma force et ma verdeur.

— Prends garde à toi, belle églantine,
Sois sage et regarde à l'entour,
Pour me fleurir, ah ! tu devines,
Je vais te couper un beau jour.

— Si tu me coupais en automne
Au printemps je reverdirais,
Mais fille qui perd sa couronne
Ne la retrouve plus jamais[1].

Cette pensée l'effraie et la retient. Comme le chevreuil, un instant, séduit par la fanfare des cors et qui tressaille au cri de la meute, elle revient sur ses pas et prend la résolution de ne plus retourner à la danse et encore moins à la mystérieuse clairière. En passant dans les champs, elle entend le bruit d'une faucille qui coupe les blés et deux moissonneuses qui causent ensemble. Elles sont cachées par les hauts épis et ne se doutent pas qu'on les entende. L'une chante fièrement :

Coupons les blés, coupons, fillette,
Qu'importe ? ils tombent sous le fer.
D'un amoureux j'ai fait conquête,
Les bluets sont au trèfle vert !

L'autre murmure d'une voix triste :

1. Recueil d'Uhland, n° 25.

> D'un amoureux fais la conquête,
> Les bluets sont au trèfle vert,
> Mais moi je reste ici seulette,
> J'ai dans le cœur un mal amer !

Ces deux voix la plongent dans une profonde méditation et font palpiter étrangement son cœur. Elle ne se doute pas que la moissonneuse triste a été trahie par son amant, et que l'autre n'en est encore qu'à la joie des premières amours. Elle n'entend que le tressaillement de bonheur de l'une, elle ne sent que le « mal amer » de l'autre. N'est-elle pas seule aussi ? Mais ne pourrait-elle pas ressembler à l'autre ? Et comme il serait beau de chanter à son tour d'une voix triomphante :

> D'un amoureux j'ai fait conquête,
> Les bluets sont au trèfle vert !

Cette mélodie qui vient de s'échapper comme d'elle-même de son sein la fait frémir. La fille sauvage se gonfle d'orgueil et d'amour, elle oublie tous ses vœux et s'élance par bonds vers le val perdu. Mais, à mesure qu'elle descend dans les taillis épais, elle marche plus lentement et s'arrête souvent en écartant les branches. Enfin elle arrive, le val perdu est désert, la lisière des bois immobile et sombre. Elle écoute, pas un bruit. Pourquoi n'entend-elle plus la voix vibrante qu'elle a entendue une fois et qui l'appelait :

> Du fond des bois je ne sais d'où,
> Répond, répond, ma belle !

Maintenant, plus rien. Mais voici que le coucou se met à pousser son cri monotone. C'est un oiseau

de bon augure. Elle s'assied dans les hautes herbes
et, palpitante, attend: mais pas une branche ne
remue. Le coucou seul se fait entendre. Impatien-
tée, elle se décide à consulter l'oiseau pour savoir
combien d'heures elle attendra son ami, et, selon
la croyance populaire, l'oiseau doit dire autant de
fois : coucou, puis s'arrêter. Et quel fut l'oracle du
coucou? La belle et farouche enfant ne vous le dira
pas. Mais un vieux pâtre malicieux qui, par hasard,
rôdait dans ces parages l'a entendu et en a fait une
gaie chanson :

> Une bergère menait paître
>   Ses moutons dans les prés,
> Les bluets venaient de renaître
>   Dans les champs bigarrés.
> Et gaîment au bosquet voisin
> Le coucou chantait son refrain :
>   Coucou! coucou! coucou!
>
> S'assit dans l'herbe la pauvrette
>   Toute pensive, et dit :
> Comptons, combien de temps seulette
>   J'attendrai mon ami.
> Elle compta bien jusqu'à cent,
> Et l'oiseau chantait constamment :
>   Coucou! coucou! coucou!
>
> Ah! c'en est trop, dit la fillette
>   Qui bondit en sursaut,
> Je te battrai de ma houlette,
>   Sot et méchant oiseau.
> Par bonheur l'oiseau l'aperçoit,
> S'envole, et crie au fond du bois :
>   Coucou! coucou! coucou!
>
> Dans la forêt elle s'enfonce
>   Et tombe lasse enfin.

> Va, crie encor, moi j'y renonce
>   Je te poursuis en vain,
> Mais le berger à ce moment
> Paraît, l'embrasse et dit gaîment :
>   Coucou ! coucou ! coucou [1] !

Et la fin de l'histoire ? C'est encore le vieux pâtre malin qui la sait, et lorsqu'on la lui demande, il répond comme toujours par une chansonnette de sa façon :

> Un garçon vit un jour fleurir
>   La rose des bruyères,
> Dans sa fraîcheur belle à ravir.
> Il s'arrêta fou de plaisir,
>   Le cœur tout en prière.
> Petite rose, ô rose rouge,
>   O rose des bruyères !
>
> Il lui dit : Je te cueillerai !
>   O rose des bruyères !
> Elle dit : Je te piquerai !
> Et jamais ne le souffrirai,
>   Je suis beaucoup trop fière !
> Petite rose, ô rose rouge,
>   O rose des bruyères !
>
> Et le sauvage enfant cueillit
>   La rose des bruyères.
> La pauvre fleur se défendit,
> Fallut bien qu'elle souffrit ;
>   Bientôt se laissa faire.
> Petite rose, ô petite rose rouge,
>   O rose des bruyères [2] !

1. Chanson populaire de Westphalie.

2. On sait que Gœthe a reproduit textuellement cette chanson populaire dans son recueil de poésies lyriques. Il n'y changea qu'un vers à la dernière strophe, au lieu de : *Et puis de plaisir tressaillit*, il dit : *Fallut bien qu'elle le souffrit.* (Musst es eben leiden), ce qui est plus délicat et plus élevé.

Il y aurait encore plus d'un épisode de cette vie primitive du peuple à raconter. Ces histoires sont parsemées dans les rimes nombreuses qui, de ce temps, sont parvenues jusqu'à nous, et dont beaucoup se chantent encore. Les motifs s'appellent l'un l'autre, s'enlacent et se combinent à l'infini comme dans la réalité. Je n'ai voulu qu'ouvrir une échappée dans ce monde de l'idylle primitive. Que ceux qui veulent y pénétrer plus avant lisent les chansons populaires elles-mêmes, et, certes, ils ne s'en repentiront pas.

J'ai dit idylle et je me trompe. Car le genre littéraire qu'on désigne ordinairement par ce nom est l'œuvre d'une civilisation avancée. L'idylle savante est le retour réfléchi du poète fatigué de la corruption et des hypocrisies sociales à la simplicité première de la vie, à l'entière franchise de toutes les affections humaines. Mais les chansons populaires, qui font deviner cette existence instinctive au sein de la nature sont l'œuvre du peuple lui-même, échappées à ses loisirs, à ses heures de rêverie et de contemplation. Elles se rattachent donc à ce qu'on pourrait appeler la poésie pastorale primitive.

Ce serait une histoire curieuse à poursuivre que celle du berger dans la race aryenne. Car, de peuple en peuple et de siècle en siècle, son rôle et sa destinée ont subi bien des vicissitudes. Le pasteur nomade est placé à l'origine de cette grande civilisation indo-européenne. Riche, puissant et redouté, il est maître de la terre, il est roi, prêtre et poète. Mais, à mesure que la civilisation se complique et se développe, il perd son prestige, jusqu'à ce qu'il tombe au dernier rang de la société. Déchu, dépaysé

couvert de mépris dans le monde moderne, il est
comme le dernier représentant de cette vie primitive qui s'efface de plus en plus. Dans cette histoire,
quelques chansons populaires slaves, allemandes,
écossaises formeraient le dernier chapitre. On y
retrouverait le berger naïf, insouciant, amoureux
quelquefois ; caractère spontané, contemplatif, enfant de la nature avant tout et toujours musicien.
C'est dans ses notes traînantes, qui se perdent dans
les gorges oubliées, que va mourir mélancolique-
ment le premier idéal de la grande race. Mais on
aimera longtemps encore à s'y rafraîchir ; car ces
chants respirent une paix profonde. L'homme y
est heureux, tranquille, plein de sympathie pour
les êtres vivants. Sa vie s'écoule dans une douce
harmonie avec la nature et dans une grave contemplation, dont il n'a pas encore conscience. Pour
lui, point de combats intérieurs ; il n'est pas par-
venu à ce degré de réflexion, où la vie est une
lutte perpétuelle entre le bien et le mal, entre le vrai
et le faux. Et pourquoi en saurait-il quelque chose ?
Il est plus heureux ainsi, les orages qui nous agitent
ne l'atteignent pas encore et rien ne trouble l'harmonie première de ses pensées.

IV

LES AVENTURIERS

Alerte ! compagnons, en route !
Valise au dos, il faut marcher.
Le premier pas, le seul qui coûte,
Est fait ; partons sans plus tarder.
Mais verse-nous, la belle fille !
Le vin à flots, et qu'il pétille,
Ah! que c'est beau de voyager.
CHANSON POPULAIRE.

Le Don Juan des bois. — Le joyeux vagabond. Miracles
du vin. — La mort du brigand et le repentir du bandit.
— Le soldat malgré lui et le soldat quand même. Les
bohémiens. — Le pauvre ménétrier. — L'étudiant et la
bourgeoise. — Le vaillant charpentier et la belle comtesse. — Ulric de Hutten, le chevalier de la liberté.

Les vies paisibles cachées au sein de la nature
sont des exceptions chez les peuples civilisés. Elles
ressemblent à cette maison de Philémon et de
Baucis destinée à périr dans la cité travailleuse de
Faust. Aussi les chansons idylliques des pâtres,
des bûcherons et des charbonniers qui nous trans-
portent dans un monde patriarcal ne sont-elles
que des voix perdues dans la vie orageuse du seizième siècle. Le peuple alors se réveille, se lève,
s'arrache à un long servage pour se jeter tête perdue dans l'action, comme un jeune homme impa-

tient, qui va courir le monde après s'être nourri de chimère. Pour la première fois le fils du serf a foi en sa destinée, pour la première fois il veut tenter la fortune. Il se fait chasseur, lansquenet, étudiant, et célèbre ses bonnes fortunes. Avec ces héros, nous sortons de la mythologie et de l'idylle pour entrer dans l'histoire.

Parmi ces aventuriers alertes, il en est un qui fait voir à merveille la brusque volte-face de l'innocence au désir téméraire, du rêve à l'action hardie et représente, si j'ose dire, le passage de la vie primitive à la vie aventureuse. C'est le chasseur.

> L'entendez-vous ? C'est le chasseur sauvage.
> Le voyez-vous derrière le feuillage ?
> Sa verte plume au vent flotte toujours ;
> C'est le chasseur qui séduit mes amours.

Ainsi parle un pauvre paysan auquel le chasseur a volé le cœur de sa payse. En vain a-t-il rappelé à sa bonne amie le « Val des roses » et la place où ils venaient s'asseoir ensemble. Elle ne veut plus y retourner, elle n'écoute rien, elle n'entend que le son du cor magique qui chante amoureusement au fond des bois, et chaque fois qu'il reprend sa fanfare, elle reste immobile comme sous le coup d'un charme. Il a suffi au chasseur d'un mot et d'un regard pour ensorceler la pauvre fille. Et d'où lui vient cette magie ? C'est que le chasseur est le don Juan du peuple. Il court les forêts, le fusil sur le dos, le cor pendu au côté, toujours seul, toujours mystérieux, toujours cornant et chantant, toujours à l'affût des plus belles filles du pays. Et comment lui résisteraient-elles ? Sa fierté, son air entreprenant, son pourpoint de velours aux boutons d'acier et par-dessus tout sa plume verte leur font tourner la tête. Lorsqu'elles en parlent entre elles, toutes se récrient, mais au fond, chacune brûle de le voir. Il a cela de commun avec le malin que lorsqu'on y songe trop et qu'on l'évoque le soir dans la forêt il finit par être là, sans qu'on ait le temps de se raviser, et par chuchoter à votre oreille de ces paroles qu'on n'oublie plus. On se dit tout bas qu'il a vendu son âme au diable. Mon Dieu, ce n'est qu'un enfant de la nature qui porte dans ses amours ses instincts à demi sauvages.

Au printemps les senteurs de la forêt l'enivrent, le cri des oiseaux l'excite, le démon de la chasse s'empare de lui. Alors, rien ne l'arrête.

> Le chasseur fringant et superbe
> Chevauche au bois de grand matin,
> Il cherche les beaux cerfs dans l'herbe
> Et les doux chevreuils dans le thym.
> Au bord de la forêt épaisse
> Il voit grande joie et liesse.
> Au mois d'amour, sur les gazons
>   Tourne la ronde
>   Vagabonde,
> Tournent fillettes et garçons.
>
> Coucous joyeux, coqs de bruyère,
> Ramiers roucoulent de désir,
> Et son cheval frappant la terre
> Hennit d'orgueil et de plaisir ;
> Et le chasseur en rêve et pense,
> O chasse folle, ô joie immense !
> Au mois d'amour sur les gazons,
>   Tourne la ronde
>   Vagabonde,
> Tournent fillettes et garçons.

Voici qu'une fille vient à sa rencontre :

> Il la prit par sa main de neige
> Ainsi que font tous les chasseurs :
> — Belle vierge, où te conduirai-je ?
> Dans mon château d'or et de fleurs.
> Le bonheur est rond comme boule.
> Ah ! viens le suivre, il roule, roule !
> Au mois d'amour sur les gazons,
>   Tourne la ronde
>   Vagabonde,
> Tournent fillettes et garçons.

Il est sincère dans ses serments. Chaque fois qu'il voit une belle jeunesse, il se persuade naïvement que c'est son premier et son dernier amour, tant il est brûlant et instantané ; mais bientôt sa fougue l'entraîne plus loin. Souvent l'aventure gaîment commencée finit bien tristement. Les premiers refrains disent : « La jeune fille riait si fort ! » et les derniers : « La jeune fille pleurait si fort ! » Le chasseur a disparu.

Une fois cependant il est touché au cœur. Il se prend d'amour pour une brunette douce et craintive. Mais c'est un amour étrange, à la fois tendre et sauvage comme celui qu'il a pour la biche gracieuse et tremblante. Il ne peut aimer paisiblement, c'est là sa malédiction. Il la conduit au fin fond de la forêt et la fait asseoir sous un arbre sur lequel gazouille un oiseau. Un désir bizarre, mais irrésistible, s'empare de lui. Il faut qu'il tue cet oiseau et le fasse tomber sur les genoux de sa maîtresse. Elle frissonne et le supplie de n'en rien faire. Mais il n'écoute rien, il veut l'éprouver :

> Mon baiser est doux et brûlant.

Pourquoi rougir, ma belle enfant,
Et me regarder suppliante ?
Je vais de ce rameau tremblant
Faire tomber l'oiseau qui chante.

Dans la mousse assieds-toi gaiment,
L'oiseau sur ton sein frémissant
Va tomber du rameau qui tremble.
Sur ton sein on meurt doucement !
Si tu meurs, nous mourrons ensemble.

Mais la pauvre fille a trop peur. Elle bondit de sa place au moment où il tire, il veut se précipiter dans ses bras et la trouve morte.

Mon baiser est doux et brûlant !
Pourquoi si pâle, ô belle enfant ?
Hélas ! mon âme est assouvie.
Sur ton sein on meurt doucement.
Sur son sein il s'ôte la vie.

Telle est la fin violente du chasseur dont la destinée tragique est de tuer sa bien-aimée la première fois qu'il aime.

Ce chasseur est de pur sang germain. C'est un arrière-petit-fils déchu des héros des vieux âges, des Sigurd et des Siegfried qui couraient les forêts immenses de la Germanie en cherchant des monstres à exterminer, des trésors à ravir et de belles vierges à gagner. L'obscur coureur des bois a comme une vague conscience de ces puissants ancêtres. Car parfois il lui semble qu'il comprend le chant des oiseaux ; des voix mystérieuses le poursuivent dans les chuchotements de la brise et dans le gazouillement des fauvettes, et ces voix l'excitent à des actions héroïques. Mais où aller, qui combattre et qui conquérir ? Dans la grande forêt il n'y a plus

que des cerfs et des sangliers, et au village il n'y a
que de pauvres payses. Le chasseur est un roi déchu
de sa grandeur, mais quand il envoie un coup de
fusil comme un tonnerre dans la montagne, et que
la vieille forêt de chêne lui répond par un gronde-
ment amical, il se dit : Elle est à moi ! c'est mon
royaume !

Plus tard on le retrouve de nouveau dans la
chanson populaire ; mais cette fois-ci le volage Don
Juan des bois se laisse convertir au mariage par
« la fille aux yeux bruns rayonnants ». C'est lui-
même qui chante sa dernière et sa plus belle victoire :

> Un chasseur dans la forêt verte
>   Doit chercher son bonheur.
> O forêt sauvage et déserte,
>   Douce est ta profondeur !
>
> Mon chien qui toujours m'accompagne,
>   Leste et fringant gaillard,
> Bondit et suit dans la campagne
>   L'éclair de mon regard.
>
> Mais d'où vient la voix qui m'appelle
>   Par de si doux accents ?
> — D'où viens-tu dans ces bois, ma belle,
>   Brune aux yeux rayonnants ? —
>
> — Et pourquoi me promènerais-je
>   Dans ce bois enchanteur ?
> Par le soleil et par la neige
>   Je cherche un beau chasseur. —
>
> Et j'embrassai cette jeunesse :
>   — Pour Dieu, tu m'appartiens !
> Sois donc ma belle chasseresse,
>   Viens partager mes biens.

> Tu ne seras plus vagabonde
> Dans les bois reverdis.
> Et tant que durera le monde
> Nous resterons unis.

Le chasseur sauvage va devenir le joyeux forestier, père d'une troupe superbe de fils vigoureux et de brunes filles, qui porteront dans leur sang l'amour de la forêt et de la liberté. Sa carrière aventureuse est terminée.

Si l'heureux chasseur est l'enfant de la nature, dont les jours pleins de soleil et de fanfares s'écoulent au gré de sa fantaisie, le pauvre vagabond, qui erre de village en village et de province en province, n'est qu'un enfant déshérité de la civilisation et de la misère. Si pauvre qu'il soit, le chasseur est le roi de la forêt, mais le vagabond n'a pas de pierre où poser sa tête. D'où vient-il? Dieu le sait, mais lui-même n'en sait rien. Les haillons qu'il porte sont toute sa fortune. En est-il plus triste? Il dit que non :

> J'étais si jeune encore et si pauvre déjà.
> Je n'avais pas d'argent, partout on me chassa.
> Lors je pris le bâton, le sac du pauvre hère,
> Et tout le long du jour sifflai le *Notre père.*

Et tout en sifflant il voit passer le monde. Où, vont-ils tous ces chevaliers étincelants d'or et d'acier avec leurs fières amazones, ces soldats insouciants avec leurs filles rieuses, ces marchands chargés des sequins de Venise et ces gais saltimbanques bariolés? Que n'est-il à leur place! Il voudrait comme eux guerroyer, danser aux fêtes avec les belles ou sur la corde à la foire. Mais sa

mise est si chétive, sa bourse si légère et la paresse
si douce ! Chevaliers, belles dames et fous de cour
disparaissent dans la poussière du chemin, en lui
jetant une aumône ou un éclat de rire. Le vagabond reste seul au bord de la grande route, rèvant
à leurs bonnes fortunes et mendiant comme toujours. Pour peu que deux ou trois pièces de mon-
naie sonnent dans sa poche, il entre dans une ta-
verne. Aussitôt toutes les félicités naguère regret-
tées viennent miroiter à ses yeux dans une bou-
teille de vin. Le vin est le talisman qui lui donne
tous les trésors, toutes les jouissances et toutes les
gloires du monde. Comme l'ivrogne de Shakespeare
il se métamorphose en grand seigneur. Il boit, et
le voilà riche, aimé ; cent valets sont prêts à le ser-
vir, et la plus belle des belles se penche sur lui
pour se mirer tour à tour dans sa coupe d'or et
dans ses yeux éblouis. Voilà ses jours de richesse ;
ses jours de pauvreté sont parfois tout aussi gais.
N'avoir rien dans sa poche n'empêche pas de s'asseoir à la table d'auberge en chantant :

> N'y a-t-il donc personne ici
> Qui me dirait : Mon cher ami,
> Viens boire à ma santé, viens, bois
> Un ou deux verres, deux ou trois ?
> Un, deux ou trois, eh oui ! eh oui !
>
> Du vin, du vin, entendez-vous !
> Car que ferais-je de ce sou
> Le jour où je ne serai plus ?
> Kyrie eleison ! Kyrie eleison !

Quel lansquenet assez dur, quel marchand assez
chiche, pour ne pas exaucer cette prière et récom-

penser d'un broc de vin les bons mots et les facé-
ties du pauvre vagabond? Sa bonne humeur lui
improvise des amis, et comme elle se donne carrière! Ces soirs-là il aime le monde entier, bien
plus, il sent la force de s'en faire aimer. Malheur à
la fille téméraire qui se hasarde alors à regarder au
fond de ces yeux pétillants. Une chanson l'attire,
une caresse la retient et au troisième couplet l'a-
venturier triomphant l'attire sur ses genoux à force
de gaîté, de hardiesse et de folie. C'est son plus
beau jour, il boit dans l'écume du vin, dans les baisers de sa maîtresse la joie d'une vie entière :

> Se pâmer aux bras d'une belle
> Le verre en main, la bouche en feu,
> Ah! quelle ivresse, vive Dieu!
> Baisers brûlants, vin qui ruisselle.
> Brûlez plus fort! ris, ô ma belle!
> Plaisir de roi, plaisir divin,
> Amour qui flambe dans le vin!

Il vit ainsi au jour le jour sans s'inquiéter du
lendemain. Les fleurs des champs sont toujours
bien vêtues, pourquoi se ferait-il des soucis ? Les
oiseaux chantent tout l'été, pourquoi craindrait-il
l'hiver? Qu'un heureux coup de dé, qu'une bourse
trouvée en chemin, ou coupée à la ceinture d'un
marchand avare, l'enrichisse tout à coup, et notre
vagabond sera plus magnifique qu'un seigneur à
sa noce. Il appelle à sa table riches et pauvres, soldats et baladins, vieux joueurs de harpe et petits
vielleurs. Tous sont forcés de partager son vin et
sa joie. Si quelque ami prudent s'avise de lui parler d'économie : « Eussé-je tout le saint-empire
romain, répond-il à cœur mesquin, eussé-je le péage

du Rhin et les trésors de Venise, je boirais tout.
A quoi bon épargner ? Peut-être perdrais-je mon
argent, et si un voleur l'attrapait je m'en repen-
tirais toute une année. » Entouré de ses amis d'un
jour et de quelques filles joyeuses, il fait sa profession de foi :

Trois dés et trois cartes heureuses.
Messieurs, voilà mon fier blason,
Six jouvencelles amoureuses
A mes côtés l'achèveront.
Arrive, belle et folle fille,
Réjouis ma bouche et mon cœur,
Dans mon jardin d'amour qui brille,
Viens, sois ma rose de splendeur.

Tourne le vent de la fortune, il ne s'en inquiète
pas plus que la girouette. S'il n'a rien, il laisse son
manteau à l'aubergiste ; et si, par malheur, on
emprisonne le pauvre diable, il obtiendra bien du
geôlier un broc de vin. Et alors, vive la liberté ! Tout
seul il boit, il fredonne, il est heureux :

Libres sont les pensées !
Nul ne peut les saisir.
Quand par folles volées
Sous le vent du désir,
Dans notre âme pressées
Elles chantent en chœur.
Oh ! rêver, quel bonheur !
Libres sont les pensées !

Va, referme ta porte,
Cachot sombre, sur moi.
Je m'en ris ! et qu'importe !
Dans mon cœur je suis roi !
Ces barrières dressées
Par la haine des forts,

Je les romps et je sors.
Libres sont les pensées

J'aime bien ma maîtresse
Et j'adore le vin.
Aimons donc dans l'ivresse
Quand le cœur est trop plein.
Quand le vin par ondées
Coule, alors j'ai sa foi,
Ma maîtresse est à moi.
Libres sont les pensées !

Le pauvre vagabond, vous le voyez, ne revendique que la plus inoffensive de toutes les libertés, celle du rêve. Le brigand est plus ambitieux, il veut être riche et puissant par le droit du plus fort. Ce n'est pas un petit voleur timide qu'un brigand de grand chemin au seizième siècle. Avec sa bande il se sent l'égal du margrave et lui fait une guerre ouverte. En face du brigand légal qui exploite le pauvre serf, il est le franc bandit sans masque ni scrupule, qui protège le pauvre et tue le riche. S'il a toute la brutalité du barbare, il en a aussi la vertu : la fidélité à ses compagnons. C'est par là qu'il rappelle les chefs germains qui, pour s'amuser, faisaient la guerre avec leurs amis. La chanson populaire, éprise de toutes les témérités, se plaît à vanter son courage et pleure en quelque sorte sa destinée tragique, qui le fait succomber à la puissance du seigneur.

Un brigand de grand chemin parcourt avec sa bande les bords du Rhin et les ravage d'un bout à l'autre. « Il en a bien joui. » dit la chanson.

A cheval, mes beaux compagnons [1],

1. Disons, une fois pour toutes, que je ne me suis point astreint

Il faut tenter le sort, allons !
Car qui tout ose toujours gagne.
Alerte, au gai butin volons,
Allons, vite en campagne.

Mais le margrave de Bade dresse une embûche au
brigand. Il le fait suivre par l'espion Caspar. Pendant que le brigand dort dans une auberge, Caspar
appelle les cavaliers du margrave.

Le forgeron du grand tilleul
Avait un fils qui veillait seul.
Il pousse un cri d'alarme :
« Mon père chéri, lève-toi,
J'entends le bruit des armes. »

Le père dort, le père est las.
Son fils le saisit par le bras,
Lui donne trois secousses :
« Mon père chéri, lève-toi
Le traître est à tes trousses. »

Les soldats du margrave pénètrent dans la cham-

dans toutes les traductions aux règles de la prosodie française dont
quelques-unes, soit dit en passant, sont très arbitraires ; par exemple, la rime pour les yeux. Rendre l'original, en donner la sensation vive autant qu'il m'a été possible, tel était mon but unique. Me
trouvais-je en face d'une poésie correcte et rigoureuse dans la forme,
je me suis efforcé de la rendre sous une forme analogue. Rencon-
trais-je au contraire une chansonnette rustique et court vêtue, je n'ai
point hésité à lui conserver sa toilette négligée. Quand j'avais à présenter une bergère, je ne l'ai point habillée en princesse. Il est d'ailleurs une autorité que j'invoque, en ma faveur, c'est celle de la chanson populaire française. Mes hérésies sont les siennes. Il m'est arrivé
de faire comme elle, de me contenter de simples assonances, ou
même de ne rimer qu'une fois sur quatre vers. En somme, j'ai plus
insisté sur le rythme que sur la rime. Le rythme c'est la mélodie
du vers, la rime c'est son harmonie. Or, dans la poésie populaire la
mélodie prédomine, l'harmonie est encore d'une simplicité primitive.

bre d'auberge. Alors le brigand se réveille et saute sur son épée.

Le forgeron du grand tilleul [1]
Etait un libre cavalier :
« Je veux me battre en chevalier,
Et je vous brave tous. »
Les assassins sont trop nombreux.
Il tombe sous leurs coups.

« Et puisqu'il faut quitter la vie,
Au moins qu'on épargne mon fils
Et mon jeune écuyer.
S'ils ont fait du mal à quelqu'un
C'est moi qui les forçai. »

Caspar en rit et lui dit : « Non !
Pour l'aigle pâtira l'aiglon.
Pour trois la hache est prête,
Et Bade la tant noble ville
Verra sauter leur tête. »

Ainsi tombe l'audacieux chef de bande entraînant dans sa chute ses compagnons fidèles. Il eût donné sa vie pour les sauver. Car le brigand, sans pitié pour les marchands et les seigneurs, aime ses compagnons comme ses enfants. C'est un homme malgré tout, ce sauvage révolté; à l'heure de la mort, c'est un héros. Ainsi du moins le voit le peuple qui prend fait et cause pour les réprouvés et les maudits, heureux et fier de trouver un fonds d'humanité dans un de ses semblables, fût-ce un bandit.

Au brigand incorrigible qui meurt sans crier grâce, la poésie populaire oppose le bandit repentant celui qui reste comme frappé de la foudre devant la sainteté d'une femme pure et le courage d'une âme

1. *Der Lindenschmidt,* c'est le surnom du brigand.

croyante. On célèbre la noce de la comtesse Elisabeth. Au milieu du festin, elle se lève dans tout
l'éclat de sa parure nuptiale et se rend à une chapelle solitaire de la forêt, pour porter à la Vierge
une offrande de fleurs. Elle s'agenouille et commence sa prière. A ce moment, un brigand entre
dans le sanctuaire et lève son épée sur cette tête
resplendissante de pierreries :

> Mais elle est calme sous le glaive,
> Son regard nage dans les cieux,
> Et sa prière à Dieu s'élève
> Comme un soupir mélodieux.
>
> Il voit ce regard si tranquille.
> Le remords entre dans son cœur,
> L'arme échappe à sa main débile,
> La foi désarme le pécheur.
>
> « D'où vient la divine auréole
> Qui flotte et resplendit sur toi ?
> Noble ange, encore une parole,
> O femme, prie aussi pour moi !
>
> — « Marie, encore une prière !
> Aie pitié de ce grand pécheur,
> Délivre-le de sa misère ;
> Adieu! sois béni dans mon cœur. »
>
> Il la voit partir noble et fière,
> Le monde n'est plus rien pour lui.
> Dans une forêt solitaire
> Pauvre ermite il s'ensevelit.

La piété simple du peuple, croyant célébrer un
miracle, ne fait au fond que glorifier la puissance
souveraine des âmes nobles sur les âmes incultes,
mais bonnes.

La fortune que le brigand veut conquérir par

la révolte audacieuse, le soldat la brigue par le
métier des armes. Au seizième et au dix-septième
siècle, ce métier avait un grand prestige aux yeux
du pauvre qui voyait la richesse dans le butin. aux
yeux du serf qui prenait la licence et le bruit pour
la liberté et la gloire. Les guerres privées et publiques abondaient en ce temps. Le fils du paysan,
heureux de s'affranchir d'une vie monotone, s'en-
gageait volontiers au service d'un seigneur ou d'un
prince : et lorsqu'il se voyait la lance au poing, il
croyait déjà tenir puissance et fortune. Mais souvent aussi il allait en guerre malgré lui, par l'ordre de son seigneur et quittait son pays avec un
triste chant d'adieu :

Il faut partir, ô ma patrie !
O mon pays, il faut marcher !
Adieu, ma terre tant chérie,
Adieu, maison, adieu, prairie,
Adieu, foyer qui me fut cher !

O mère, adieu,
O mère, adieu. trop tendre mère !
Qu'avec toi reste le bonheur.
Tu m'enfantas — douleur amère,
Tu m'élevas — c'est pour la guerre.
Et ton adieu me fend le cœur.

O père, ta douleur me gagne.
J'ai bon courage, tu le vois.
Tous mes amis sont en campagne.
Tu peux, du haut de la montagne,
Me voir pour la dernière fois.

Ah! pour longtemps, adieu, ma mie.
Tes yeux sont rouges, je le vois !
Ta joue est froide et bien pâlie.
Las ! je dois mon corps et ma vie
A Dieu là-haut ; entends sa voix.

Déjà les trompettes guerrières
Résonnent, adieu mon amour.
A toi mon cœur et mes prières,
Je vais combattre avec mes frères !
Entends-tu rouler le tambour ?

Le feu jaillit, le feu commence,
J'entends les balles ricocher.
O Dieu du ciel, dans ta puissance,
Fais triompher mon espérance,
Ramène-moi vers le foyer.

Tout est vrai dans ce chant d'adieu, où le pays natal, les parents et la bonne amie ont leur place légitime. Les sentiments les plus simples y sont rendus avec une effusion entraînante et la nature éclate dans la dernière strophe, où l'enthousiasme guerrier fait place à l'attendrissement.

La chanson populaire accompagne le soldat dans toutes les péripéties de sa vie hasardeuse. Elle sonne l'attaque du combat et le signal de la retraite, elle chante les misères du bivouac et l'ivresse du pillage, les amours d'un jour et les adieux sans retour. Que de souffrances, que de déboires dans cette vie ! Heureux celui qui tombe sur le champ de bataille, au milieu de la danse des épées et du fracas des couleuvrines. Le pire sort qui menace le soldat, c'est la captivité suivie d'une mort honteuse. Quelquefois une jeune fille, attendrie du triste sort du prisonnier, essaie de le sauver ; mais c'est toujours en vain. Que peut l'héroïsme de l'amour contre les violences de la guerre ? Quelques chants populaires racontent ces scènes émouvantes avec une vivacité dont eux seuls ont le secret. Trois soldats prisonniers passent le pont du Rhin et rencontrent une jeune fille :

« Brune fillett' jeune et jolie
Voulez-vous sauver notre vie.
Intercédez pour nous. »
Et la fillette se retourne
Et pleure abondamment.
Soupire la belle éplorée,
En soupirant s'en est allée
A la maison du commandant :

Beau commandant, cher commandant,
Laissez-moi vous prier.
Ah ! votre âme en serait bénie,
Rendez l'honneur, rendez la vie
Au jeun' prisonnier.

Le commandant refuse froidement et répond en riant qu'il va faire gagner la vie éternelle au jeune soldat :

Et la fillette s'en retourne
Et pleure amèrement.
Soupire la belle éplorée,
En soupirant s'en est allée
A la prison de son amant.

Et de son sein que tira-t-elle ?
Sa chemisette blanche.
« Vois-tu, mon seul, mon doux ami,
De mon cœur mille fois chéri
Prends ceci pour mourir. »

Et que tira-t-il de son doigt ?
Un anneau d'or brillant.
« Vois-tu, ma belle, ma charmante,
De mon cœur seule et douce amante,
Voici ma promesse et ma foi. »

— Et que ferais-je de l'anneau,
Hélas ! sans mon amant ?

— Dépose-le dans ta cassette
Laisse-le dormir, ma fillette,
Jusques au jour du jugement.

— « Et quand je verrai ma cassette
Avec cet anneau d'or,
Ah ! mon cœur voudra se briser,
D'un couteau faudra le percer.
Dieu ! mon amant est mort [1] !

Dans une autre ballade, la « vaillante fillette »
fait dix lieues par jour, pour sauver son ami. Dans
ce courage de la femme, aussi bien que dans la résignation de l'amant condamné à mort, apparaît le
profond sérieux du caractère germanique. Sa vie
est dans la richesse de l'âme qui se met au-dessus
de la réalité. Quoi de plus mâle et de plus austère
que ces fiançailles au seuil du tombeau, que cet
amour qui va par delà la vie et cette foi au dernier
jugement, qui sera la justice suprême de l'amour ?
Rien de faux, rien de maladif dans cette douleur.
Chez la femme, l'amour est fort et sain, le désespoir est contenu, mais sans remède, le suicide sera
sûr et prompt.

Le soldat malheureux supporte ses peines avec
une patience à toute épreuve. Mais il est un mal
plus fort que lui, le mal du pays. Celui-là le travaille
jusqu'à ce qu'il jette les armes ; il s'enfuit et si les
sbires ne le rattrapent pas, aucune puissance de la
terre ne peut le ramener. Jamais peut-être la force
irrésistible de ce désir n'a été mieux dépeinte que
dans le « Dernier Chant du déserteur ». C'est un
Suisse qu'on avait placé en sentinelle sur le rempart
de Strasbourg. Au beau milieu de sa promenade

1. *Wunderhorn*, I, page 51.

solitaire, il entend au loin le son plaintif du cor des Alpes. A cette note si connue qui lui rappelle un monde, il jette au loin son fusil et se met à courir vers cette voix de la patrie. Des gendarmes se mettent à sa poursuite ; il les entend derrière lui et court toujours. Le voici au bord du Rhin ; il s'y jette à la nage. S'il atteint l'autre rive, il sera sauvé, il reverra ses Alpes. Mais une barque le suit, il est saisi, lié, ramené, condamné à mort. Quelques heures avant d'être fusillé, il murmure une triste chanson que retiendront ses camarades exilés comme lui, et qu'ils répéteront bien souvent les larmes aux yeux :

Au rempart de Strasbourg
Mon malheur commença.
Le cor alpestre au loin vint à chanter !
Vers ma patrie il m'a fallu nager,
Là-bas ! là-bas !

Au milieu de la nuit.
Las ! ils m'ont reconduit.
Ils m'ont pêché dans le sombre courant,
Ils m'ont conduit devant le commandant.
Tout est fini.

A l'aube du matin,
Je paraîtrai devant le régiment.
Il me faudra leur demander pardon.
Je le veux bien, s'il faut, mais à quoi bon ?
J'ai mon paiement.

Mes frères, mes amis,
Adieu, pour la dernière fois.
Oh ! le berger avec sa douce voix,
Le cor, le cor, pourquoi l'ai-je entendu ?
Il m'a perdu [1] !

1. *Wunderhorn*, I, page 151.

Voilà une poésie plus belle encore par ce qu'elle
laisse deviner que par ce qu'elle dit. Dans ces
derniers balbutiements d'un condamné à mort, quelle
puissance, quelle émotion! Le pauvre fils des Alpes
ne se rend pas compte de la force qui l'entraîne,
mais il y obéit fatalement. Dès qu'il entend le cor,
il croit voir ses montagnes, ses pâturages, ses glaciers; il oublie tout pour s'élancer vers eux. Et
après, quelle résignation! il ne se révolte pas, ne
se plaint pas et n'accuse que le cor, le cor qui a fait
tout le mal. Je doute que jamais poète ait exprimé
si fortement l'influence magique de la patrie sur les
âmes simples.

En face du soldat malgré lui, dont le type est
très accusé dans la chanson populaire, il y a le soldat quand même, qui a la passion de son métier.
Si le premier est mélancolique et rêveur, l'autre est
d'une gaieté folle et d'une légèreté qui défie tous les
coups du sort. Celui-ci ne mourra pas d'un excès
de sensibilité. S'il se surprend dans un moment
de tendresse intempestive, il s'empresse de s'en
corriger :

> Que mon fidèle camarade
> S'affaisse au premier coup,
> De pleurs je ne fait point parade,
> Car je suis prêt à tout.
> Le corps tué tombe en poussière,
> L'habit demeure au compagnon,
> Et l'âme monte à la lumière
> Dans le bleu pavillon.

Vivre sous la tente, se battre tous les jours, boire
au feu du bivouac, n'avoir ni frère ni sœur, ni
femme ni enfants, mais trois ou quatre bons cama-

rades, voilà son bonheur. S'il a un dieu, c'est le point d'honneur :

> Tout soldat fidèle et vaillant
> Sert son maître et seigneur,
> Et s'il n'a pas beaucoup d'argent,
> Il a toujours l'honneur.

S'il a une religion, c'est le rire qui brave tout et l'enthousiasme de la destruction, poussé jusqu'au délire. Jeunesse, fortune, belles filles et joyeux camarades, tout passe devant lui, tout s'engloutit dans le néant ; sa gaîté seule survit à toute chose, et comme il ne pleure pas la mort de ses compagnons, il ne veut pas qu'on pleure la sienne.

> Quand je serai mort, qu'on m'enterre.
> Mes compagnons, ne pleurez pas.
> Roulez, tambours, comme un tonnerre,
> Ainsi le veulent les soldats.
> Tirez trois salves dans ma tombe,
> Hardi ! comme à la mort d'un roi,
> Gai j'ai vécu, joyeux je tombe.
> Que d'autres chantent après moi.
>   Trallalalala !

Voilà le refrain qu'il chanterait encore sur les ruines du monde.

S'il a une bonne amie, il faut qu'elle soit gaie, vive et légère comme lui, qu'elle aime le hennissement des chevaux, la fanfare des clairons et les panaches flottants. Penchée à sa fenêtre en pignon au coin d'une rue, elle le voit marcher au combat au milieu d'une forêt de piques. Il est radieux, elle est fière. Elle agite son mouchoir, il brandit son chapeau. Un baiser jeté, un bouquet, c'est tout.

Prompts adieux, joyeux retours; ils s'aiment entre
deux batailles. Mais parfois ces rapides amours ont
une fin sinistre. Un matin, le soldat part au point
du jour, il voudrait encore dire adieu à sa bien-
aimée et fait halte sous sa fenêtre avec ses compagnons. Il la réveille par une aubade guerrière.

> — Le matin entre trois et quatre,
> Nous partons nous autres soldats,
> Par la petite rue, ô gai !
> Tralali ! Tralalé ! Tralala !
> Ma mie, descends ton escalier.

La prude refuse, disant que trop de gens en
veulent à son honneur. Sur quoi le tambour lui
répond :

> — Si je ne puis te dire adieu,
> Il faudra bien que je revienne,
> Que je vienne mort ou vivant.
> Tralali ! Tralalé ! Tralala !
> Te donner un baiser brûlant.

La bataille est sanglante. Le joyeux tambour
tombe blessé à mort : « Frère, dit-il à son voisin,
je suis blessé, porte-moi jusqu'en ville, ma mie
pansera la blessure. »

> — Te porter, frère, je ne puis,
> Déjà l'ennemi nous poursuit,
> Te sauve le Dieu fort.
> Tralali ! Tralalé ! Tralala !
> Moi je marche à la mort.

Les ennemis arrivent et mettent le feu au camp.
Personne ne s'occupe du moribond. Enfin il expire,
mais, au point du jour, le mort se relève et frappe

son tambour [1]. A ce roulement, ses compagnons morts se relèvent aussi et tous reviennent en ordre à la petite rue, sous la fenêtre de la bonne amie du tambour.

De grand matin, dans les ténèbres,
Ils s'avancent en rangs funèbres,
Et le tambour marche en avant.
Tralali ! Tralalé ! Tralala !
Elle reconnaît son amant.

— « Vois ma poitrine déchirée,
Viens dans mes bras, ma bien-aimée,
J'entoure ton cou de mes bras.
Tralali ! Tralalé ! Tralala !
Et la mort nous réunira [2]. »

Ce joyeux tambour meurt dans le premier flamboiement de sa jeunesse et de ses amours. Mais il n'est pas rare que l'aventurier soldat vieillisse dans son rude métier. Alors son horizon se rembrunit. Quand sa barbe commence à grisonner, quand les compagnons sont dispersés ou couchés sous l'herbe verte, quand la solitude se fait autour de sa tente, son cœur s'aigrit et sa gaîté n'est plus qu'un feu follet, vacillant sur le cimetière de sa vie. Un jour il se souvient d'avoir eu jadis un foyer, une femme et de joyeux enfants. Que sont-ils devenus ? Il voudrait les revoir et prend la route de son village.

Le soldat revient de la guerre.
Hourra !
Ses habits tombent en poussière.
Ohé ! soldat, d'où venez-vous ?
Hourra !

1. Zedlitz a repris ce motif dans sa *Revue nocturne*, où un tambour réveille les morts de la grande armée de Napoléon.
2. *Wunderhorn*, I, page 81.

Il entre dans une auberge et donne son manteau gris pour payer son écot. L'hôtesse se met à pleurer.

— Hôtesse, pourquoi pleurez-vous ?
    Hourra !
Regrettez-vous votre vin blanc ?
Et me croyez-vous sans argent ?
    Hourra !

— Je ne pleure pas mon vin blanc.
    Hélas !
J'avais un soldat pour mari.
Depuis sept ans il est parti ;
Et c'est vous sûrement.

— D'où viennent donc tous ces enfants
    Hourra !
Je ne t'en ai laissé que deux
Et j'en vois quatre au lieu de deux.
    Hourra !

— Un faux message m'a trompée.
    Hélas !
M'annonçant ton trépas subit
Et j'ai pris un autre mari.

— Eh bien ! partageons les enfan
    Hourra !
Le plus âgé sera pour moi.
Garde les trois autres pour toi.
    Hourra !

Nous déclarons au roi la guerre.
    Hourra !
Je me rengage en attendant.
Adieu femme et petit enfant.
    Hourra [1] !

Et poussant dans la nuit ce cri strident qui fait

1. Recueil de Simrock, p. 475.

frissonner jusqu'aux os son jeune fils, le vieux soldat repart et l'entraîne avec lui dans sa sombre destinée. Ainsi finit l'aventurier soldat. Sa vie rit à son aurore, comme une marche triomphale au son des fifres et des canons, elle devient sombre à son couchant comme un enterrement lugubre. Cet homme n'a ni famille, ni patrie, ni religion. Il vit au jour le jour, sans autre désir que de s'étourdir sans cesse, sans autre vertu que le mépris de la mort, ballotté à travers le monde par les hasards de la guerre, comme un navire sans gouvernail par les flots de l'Océan. Il n'a d'autre but que la fortune, d'autre foi qu'en lui-même. C'est un homme pourtant; car il dépense toute son énergie, ne se courbe devant personne et sait mourir sans se plaindre. Pour être un héros, il ne lui manque qu'une grande idée ou un grand sentiment.

Après ces audacieux chercheurs de fortune que de pauvres aventuriers nous apparaissent encore. La plupart d'entre eux pratiquent un métier inoffensif, les plus malheureux se consolent de leur misère en sifflant des chansons. Voici le tsigane qui sait prédire l'avenir, le magicien qui charme les animaux, le vielleur qui fait danser les villageois. Hélas! que chanteront-ils, ces misérables? Pour eux, point de patrie, de famille, de tradition. Ils n'ont pas d'ancêtres à célébrer, la nature est une ennemie pour eux, la société une étrangère. Et cependant l'esprit divin qui s'agite au fond de la nature et de l'humanité les effleure par moments, il se révèle par éclairs à ces déshérités de la famille humaine. Chacun tire de lui-même et de son pauvre métier l'étincelle de joie et de poésie qui éclaire sa vie sans horizon. Le tsigane la trouve dans sa science prophétique, le magicien dans sa puissance mystérieuse sur les hommes et les animaux, le musicien dans son luth compatissant. Tous sont pauvres et méprisés, mais tous agissent sur les âmes. Ils fascinent, ils émeuvent, ils consolent, et c'est là ce qui les console eux-mêmes.

Les tsiganes sont des persécutés et des maudits. On les accuse d'être sorciers et de jeter des charmes, on les enferme ou on les met à mort. Mais le peuple prend leur défense, et les célèbre dans ses ballades. Sept bohémiens sont traînés devant les conseillers d'une ville, on les accuse d'avoir volé le ciboire. Déjà le grand juge casse le bâton au-dessus de la tête du sixième; c'est le signe d'un arrêt de mort. Alors le septième se lève, c'est leur roi, il prend la parole et dit avec calme : « Je comprends ce que disent les oiseaux dans les airs. Vous ne toucherez pas à un cheveu de ma tête. Bientôt le coq rouge (l'incendie) va pousser au loin son cri. » Aussitôt la flamme sinistre éclate aux quatre coins de la ville, sur la maison du tribunal et déjà ses langues ardentes sifflent autour des juges épouvantés, qui implorent maintenant la miséricorde du bohémien. Il leur arrache le sceptre de mort, les frappe sur la joue, à gauche et à droite en s'écriant : « Pourquoi répandez-vous du sang innocent? » Puis il parle amicalement au feu qui s'apaise soudain; lui-même s'en va à travers les flammes. C'est ainsi que l'imagination populaire transfigure le tsigane persécuté, elle en fait le vengeur de l'innocence, le ministre de la justice, divine, contre les cruautés des juges d'ici bas.

Le charmeur d'animaux se venge d'une autre façon de l'avarice des bourgeois. Ce bohémien aux vêtement bigarrés s'amuse un jour à parcourir la ville en jouant de la flûte. Aussitôt, les rats et les souris accourent de toutes les caves et de tous les greniers pour le suivre docilement. Il les attire dans le fleuve et les bêtes affolées de sa musique s'y noient par milliers. Pour cette bonne action, il demande un salaire au conseil de la ville. On le lui refuse, disant que c'est un tour du diable. A ce mot, le magicien se fâche et recommence sa tournée par la ville en jouant une autre mélodie. Aussitôt une foule d'enfants charmés, par le son de sa flûte, accourt et le suit. Il joue plus vivement et leur nombre augmente, il sort de la ville et la troupe le suit toujours. Il joue et les entraîne dans un pays lointain « où coule le lait et le miel », comme dit la chanson. « Et la flûte résonne toujours, mais le pays où donc est-il? Ah, pauvres, pauvres Allemands, que le pays natal était doux! » Ainsi finit la ballade. N'est-ce point une image de la folle espérance qui entraîne la race germanique vers la terre étrangère et lui fait rêver au delà des monts et des mers un introuvable Chanaan? Que de déceptions lui apporte cette foi naïve! comme elle regrette souvent la patrie perdue! Mais il faut qu'elle suive sa destinée. Le désir qui l'entraîne au loin est une puissance historique, puisqu'il la fait se répandre sur la terre. Le regret qui l'obsède n'est pas moins fécond, puisqu'il aide à ne point oublier la patrie, à en conserver les mœurs et les traditions, et quelquefois à en fonder une nouvelle, à l'image de la première.

Le bohémien et le magicien ont, pour charmer la foule et gagner leur vie, le prestige de leurs dons surnaturels ; le ménétrier n'a que son pauvre luth. Il n'est pas, comme le troubadour des beaux temps de la chevalerie, l'hôte des princes et des rois. Il ne joue guère qu'au bord de la grande route et couche souvent à la belle étoile. Heureusement que le peuple l'aime, car il lui rappelle ses mélodies, il lui conserve ses chants bien-aimés. Il vit ainsi du bonheur des autres. Personne n'aime le ménétrier en haillons, mais quand il voit tourner à la danse les couples amoureux, il croit tourner avec eux. Il ne sera jamais riche, mais quand il parle des châteaux des rois, il croit voir des palais éblouissants s'entr'ouvrir devant lui. Il s'endort dans une grange, mais il rêve d'un jardin de roses où jasent de gais jets d'eau, où de fiers ménestrels suivent les blondes châtelaines sous de sombres berceaux. Quand tout l'abandonne, il lui reste son instrument, qui seul a compris toutes ses joies et toutes ses peines. Aussi, l'aime-t-il comme une sœur, comme une maîtresse. S'il faut l'en croire, ce violon fait des miracles. Un jour, nous raconte la chanson, un petit vielleur rencontre en chemin la fille d'un roi, qui lui dit : « Viens chez moi, viens chez moi, petit vielleur et joue-moi une petite chansonnette. » Il la suit dans son palais. Survient le roi qui, les voyant ensemble, veut faire pendre le téméraire. Déjà il est monté sur l'échelle fatale. Comme dernière grâce il demande à jouer encore une fois sur son violon :

Il saisit sa vielle fidèle
Il la fait gémir et vibrer.

Il joue un triste chant d'adieu,
Et le roi se prend à pleurer.

— Descends vite, petit vielleur,
Descends, car ma fille est à toi.
En Autriche est un beau château,
Dans ce château tu seras roi.

Réminiscence lointaine du beau temps des troubadours, songe d'or de quelque ménétrier amoureux, songe enfantin, mais qui peint à merveille la magie de la musique, si chère au peuple.

Dans ses courses vagabondes, le ménétrier a des compagnons. Il en est un qui s'attache bien volontiers à ses talons pour apprendre à jouer du luth et de la guitare, épier ses airs, et lui voler ses plus lestes chansons : c'est l'étudiant. Ce personnage était, au seizième siècle, le roi des mendiants et des vauriens. Grâce à l'autobiographie de Thomas Platter, fils d'un paysan du Valais, nous connaissons la vie hasardeuse que menaient les étudiants d'alors. Enfant, il est pâtre au fin fond des Hautes-Alpes. Les chèvres qu'il allait relancer sur la pointe des roches escarpées et les aigles menaçants qui planaient sur sa tête furent les seuls compagnons de son enfance abandonnée. Plus tard, sa mère le met chez un curé, qui le roue à coups de bâton. Par une nuit d'hiver, il s'évade avec un ami pour se faire étudiant, en serrant dans sa main à demi gelée une pièce d'or, toute sa fortune. Il court de ville en ville, mendiant et maraudant, jusqu'à ce qu'il arrive à une université. C'est à peine s'il y apprend à lire : il ne peut subvenir à ses besoins et recommence sa vie errante.

Sur le point de mourir de faim il se fait bracon-

nier, puis domestique, que sais-je encore? Après
des années de cette vie, il trouve un bon maître
qui lui apprend le latin, et le petit pâtre du Valais
finit par devenir professeur à Bâle. Heureux ceux
qui finissaient ainsi ; c'était le petit nombre. Combien d'autres périssaient sur les grandes routes ou
au fond de leur réduit ! Pour quelques-uns cependant cette vie avait ses jours de soleil. L'étudiant
plaisait à un riche bourgeois dont il égayait la
table ; il gagnait au jeu, ou faisait un héritage. Le
mendiant de la veille devenait alors plus fier qu'un
gentilhomme et se promenait par la ville en pourpoint de velours, l'épée au côté, la tête haute et
coiffée d'une toque à plume. Sous ce costume, il
était sûr de brûler les yeux aux jeunes bourgeoises
qu'une discipline sévère retenait à la maison. C'est
par leur bouche surtout que nous connaissons l'é-
tudiant d'abord. Il est leur rêve ; et dès qu'elles se
croient seules elles le chantent :

> Ah ! quand ils passent, ils scintillent
> Comme l'étoile du matin.
> Qui n'aimerait leurs yeux qui brillent,
> Le luth qui frémit sous leur main,
> Quand leur chanson mélodieuse
> Vibre avec la corde amoureuse ?

L'un des admirés, sans doute, a entendu pareil
couplet. Et la nuit de la Saint-Sylvestre, sous la
fenêtre close de la jeune curieuse, il y répondra par
une de ces aubades où le ton populaire se marie si
voluptueusement aux formes flatteuses de l'ancienne poésie chevaleresque. Écoutez-la le lendemain :

J'ai le cœur gai, leste et content,
Se dit la fine jouvencelle,
J'ai le cœur leste au nouvel an.
Quelqu'un m'a dit que j'étais belle.
Ah ! c'est un écolier galant.
J'ai le cœur leste au nouvel an !

Oui, il me faut un écolier,
Dussé-je me faire écolière.
Oui, je suis prête à m'envoler,
Qu'importe qu'en dira ma mère
Et qu'en dira le monde entier.
Oui, il me faut un écolier !

Que ne promet point la vive chanson? Déjà
elle est à lui. Mais l'étudiant léger est aussi prompt
à oublier qu'à conquérir. Il en aimera trois en
même temps pour les oublier toutes à la fois. Tandisqu'elles rêvent encore à leur épouseur, il court
noyer ses amours dans un broc de vin, en compagnie de quelques buveurs intrépides. En vain lui
demandent-ils le récit de ses bonnes fortunes; il
ne veut plus chanter que Bacchus, en allemand, en
latin et dans toutes les langues dont il a retenu
quelques bribes :

Alerte! entonnons le refrain.
Levate sursum pocula !
Notre eau bénite, c'est le vin,
In sempiterna sæcula !

Le plus honnête, le plus sage et le plus heureux
des aventuriers c'est l'artisan voyageur, le compagnon. Comme les autres il cherche la fortune et ne
dédaigne pas le plaisir, mais il a fondé son existence sur le travail. Voilà ce qui donne à sa physionomie un cachet d'assurance et de dignité. Tous

ces coureurs de grand chemin sont les jouets du
sort, faisant bombance un jour, jeûnant le lendemain. Mais le vaillant forgeron brandissant son
marteau, le brave charpentier maniant sa hache,
ceux-là sentent qu'ils tiennent la fortune dans leur
main vigoureuse et regardent l'avenir avec courage.

L'adolescence du compagnon n'a rien eu d'aventureux. Apprenti laborieux depuis l'âge de quinze
ans, il a travaillé sans relâche. L'atelier joyeux de
son maître, les maisons paisiblement échelonnées
de sa ville natale, le tilleul centenaire où l'on danse
les jours de fête, la vieille église où il va s'asseoir
le dimanche pour mêler sa voix rude aux cantiques
austères, voilà tout ce qu'il a vu du monde, voilà
tous les accidents de sa vie. Devenu compagnon, il
brûle de voir le monde et s'impatiente du joug du
maître. C'est au printemps surtout que le désir de
voyager, l'indicible *Wanderlust*, fermente dans le
cerveau bouillant des jeunes compagnons. « Ils prennent la canne et l'épée et s'avancent vers la table
du maître : Holà, maître, faisons nos comptes, car
c'est le temps des voyages. » Sortis de la ville, ils
s'arrêtent à la première auberge et là, tournant le
dos à la ville natale dont le clocher s'amincit à l'horizon, les yeux fixés sur la chaîne de montagnes,
qui déploie au soleil les plis et les replis de ses
vallées riantes, la troupe voyageuse entonne un
chœur plein d'allégresse :

> Alerte ! compagnons, en route !
> Valise au dos, il faut marcher.
> Le premier pas, le seul qui coûte
> Est fait, partons sans plus tarder.
> Un cœur ouvert, un franc visage

Portent bonheur. Vite en voyage,
Pour les pays de l'étranger.

Le soleil printanier se lève.
A nous ses rayons les plus beaux.
Il rit ; la marguerite achève
D'égayer nos sentiers nouveaux.
Le ciel bleu s'en mêle et déploie
Son splendide étendard de joie,
Tout au loin par monts et par vaux.

Bientôt nous allons fuir la plaine
Pour traverser les frais vallons.
Bientôt sans soucis et sans peine
Dans les forêts nous épierons
Le rossignol et la fauvette
Qui viendront nous conter fleurette,
Aux gazons où nous dormirons.

Amis, poussons plus loin encore,
Pour les cités quittons les bois.
Servons les maîtres qu'on honore
Comme la majesté des rois.
Qu'on nous blesse, tirons l'épée
Et jusqu'au bout dans la mêlée.
Compagnons, défendons nos droits.

Qu'un lâche reste avec sa mère
Dorloté par tous ses parrains,
Qu'il monte au bout de sa carrière
Au rang de gardeur de poussins ;
Ce métier n'est pas de notre âge,
Nous avons un plus fier courage,
Nous allons à d'autres destins.

Alerte ! compagnons, en route !
Valise au dos, il faut marcher.
Le premier pas, l'adieu qui coûte
Est fait. partons sans plus tarder.
Mais verse-nous, la belle fille,
Le vin à flots et qu'il pétille.
Ah ! que c'est beau de voyager !

L'heure de la liberté a sonné pour le brave compagnon, le vaste monde s'ouvre devant lui. Il verra les cathédrales de bien des villes, il longera en sifflant la berge de plus d'un fleuve, il essaiera de plus d'un maître, il courtisera selon les règles plus d'une fraîche bourgeoise et sera supplanté par le fils d'un riche marchand, il dansera sous plus d'un vieux tilleul et mainte paysanne lui lancera l'œillade significative sans qu'il ose s'enhardir jusqu'au baiser. Car il est aussi gauche qu'honnête, aussi timide en amour que vaillant à la lutte. Ce n'est pas lui qui emporterait d'assaut le cœur des femmes. Il n'a pour les ensorceler ni le cor merveilleux du chasseur, ni la chaîne d'or du chevalier, ni la guitare de l'étudiant au timbre narquois et voluptueux. Il n'a que son franc visage, sa voix bien sonnante et son cœur facilement ému; et cela ne suffit pas. Mais il n'en perd ni sa bonne humeur ni sa confiance, et n'en travaille que plus gaîment. D'ailleurs, au dire des joyeuses ballades, qui en savent plus long que nous sur son compte, les bonnes fortunes qu'il n'ose enlever d'audace viennent le trouver comme en songe. Et lorsqu'il est heureux, il ne l'est pas à demi. Cette amoureuse tombée du ciel, est-ce une paysanne, est-ce une bourgeoise, une châtelaine peut-être? Bien plus, c'est la femme du margrave. Ecoutons :

> C'était un vaillant charpentier,
>   Un cœur joyeux et brave.
> Qui bâtit la forte maison
>   Du jeune et beau margrave.
>
> Et quand il eut fini sa tâche
>   Il s'endormit gaîment.

> La jeune femme du margrave
>   S'approche doucement :
>
> « Lève-toi, jeune charpentier,
>   Viens, ma bouche est de roses.
> Viens m'embrasser dans ta maison
>   M'embrasser si tu l'oses ! »

Le charpentier ne se fait pas prier deux fois et suit joyeusement sa maîtresse rayonnante. Une vieille camériste les surprend et les dénonce au margrave, qui dit :

> « Il a déshonoré ma femme,
>   La corde est son destin.
> Qu'il fasse son gibet lui-même
>   Près de Schaffhouse, au Rhin. »
>
> Gaîment le charpentier commence,
>   Charpente son gibet.
> Quand il eut bâti sa potence,
>   Y plante un frais bouquet.
>
> La comtesse apprend la nouvelle,
>   Dit à son écuyer :
> « Vite un cheval ! et vite en selle !
>   Sauvons le charpentier ! »
>
> Quand à Schaffhouse vint la belle
>   N'osant plus respirer,
> Tout juste montait sur l'échelle
>   Le vaillant charpentier.

Sans hésiter la femme du margrave s'adresse à la foule :

> « Et si la femme du margrave
>   Venait auprès de vous,
> La renverriez-vous sans caresse
>   Ou l'embrasseriez-vous ?

— « Et si la femme du margrave
    Venait auprès de nous,
Nous la couvririons de caresses,
    La garderions pour nous.

— « Vous la couvririez de caresses,
    La garderiez pour vous ?
Eh bien ! le jeune charpentier
    A pensé comme vous. »

Le margrave est forcé de se rendre au jugement du peuple, il fait grâce au charpentier et se contente de le bannir de ses terres.

Comme il traversait la prairie
    Leste et toujours chantant,
La jeune femme du margrave
    Est là, en satin blanc.

Que tira-t-elle de sa robe ?
    Ses deux mains pleines d'or :
« Prends, mon jeune et fier compagnon,
    Pends gaîment, prends encor.

« Et si ton vin ne te conforte
    Bois le chypre des rois.
Et si ma bouche t'est plus douce
    Reviens auprès de moi ! »

Quelle franchise de plaisir, quelle fraîche vigueur dans ce naïf récit ! La muse populaire seule a de ces hardiesses prophétiques. Car, ce qu'elle célèbre ici est plus que la victoire de la nature sur les barrières sociales ; c'est la noblesse du travail qu'elle se plaît à consacrer dans les vifs et joyeux embrassements de la femme du margrave et d'un pauvre artisan. La fière allure du vaillant charpentier ravit la jeune comtesse. Il est beau quand il manie sa hache et taille les troncs des chênes ; il se trouve

heureux et libre comme un seigneur, quand il char-
pente sa maison; et lorsqu'elle est achevée, il s'endort comme un Dieu. Ce n'est pas lui qui lève les
yeux vers la noble dame, c'est elle qui vient à lui
humble et caressante, dans tout l'éclat de sa jeunesse et de sa beauté. Condamné à mort par le margrave, il n'en reste pas moins gai, bâtit son gibet
en chantant et le couronne d'un bouquet. Par ces
radieuses fleurs des champs, l'artisan n'a-t-il pas
l'air de défier le margrave et de lui dire : Comme
toi, j'ai mes amours et mes insignes de noblesse, ma
hache vaut ton épée et mon bouquet tes armoiries.
Comme toi je suis jeune et fier. Pour ma jeunesse,
ta femme m'a aimé une heure, pour ma fierté, elle
m'aimera toute sa vie. Que tu me pardonnes ou
que tu me pendes, tu ne me prendras ni ma joie ni
son amour !

Les chants du peuple ont évoqué devant nous les
plus saillants d'entre les aventuriers du seizième
siècle. Ils ont tous cette confiance en eux-mêmes,
cette insouciance et cette gaîté imperturbables qui
sont à elles seules des vertus. L'organisation des
états modernes, l'industrie, la police, l'armée per-
manente, l'administration minutieuse, les cadres
étroits d'une société compliquée n'ont pas encore
refoulé les énergies originales et parfois sauvages
de ces natures primesautières. Il serait souveraine-
ment injuste de leur demander des mœurs plus
polies, une morale plus rigide et la conscience des
destinées supérieures de l'homme. Dans le bien
comme dans le mal, ils montrent la nature sans
frein. Ce sont des types germains primitifs, c'est
là leur force et leur beauté.

Au moment de dire adieu à tant et de si joyeux compagnons, dont les refrains sont encore pour nous une source de vigueur et de mâle gaîté, je me souviens d'un grand et sérieux aventurier, leur contemporain, qui nourrissait des pensées singulièrement plus élevées, mais qui n'en chanta pas moins comme eux, souffrit leurs misères et vécut de leur vie, d'Ulric de Hutten, enfin. Cet illustre chevalier ne rêvait pas à sa propre fortune comme tant d'autres. Il avait jeté ses regards au delà de son existence sur celle de son peuple soulevé par d'immenses commotions politiques, sociales et religieuses. Il s'était donné une tâche héroïque, l'affranchissement de sa patrie, et mourut en combattant, l'épée au côté, la plume en main et le cœur invaincu. Que les lansquenets et les artisans célèbrent leurs escarmouches et leurs bonnes fortunes, seul il chantera ses grandes espérances et ses douloureux revers dans le combat pour la liberté. Voilà pourquoi nous clorons la série des aventuriers par ce chevalier qui risqua sa tête pour la grande aventure des forts : la justice et la vérité.

Ulric de Hutten naquit en 1488. C'était le fils d'un chevalier de Franconie. Son père le destinait à la tonsure, ne se doutant guère que son fils serait un jour, après Luther, le plus redoutable ennemi des prêtres. Il quitta donc bien jeune encore le donjon féodal pour le couvent de Fulda. Prison pour prison ; le couvent ne plut guère au jeune homme avide de savoir et de vivre. Les niaiseries scolastiques et les rigueurs de la discipline achevèrent de l'exaspérer. A seize ans, il prit la fuite, jeta pour toujours le froc aux orties et se fit étudiant. Ce premier acte d'indépendance donna l'impulsion à toute sa vie. Dès lors, il fut brouillé avec son père et ne dut plus compter que sur lui-même. Les persécutions, la misère, la faim quelquefois, une vie toujours errante, voilà ce qui l'attendait. Mais il préférait tout cela à une aisance paresseuse au foyer de ses pères et à l'oisiveté plantureuse des moines. Il voulait connaître le monde et s'y distinguer. A ceux qui lui parlaient du bonheur d'une vie tranquille, il dit : « J'aime à demeurer partout et ma patrie est en tout lieu. »

Il alla donc étudier à Erfurt, à Cologne, à Francfort, puis en Italie, à Pavie et à Bologne. Sa vie ne fut ni rose, ni facile. Parfois à bout de ressources, il est forcé de mendier du pain et un gîte à la hutte d'un paysan. A Pavie, il est assiégé dans sa maison par les soldats français, puis pillé et emprisonné par les Suisses. Mais, à travers toutes ces vicissitudes, il poursuit son but, il étudie le monde, apprend le latin, le grec, et se fait humaniste. Les humanistes formaient alors une sorte de franc-maçonnerie en France, en Allemagne et en Italie. Ils professaient ouvertement le culte des lettres antiques et se proposaient de les restaurer ; mais, ce qui les unissait plus profondément encore à leur insu, c'était leur indépendance à l'égard de l'Église établie et le secret désir de faire prévaloir l'idéal antique sur l'idéal chrétien, de mettre le citoyen à la place du fidèle, l'homme à la place du croyant, de rendre enfin leur puissance légitime à la nature et à la raison détrônées par le christianisme du moyen âge. Hutten donna en plein dans ces idées. Il fit la connaissance d'Erasme, qu'il admirait beaucoup.

Crotus, Coban Hesse, Mutianus Rufus devinrent ses amis intimes. C'est avec eux qu'il passa ses plus beaux jours. Réunis sous une verte treille autour d'une cruche de vin, les jeunes humanistes passaient des nuits entières à discuter l'avenir des lettres, entrelaçant leurs discours de vers d'Horace et de Virgile, improvisant distiques sur distiques, couronnant leurs coupes de feuillage et leurs fronts de roses comme les Grecs, et buvant à la mémoire des joyeux poètes éternellement jeunes de l'antiquité. Hutten était le plus enthousiaste, le plus sérieux et plus hardi de tous. Ce jeune homme de vingt ans songeait à bien autre chose encore qu'à la période cicéronienne et à la prosodie latine. Il voulait mettre la valeur chevaleresque au service de la science et de la liberté, voilà ce qu'il prêchait à ses compagnons. « Nos aïeux, leur disait-il, étaient de grands guerriers, mais ne savaient pas léguer leurs exploits à la postérité. Nous savons écrire, mais nous ne savons plus combattre. »

Par toutes les fibres de son être, Hutten tendait à l'action, et les occasions ne lui manquèrent pas de défendre au grand jour sa foi ardente. Quand le savant et honnête Reuchlin fut accusé d'hérésie par le grand inquisiteur de Cologne pour avoir sauvé du bûcher les livres des Juifs, Hutten prit hautement sa défense. Car, du premier coup d'œil, il vit que sa cause était celle des humanistes, de la science et de la liberté menacées par la hiérarchie cléricale. Sûr d'avance de la victoire, il écrivit son « Triomphe de Reuchlin ». Déjà s'y déchaîne ce torrent de passion et cette fougueuse éloquence qui brisent tout obstacle dans leur indignation. Grande fut la colère

de la prêtraille de Cologne ; mais tous les hommes
indépendants prirent le parti de Reuchlin. Cet écrit
posa Hutten en ennemi irréconciliable du clergé
qui, dès lors, ne chercha plus qu'à le perdre. De son
côté, le chevalier humaniste jura de le combattre
jusqu'à son dernier soupir. Plus tard, il rencontra
aux environs de Cologne le grand-maître inquisiteur Hochstraten, auteur du complot, son ennemi
mortel. Il le fait saisir par ses valets. « Enfin, s'é-
crie-t-il, en tirant son épée, je te tiens, misérable.
De quelle mort t'exterminerai-je, ennemi de tout
bien, assassin de la vérité? » Mais, voyant le malheureux à genoux dans la plus humble des postu-
res, il se ravise. « Non, s'écrie-t-il, en remettant
son arme dans le fourreau, je ne souillerai pas mon
épée d'un sang si vil ; mais sache que des lames
plus terribles sont dirigées contre ta gorge, et que
ta perte est assurée. » Ce trait peint Hutten, caractère emporté, mais toujours chevaleresque.

Bientôt s'éleva en Allemagne un adversaire plus
redoutable de l'Eglise que Reuchlin, ce fut Luther.
Ses paroles et ses actions agirent sur Hutten comme
des traits de lumière. Quand il vit un moine obscur,
protester au nom de sa conscience contre les abus
de l'Église, ne céder ni aux cajoleries, ni aux menaces et braver le bûcher d'un front serein, il vit
le salut de l'Allemagne dans la rupture sans com-
promis avec Rome, son affranchissement dans
l'abolition de la hiérarchie catholique. A partir de
ce jour, il passe de l'Humanisme à la Réforme.
Mais l'impatient chevalier différait du moine prudent de Wittemberg, en ce qu'il croyait à la né-
cessité d'une lutte à main armée contre le clergé,

contre tous les oppresseurs, qu'ils s'appelassent princes, évêques ou empereurs; et, pour cela, il rêvait l'alliance des paysans, des chevaliers et des villes. Il croit trouver, dans son ami Franz de Sickingen, un chef digne de commencer cette guerre, se retire avec lui à l'Ebernburg qu'il appelle « la citadelle de la justice » et de là remue toute l'Allemagne par ses écrits incendiaires.

C'est à ce moment que, par la force des choses, au puissant souffle populaire, le poète latin se transforme en poète allemand. L'humaniste couronné par l'empereur Maximilien du laurier de la poésie latine s'aperçoit que, pour être entendu du peuple, pour l'émouvoir, il faut lui parler sa langue.

Plus de latin, langue vieillie;
Mon peuple ne me comprend pas.
Je veux parler à ma patrie
La langue des hardis soldats.
Je la secoue et je m'écrie :
Réveille-toi pour te venger !

Charles-Quint venait d'être élu empereur d'Allemagne. Hutten espérait qu'il prendrait en main la cause de la Réforme. Mais il ne se berça pas longtemps de cette folle illusion. Il vit bientôt que l'empereur diplomate vendait l'Allemagne au pape pour sauver son empire. Alors il s'indigne; dans sa naïveté et son audace, il lui envoie lettre sur lettre. « Par quoi l'Allemagne a-t-elle mérité tant de mal ? Pourquoi doit-elle périr avec toi, non pour toi ? Conduis-nous plutôt dans un danger visible, mène-nous au milieu des épées et des flammes. Que toutes les nations se rangent en bataille, que tous les peuples

se précipitent sur nous, que toutes les armes se
dirigent contre nos poitrines. Pourvu que nous
puissions éprouver notre courage dans le danger et
que nous ne succombions pas vilement, lâchement
comme des femmes, sans armes et sans combat,
pour être réduits en esclavage. Fassent les dieux
que ce début amène des suites meilleures! Comment prendrions-nous confiance au milieu d'un tel
abaissement? Vit-on jamais si grand empereur, roi
de tant de peuples, et si disposé à l'esclavage qu'il
n'attend pas même qu'il y soit forcé! » Une autre
fois il lui adresse des vers, lui montre quelle grande
destinée ce serait de se faire le défenseur de la
libre Allemagne réformée et s'écrie :

Sois donc un homme et prends courage !
Je puis t'exciter au combat
Plus d'un héros au fier visage
Que balle ni foudre n'abat.
Commande ! à toi l'armée entière.
A l'aide, ô roi ! voici le temps.
Fais voler l'aigle à ta bannière
Et tous nous serons dans nos rangs.

Ces accents trouvaient des échos vibrants en
Allemagne, et le clergé s'en effrayait. On menace
le téméraire. Hutten en rit. Il rappelle que Jean
Huss et Jérôme de Prague ont été brûlés aussi,
mais la foi n'est pas morte avec eux :

Nul n'osa suivre leur grande âme,
Car tous ils ont peur de la flamme.
Mais Luther et moi nous disons :
Brûlez-nous, Jean Huss a raison !

Il voudrait communiquer à tous les puissants de

la terre le feu sacré qui le consume. Il s'adresse à
l'électeur de Saxe, aux chevaliers, aux villes. On ne
lui répond guère ; il ne se décourage pas et tout seul
sonne le tocsin de la révolte :

> Aux armes ! gens de la noblesse,
> Seigneurs et villes, levez-vous,
> Notre patrie est en détresse,
> Car Rome, Rome est contre nous.
> Ayez pitié de la patrie,
> Je lutte seul dans ma fierté.
> A l'aide ! amis, risquez la vie,
> Pour conquérir la liberté !
> Oui, Dieu le veut !

Hutten sentait que tous ses appels ne parvien-
draient pas à créer un parti de l'action à tout prix,
dont Sickingen et lui eussent été les chefs. Les
castes de la société étaient trop divisées par leurs
intérêts pour s'unir dans une même pensée de liberté. L'heure de l'affranchissement n'avait pas
sonné pour l'Allemagne. Mais Hutten ne pouvait
pas se résigner comme Erasme, ni attendre comme
Luther. Il voulait combattre contre toute espérance.
Alors, sentant la grandeur de sa cause et l'insuffi-
sance de ses forces, il ramasse tout son courage pour
ne pas fléchir au dernier moment et pousse, du haut
de l'Ebernburg, le cri de guerre :

> La Vérité vient de renaître
> Et le mensonge est démasqué.
> Gloire en soit à Dieu notre maître
> Et honte au menteur effronté.
> La Vérité fut écrasée,
> Mais elle a redressé son front.
> Elle marche !... et l'ont embrassée
> Tous ceux qui la délivreront !

J'en suis. Je l'étreins palpitante
Et rien ne peut me l'arracher,
Je ne sais rien qui m'épouvante,
Ni fer, ni poison, ni bûcher.
Cent prêtres m'ont lancé la pierre,
Ma pauvre mère en a pleuré.
Dieu saura consoler ma mère,
La Vérité m'a consolé.
Dussé-je périr en infâme,
Meure avec moi la liberté,
De mes deux bras, du sang, de l'âme
Je me défends ! Je l'ai osé [1]!

« Je l'ai osé ! » ou bien encore : *Alea jacta est !*
telle était la devise favorite de Hutten. Ce mot,
tant de fois prononcé, le poussait à l'action. Sickingen, qui avait fait alliance avec les chevaliers
du Rhin, résolut d'attaquer le plus orgueilleux des
cléricaux, l'archevêque des Trèves. Comptant sur
les bourgeois, il espérait que son exemple trouverait
des imitateurs en Allemage et qu'ainsi la Réforme
triompherait d'un seul coup. Hutten allait plus
loin encore. L'abolition du clergé, le règne de
l'Evangile pur, l'unité de l'Allemagne, son cher
Sickingen élu grand justicier de la patrie délivrée,
voilà les rêves chimériques dont se berçait le généreux aventurier dans la fièvre de l'exaltation. Une
voix intérieure lui disait peut-être qu'il était dangereux de commencer l'œuvre de la justice par une
violence. Mais un homme est-il maître de revenir
sur ses pas, quand dix ans d'éloquence le poussent
en avant ? Les deux chevaliers se préparèrent donc
à la lutte. Ils pouvaient compter sur leurs fidèles

---

1. *Ich hab's gewagt.* — *Vie de Hutten*, par David Strauss, II,
ch. v.

lansquenets ; ils étaient tous gagnés à la foi nouvelle. Hutten leur adressa une chanson, qui est et
sera toujours une vraie chanson populaire. On y
voit que le poète libre penseur, tout en exprimant
sa forte individualité, se laissa entraîner à chanter
comme le peuple. Il y gagne en énergie, en vivacité :

Je l'ai tenté dans l'âme,
Du bras je l'ai tenté.
Toi qui m'appelle : infâme,
Vois ma fidélité.
Oui jusqu'au bout
Je brave tout,
Pour sauver ma patrie.
Que tout Germain
Soit libre enfin,
Qu'un prêtre en vain menace et crie.

Que leur vaine colère
Se déchaîne sur nous.
Si j'avais su me taire
On m'eût fait les yeux doux.
Mais j'ai tout dit,
On me proscrit,
On me crie : En arrière !
Ne cédons pas,
Marchons au pas
Et tenons ferme la bannière.

Qu'un homme se refuse
A connaître ses maux.
Je me lève et l'accuse ;
C'est un lâche, un cœur faux.
Mais s'il consent,
Je veux son sang,
Son bras, sa vie en gage.
Il faut lutter,
Tout engager,
Sa foi virile et son courage.

Vous me dressez maint piège,
O courtisans sans foi.
Mais pourquoi m'en plaindrais-je ?
Mon crime est dans mon droit.
    Oui, plus d'un preux,
    Met tout en jeu,
Pour cesser d'être esclave.
    Bons lansquenets,
    Tenez-vous prêts,
Ne laissez pas périr un brave !

Les lansquenets de Sickingen retinrent cette chanson et la répandirent dans toute l'Allemagne. Ils répondirent même au chevalier par de nombreux couplets. Ils sont fiers de leur Hutten, ils connaissent ses écrits :

Ulric de Hutten, noble sang
Nous fait de bons et vaillants livres.

Ils le regardent comme un champion de la doctrine évangélique :

Ulric, Ulric, aie bon courage !
Que Dieu te protège en voyage
    O cœur fier et vaillant.
Aux défenseurs de l'Évangile
Luira son étoile tranquille,
    Son flambeau d'or brillant.

Toute simple, tout inoffensive qu'elle est, cette réponse de l'âme du peuple à la conscience du chevalier humaniste a quelque chose de beau et de touchant. Elle sonne à nos oreilles, comme la promesse de l'union toujours plus intime et plus féconde du peuple avec ses penseurs, ses philosophes et ses poètes.

Quant aux projets de Hutten et de Sickingen, ils échouèrent misérablement. Sickingen fut repoussé de devant Trèves, puis assiégé dans son château par trois princes et tué d'un boulet de canon. Hutten fugitif erra quelque temps encore en Allemagne et en Suisse, puis alla mourir, abandonné, dans une petite île du lac de Zurich.

Mais son âme, noblement indignée, ne périt pas avec lui. Il en avait insufflé quelque chose aux meilleurs de son peuple. Son ombre vengeresse apparut toujours comme un ange gardien aux amis de la liberté, et comme un sombre fantôme à ses oppresseurs. Le peuple même se souvint longtemps de lui et conserva une étincelle de son feu sacré. Cent ans plus tard, au milieu des fureurs de la guerre de Trente ans, où les passions brutales semblent avoir étouffé le patriotisme et la liberté, on retrouve son esprit dans le chant des lansquenets qui combattaient pour leur foi. C'est un vieux guerrier qui exhorte son jeune fils à se tenir ferme dans la bataille :

Marche en avant, mon fils, mon compagnon de guerre,
Risque au jeu des combats ta vie avec ton père.
Ta patrie est en deuil, ton foyer dévasté.
Ils t'ont donné le jour, rends-leur la liberté.
Dans ton cœur, dans tes yeux, que ton zèle soit flamme,
On ne t'arrachera ta foi qu'avec ton âme.
La foi fait triompher, tout le reste est trompeur,
La jeunesse s'en va, mais non la foi d'un cœur.

Si ton bras est coupé, que ta voix les pourchasse,
Et si ta voix s'éteint, que ton regard menace.
Fais trembler l'ennemi de ton souffle expirant,
Vends ton sang ce qu'il vaut ; sois vainqueur en mourant
Au fort des feux croisés, ne songe qu'à la gloire

De tomber en guerrier digne de la victoire,
Ne quitte pas ton poste, attaque le premier,
Serre les dents, puis frappe et reste le dernier.

Que ton mâle honneur parle encor par tes blessures.
Sur la poitrine, ô fils, ce sont nobles parures.
Que l'implacable mort t'admire en t'étreignant,
Et qu'alors dans tes traits je trouve mon enfant.
Mon fils, pour s'affranchir de toute tyrannie,
Il faut d'un libre élan renoncer à la vie.
Qui ne veut que la mort et la brave en chantant,
Remporte la victoire et survit triomphant [1].

N'est-ce pas l'âme de Hutten qui revit dans ces accents ? Qui sait chanter et combattre ainsi n'est-il pas digne de la liberté ? et si chacun portait en soi cet esprit ne serions-nous pas capables de renverser toutes les tyrannies du monde ? Oui, un souffle de l'esprit de Hutten devrait passer dans les libres penseurs de toutes les nations. Quels que soient les ennemis qu'ils ont à combattre, quel que soit le sort qui les attend, heureux ceux qui peuvent reprendre sa devise et s'écrier avec lui : Je l'ai osé !

---

1. *Chant de Zinkgref. Wunderhorn*, I, 465.

V

ÉPOPÉE ET TRAGÉDIE DE L'AMOUR

> Fleurissent les roses,
> Adieux sombres jours :
> Est ce vrai que les roses
> Font fleurir les amours ?
> La rose gentille
> Fleurit tous les mais ;
> L'amour — un jour brille
> Et puis — plus jamais !
> CHANSON POPULAIRE.

Les amours du compagnon. — La pauvre fille séduite. — Le page et la fille du comte. — Les amours malheureux. — La vengeance. — Triomphe de l'amour dans la mort.

Les chansons d'aventure nous ont raconté les luttes extérieures du peuple. Nous l'avons trouvé aux prises avec les nécessités de la vie, en proie aux hasards de la fortune. Sous ces chocs violents, on a pu voir éclater des passions, saillir des caractères, mais le fond de son être ne s'est pas encore révélé. C'est dans ses chants d'amour que le peuple s'épanouit tout entier, se donne sans réserve. L'âme émue par une autre âme se reconnaît, se contemple dans un recueillement religieux et subitement se concentre sur elle-même. Tout à l'heure elle n'était qu'un jouet fatal du monde extérieur, reflétant la nature changeante comme un lac reflète les nuages du ciel. Voici que, soudain, elle se trouve seule, libre, infinie. Le monde est oublié ; ou, s'il existe encore, c'est comme un miroir de sa beauté. Les êtres de la création ne sont plus que les symboles de ses secrètes pensées ; étoiles et fleurs que la riche parure de ses tristesses et de ses joies ; orages et chants d'oiseaux que les échos sonores de ses colères et de ses attendrissements. Reine de la nature, elle la refait à son image, la colore de ses émotions, la remplit de sa vie intense et se trahit ainsi dans ce qu'elle a de plus intime.

On a remarqué que chaque nation avait une note dominante dans ses chants d'amour, qui est comme la marque de son tempérament. Dans les chansons lithuaniennes, d'une douceur et d'une mélancolie si pénétrantes, c'est l'amour discret et douloureux de la jeune fille qui s'exhale comme un soupir à demi étouffé dans la solitude ; chez les Serbes, c'est plutôt la persévérance ingénieuse, l'art caressant de la femme qui triomphe de la rudesse et de la barbarie de l'homme ; en Italie et en Espagne, ce sont les sérénades voluptueuses qui invitent au plaisir facile et mystérieux ; en France, c'est l'amourette légère, goguenarde, narquoise, où très souvent le galant et la payse jouent au plus fin ; en Allemagne, c'est l'amour sentimental et sérieux, exclusif et indestructible, conçu comme la grande affaire de la vie.

Dès l'origine, l'amour a chez la race germanique un caractère sérieux, fatal et profond. Il semble que l'homme veuille y concentrer ses plus nobles vertus et lui donner en quelque sorte une consécration religieuse. Selon Tacite, les Germains pressentaient toute la grandeur de l'amour dans le mariage. Le cheval, la framée et le bouclier que le mari apportait en dot à la femme, et qui devaient former le fonds de la communauté, étaient les symboles austères de leur union indissoluble. Ils signifiaient que la femme devait partager les travaux et les périls du mari, que sa loi était de souffrir et d'oser avec lui. Ces barbares, ivres de guerre, voyaient déjà dans l'union de l'homme et de la femme un pacte sacré. Plus tard, la chevalerie vint ajouter sa fleur de tendresse et de poésie au respect de la femme inné à cette race. L'amour y devint cet éclair inattendu et inévitable qui entre dans l'âme vierge du héros pour y allumer un feu et une lumière inextinguibles. Déjà Siegfrid, apercevant Krimhild, qui sort de son palais comme la lune des sombres nuages, se dit : « Pourrai-je l'obtenir jamais ? Mais non, c'est un rêve insensé. Et pourtant, si je devais la quitter, j'aimerais mieux mourir de suite. » Dans une vieille légende, le fils d'un roi aperçoit le portrait d'une femme. Frappé au cœur il s'évanouit, tombe malade et languit jusqu'à ce que son père ait trouvé la jeune fille dont l'image l'a blessé d'amour. Ce grand sérieux, cette passion profonde dans l'innocence même, apparaît dans les chants d'amour du peuple. Ce n'est pas qu'on n'y rencontre çà et là une strophe ironique ou frivole, quelque franche joyeuseté sur un sot éconduit ou une coquette mystifiée. Mais ce ne sont là que des boutades ; leur thème favori, c'est l'amour sincère qui absorbe l'être entier, qui régénère ou tue. Ces paysans, ces compagnons et ces pauvres filles, dont les lèvres ont trouvé ces accents dans le délire du désespoir ou de la félicité, n'eurent alors ni vanité puérile, ni souci de la mode, ni vain désir d'immortalité. Comme le vrai poète, ils ont chanté parce que leur cœur débordait. Ecoutez leurs chants, et leur vie ressuscitera devant vous. Le compagnon, la pauvre fille séduite, les amants malheureux, tous vous conteront leur histoire. On ne peut s'égarer dans cette forêt de chansons, sans y être poursuivi et troublé, par mille voix humaines, comme Tancrède dans la forêt enchantée, où de chaque arbre s'échappaient des soupirs, des rires ou des gémissements. Prêtons un instant l'oreille à ces voix charmeresses qui sortent d'un monde évanoui et qui racontent, par cris de joie ou par sanglots, des histoires bien simples, bien vieilles et pourtant éternelles : l'antique épopée et l'antique tragédie de l'amour.

N'avez-vous jamais traversé, en Allemagne, une de ces vieilles petites villes moitié villages, paisiblement couchées entre deux collines parmi les prairies et les vergers? L'industrie moderne n'y fleurit pas, rien n'a changé la face patriarcale des vieilles maisons ; çà et là, un pignon rustique surplombe curieusement la rue, une vieille madone peinte rêve dans sa niche, le clocher de l'église menace ruines, le cadran du *Rathhaus* retarde d'une heure, et l'on ne serait pas surpris d'apercevoir dans la vieille tour crénelée, qui surmonte la porte du mur d'enceinte, l'antique veilleur de nuit qui jadis endormait les paisibles habitants de sa trompe mélancolique et de son chant monotone. Dans ces rues tranquilles, devant ces fenêtres à carreaux et ces petites boutiques, on se souvient de l'artisan du seizième siècle, ses refrains reviennent chanter dans votre mémoire et l'on se prend à refaire en songe l'histoire de ses simples amours.

N'était-ce point dans une de ces boutiques basses que, robuste compagnon, il travaillait du matin au soir sans penser à autre chose qu'au prochain jour de fête et de liberté? N'est-ce point à cette fenêtre encadrée de vigne sauvage qu'il aperçut pour la première fois la tête blonde de la bien-aimée penchée sur le fuseau? N'est-ce point à cette fontaine, devant ce même filet d'eau cristalline, dont le gazouillement familier invite à la causerie, qu'il lui adressa pour la première fois la parole en aidant à replacer le seau sur sa tête? Combien de fois, le dimanche, la vit-il se promener sur ces prairies, sous ces vergers avec ses deux compagnes de jeu sans oser les aborder? Les deux amies rieuses et malignes l'agaçaient d'un mot narquois. Mais celle du milieu marchait les yeux baissés sur la fleur étoilée qu'elle tournait dans sa main. Au passage du compagnon, elle levait les yeux sur lui pour les rebaisser bien vite, rougissait et riait pour cacher sa rougeur à ses amies. Puis les folâtres allaient s'asseoir dans l'herbe sous les pommiers, et leurs longs éclats de rire désespéraient le pauvre compagnon. Il battait la campagne jusqu'au soir et songeait aux trois filles, à la blonde surtout, aux longs cils d'or baissés sur ses yeux d'un bleu sombre. Il fredonnait alors tous les vieux refrains d'amour qu'il savait par cœur, et sans s'en douter en trouvait de nouveaux :

La colline aux amours
A trois vertes tourelles,
D'où sortent tous les jours
Trois belles demoiselles.
La première est Lison
Et l'autre est son amie,
La troisième est sans nom
Et ce sera ma mie [1] !

Elle sera son amie ! il le chante, mais il ne le croit pas. Et cependant sa vie obscure s'est éclaircie tout à coup d'un rayon de soleil. Jusqu'à ce jour, il n'avait pas de coin de terre à lui, et maintenant c'est comme si cette maison lui appartenait. Quel royaume pour lui que ce jardin où il n'ose pénétrer, quel paradis que cette fenêtre où sa tête lui est apparue ! Il craint parfois qu'un roi ne la lui enlève, car il la trouve belle comme une impératrice. Mais alors il la voit traverser le pré, une cruche à la main, si simple et si modeste qu'il reprend courage.

Fillette passe les prés vers
Portant chemise fine et blanche,
Et le soleil luit à travers
Quand, puisant l'onde, elle se penche.

Si j'étais le joyeux soleil
Je glisserais sous la ramée,
Et d'un rayon chaud et vermeil
J'entourerais la bien-aimée [2].

Il a trouvé en elle la source de toute joie, et quand il la voit dans ses rêves, c'est au bord d'une fontaine de Jouvence éternelle.

1. *Wunderhorn*, I, page 78.
2. Uhland, I, page 76.

Un frais ruisseau coule et murmure
Aux pieds de mes amours ;
Qui s'abreuve à son onde pure
Est jeune pour toujours.
O frais ruisseau, je t'aime ! arrose
Et ravive mon cœur !
Mais si j'avais sa bouche rose
J'y boirais le bonheur[1] !

Derrière la maison, la belle a son jardin entouré
d'une haie vive. Il est bien connu des amoureux et
s'appelle dans leurs chansons le jardin de roses.
Bienheureux qui en tiendrait la clef, car c'est le
sanctuaire de la jeune fille. Mais elle est bien gar-
dée et la porte est toujours fermée à double tour.
Cependant, le compagnon erre souvent autour de
la haie. Un jour il voit la jeune fille debout au
milieu de ses fleurs, elle tresse au soleil les nattes de
ses cheveux jaune d'or et chante à mi-voix une douce
chanson. Mésanges et chardonnerets à l'envi lui font
écho dans les branches. Ce jour-là la petite porte est
entr'ouverte. Les oiseaux chantent passionnément et
la voix de la bien-aimée est si douce qu'il ne peut se
retenir, s'élance dans le jardin et tombe à genoux
devant elle. Elle pousse un cri ; effrayée, toute rou-
gissante et ne sachant que dire, elle lui reproche
d'écraser les plus belles fleurs de son jardin, puis
le supplie de partir, car la mère pourrait les surprendre. Confus, il s'éloigne, mais avant de sortir
il se retourne encore une fois. Elle le salue et d'un
signe de tête lui dit au revoir.

Le mai, le beau mai est arrivé. C'est le mois
où le peuple oublie ses peines pour rajeunir avec

1. Simrock, page 257.

l'herbe qui repousse et la forêt qui reverdit. C'est la saison fortunée des amants. Aussi, comme ils l'attendent et la saluent. Dès les temps les plus anciens, chevaliers et paysans se disputent la découverte du printemps. Le bourgeonnement du prunier sauvage l'annonce et la première violette est le signal de son arrivée. Nithart déjà raconte qu'un chevalier qui avait vu la première violette court l'annoncer à la duchesse de Bavière. Celle-ci sort avec des joueurs de flûte et de violon pour souhaiter la bienvenue à l'été. Mais dans l'intervalle un paysan l'a cueillie, l'apporte en triomphe au préau, l'attache à une branche verte et s'écrie : Réjouissez-vous, j'ai trouvé l'été ! Et tout le village de pousser des cris d'allégresse et de faire la ronde autour.

Dès lors on ne songe plus qu'à la danse. Au premier beau jour, les jeunes filles sortent deux à deux de la ville, en robe de fête, et s'avancent en longue file vers la lisière de la forêt. La première en robe blanche porte un jeune peuplier verdissant, c'est le *mai*. A sa cime flexible et gracieuse est attaché un long voile blanc semé de paillettes d'argent, qui miroitent au soleil, et garni de rubans multicolores, qui flottent à la brise. De sa bouche rouge comme une fraise la belle chante une gaie chanson :

> Le coucou de sa voix
> Enchante tout le monde.
> Au bois, au bois, au bois
> Nouons, nouons la ronde !

Ainsi le cortège arrive solennellement au vieux tilleul, à l'arbre de mille ans, qui a vu maintes générations tournoyer autour de son large tronc et qui n'a refusé à aucune son verdoyant abri. Les branches vénérables s'étendent paternellement sur la ronde des jeunes filles et le patriarche de la forêt semble les bénir de sa pluie odorante, comme si les pas pressés des vierges joyeuses faisaient monter la sève plus puissamment à ses antiques rameaux. La première porte au sein un immense bouquet et chante :

> Je sors de la fontaine de Jouvence.
> J'ai mon bouquet ! j'ai mon bouquet !

Et les autres répondent :

> Où donc est la fontaine de Jouvence ?
> Fleuris, bouquet ! fleuris, bouquet !

Et la chanteuse passe son bouquet à sa voisine qui continue le chant, et la ronde tourne de plus belle.

Mais voici que les danseuses sont brusquement interrompues par les danseurs qui, viennent d'un autre côté. Celui qui marche en avant, le plus grand et le plus vigoureux, porte fièrement une sorte de thyrse fleuri. C'est le sceptre du danseur en chef. Grande cérémonie ; chaque danseur entre dans la ronde pour choisir sa *belle de mai*. Il présente à une jeune fille une couronne de fleurs; si elle l'accepte, le couple est solennellement proclamé par le chœur, sinon le malheureux est forcé de recommencer après avoir dansé seul au milieu du cercle avec une couronne de paille sur la tête. Quand il ne reste plus de jeunes filles, la danse commence au son du violon et de la flûte. Grave d'abord, elle s'anime de plus en plus. Les robes flottent, les cou-

ronnes s'effeuillent, les chevelures se déroulent au
vent. Les musiciens eux-mêmes sont entraînés par
la fureur dithyrambique, l'archet fougueux bondit
sur les cordes, la flûte en délire tourbillonne en
folles roulades, les musiciens ne se contentent plus
de jouer, ils chantent :

> La danse court, la danse est haute,
>   Vive la danse, ohé !
> Ah ! criez tous, danseurs joyeux :
>   Vive ma belle, ohé !
> La danse court, la corde saute,
> Mon cœur saute avec elle en deux !
>   Vive la danse, ohé !

Cette danse que le peuple nomme la bondissante,
Springeltanz, agissait de tout temps sur les jeunes filles avec une puissance irrésistible. A ses
accents, elles perdent la tête et s'y précipitent. Une
seule note entendue de loin, et le charme est jeté.
Il suffit même de jouer une mesure de l'air magique, sous leurs fenêtres, pour qu'elles descendent
aussitôt.

Le chevalier Nithart, célèbre poète du treizième
siècle, le savait déjà. Au printemps il jouait un air
séducteur sous la fenêtre d'une jolie paysanne. La
jeune fille l'entend ; son cœur bondit de joie au
devant du chevalier, elle veut courir à la danse avec
lui. La mère a beau le lui défendre, elle a beau
refuser les habits de fête et fermer l'armoire à clef,
la fille la force, prend sa plus belle robe et s'élance
vers le tilleul au bras du chevalier. La mère elle-
même est saisie du démon de la danse, elle prend
son vol comme un oiseau et se jette dans le tourbillon. L'hiver, lui aussi, a beau faire, il faut qu'il

prenne la fuite, que les bourgeons sortent, que la vieillesse rajeunisse, que la mort devienne la vie et que l'amour triomphe.

Le pauvre compagnon, sans doute, ne fait pas aussi cavalièrement la conquête de sa *belle de mai*, et d'ailleurs la blonde aux yeux bleus et aux cils d'or est plus modeste et plus réservée que la rustique maîtresse du fringant chevalier. La pensive va seule à la danse, un nuage sur le front, un souci au fond du cœur.

> Fillette se leva matin,
>   Rêvant d'amour.
> D'un pas léger et clandestin,
>   Du vert bois fait le tour.
> On danse dans l'herbe et le thym,
> Et dans l'ombre on la voit reluire,
> Tremblante étoile du matin,
> Qui monte au ciel et veut sourire
>   Avant le jour.

Comment le compagnon ne serait-il pas attiré à la fête du tilleul par la même force mystérieuse ? et comment n'y trouverait-il pas, errante à l'écart, la fille aux tresses d'or ? Comment leurs mains se sont-elles rencontrées, combien de temps leurs regards sont-ils restés confondus ? O discrètes chansons, vous ne me l'avez pas confié. Souriante et rêveuse, elle se laisse poser sur la tête la couronne de roses et lui donne en échange son bouquet. Il a trouvé sa *belle de mai*, et, radieuse, l'emporte dans le tourbillon de la danse.

Après la ronde fougueuse, vient la cueillette des fleurs dans la forêt. Leur ivresse est au comble. Les bras étroitement enlacés, ils s'enfoncent sous les branches, à travers les broussailles, jusqu'à la fontaine solitaire, couronnée de lierre et d'aubépine. Ils ne disent rien, mais les fleurs se chargent de parler pour eux. Car ils connaissent tous deux leur langage mystérieux, jeu favori et ressource infinie des amants. Cette ravissante et fraîche symbolique n'a rien de commun avec les fadeurs de la galanterie moderne, car elle est sortie palpitante de vie de la longue intimité du peuple avec la nature. Elle défraie amplement leur conversation. Sous le riant mystère de ses couleurs, se cachent les mille et mille agaceries, les confidences ardentes, les bouderies enfantines de la passion naissante. Les amants initiés à cette science subtile peuvent tout se dire. Là-dessus les chansons populaires ne tarissent pas. Ainsi le vert, première couleur de la terre au printemps, celle d'où sortent toutes les autres, trahit dans le langage des fleurs l'espérance indécise, mais illimitée, « le vert est le commencement, » disent les chants. Mais du bourgeon vert sort la fleur blanche et de l'espérance vague un vœu plus pressant. La branche verte veut dire seulement qu'on aime, mais le blanc muguet présenté à la belle de mai veut dire que c'est elle qu'on aime ; et quel triomphe si elle répond par l'aubépine en fleur, chaste comme l'étoile du matin et comme elle pleine de promesses. De là jusqu'au rouge flamboyant, qui annonce la passion brûlante, il y a bien des degrés. Mais l'amour révèle aux plus simples un art infini ; l'amant sait prier avec des fleurs si belles et si parfumées que la blonde pensive se laisse entraîner malgré elle dans cette orgie de couleurs, de parfums et de désirs. Cependant à la rose sauvage, à la rose

en feu qui la trouble et l'inquiète, son cœur sait
répondre par une petite fleur d'une couleur plus
douce et plus constante dont le bleu signifie : fidélité. L'amant est désarmé, leurs regards éperdus se
jurent, à travers des larmes de joie, un serment
irrévocable, que Dieu semble entendre dans le silence de l'azur : « Meure cette fleur, dit le compagnon ému.

> Meurent la fleur et l'espérance
> Nous sommes riches en amour !
> L'amour ne mourra pas en moi,
>   Oh ! crois-le moi [1] !

Ils n'ont que ces cris pour exprimer leurs premiers transports, mais toute leur âme y tressaille.
Eblouis, enivrés, ils vivent dans un enchantement
perpétuel ; à toutes leurs palpitations de joie répondent les efflorescences de la forêt. Quand les lèvres
de la belle enfant s'épanouissent dans le rire, il
croit voir tomber des roses de tous côtés et il se dit
que sa bouche *rit des roses*. Quand ils s'embrassent,
les buissons bourgeonnent, les fleurs sortent de
terre, les branches s'entre-choquent et les oiseaux
font entendre de longs cris de joie. Les paroles de
l'amant tombent comme des gouttes de feu dans
le sein gonflé de la jeune fille, quand il murmure
à son oreille :

> Oui, le charbon ardent couve avec moins d'ardeur,
> Qu'amour doux et secret qui brûle au fond du cœur.

> Belle est la rose en feu qui s'ouvre à la lumière,
> Plus beaux deux jeunes cœurs s'aimant dans le mystère.

---

1. Voir la mélodie IV, à la fin du vol.

Regarde dans mon cœur, ô fleur de pureté,
Tu n'y verras qu'amour et que fidélité [1].

Ainsi vont-ils de jour en jour, de semaine en
semaine, effeuillant les fleurs de leurs couronnes
tressées au fond des bois, et savourant dans le
silence des soirées fugitives leurs chants de félicité
qui s'élèvent et s'élancent dans la nuit étoilée
comme d'inséparables génies d'amour. Mais l'heure
de la séparation vient couper ce long rêve, comme
le glas d'une cloche funèbre. Un matin le maître
donne brusquement congé au compagnon. Il faut
partir dans huit jours, faire son tour d'Allemagne,
demander du travail chez d'autres maîtres et chercher fortune dans un monde inconnu. Le réveil est
dur, mais inexorable. Aurait-il cru jamais qu'il
fût possible de quitter ce coin de terre, cette maison, ce jardin, le vieux tilleul et la forêt qui tous
semblaient l'aimer et qui maintenant lui disent :
va-t'en! Quoi? tout est donc fini? Pour la première
fois, le compagnon sent la rigueur de sort. Pour lui,
point de patrie, point de femme, point de foyer
avant qu'il soit devenu *maître* à la sueur de son
front. Il jure à la bien-aimée de le devenir. Mais
après combien d'années? il n'en sait rien. Quand
pourra-t-il revenir? Peut-être jamais. Elle finira
par l'oublier et par en épouser un autre. A ce mot
amer du compagnon, la pauvre fille se révolte et
fond en larmes. Quoi qu'il arrive, ils sont unis pour
toujours. Alors ce ne sont plus qu'adieux émouvants, serments exaltés. Les chants populaires mo-
dulent à l'infini cette douloureuse volupté de l'adieu,

1. *Wunderhorn*, II, page 59.

où l'amour défie la souffrance, les obstacles, le temps, l'éternité même, pour s'affirmer plus hautement :

> Oh ! donne ta main, mon amie,
> Donne l'adieu de l'amitié,
> S'il nous sépare pour la vie,
> Qu'il nous joigne en éternité !
>
> L'adieu ! quelle douleur profonde !
> Mourir c'est peu, mais se quitter !
> Le temps est long, vaste est le monde,
> Plus vaste encor l'éternité !

Quelquefois ce sont des chants alternés qui se font écho :

> ELLE.
>
> O val profond, profond, ô montagnes, ô bois,
> Ai-je vu mon ami pour la dernière fois ?
> La lune et le soleil, le firmament en pleure.
> Oh ! pleurez avec moi jusqu'à ma dernière heure.
>
> LUI.
>
> O val profond, profond, ô montagnes, ô bois,
> Vous reverrez ma mie et plus de mille fois.
> Oui, vous verrez passer et repasser la belle,
> Mais vous en serez loin, moi seul serai près d'elle.

Le jour du départ est venu. Il faut se dire le dernier adieu. Quand c'est un soldat qui va quitter sa bonne amie, la scène prend un caractère martial et pittoresque qui couvre sa tristesse sous une fanfare entraînante.

> Trois cavaliers par la porte sortaient.
> Adieu !
> Gentille amie sur la rue se penchait.
> Adieu !

> Puisqu'il faut nous quitter sitôt,
> Vite encor jette ton anneau !
>   Adieu ! adieu ! adieu !
>   Ah ! qu'il fait mal l'adieu !

Le galop du cheval, la poussière du chemin et les cris de ses amis aident à l'étourdir. Mais le compagnon et sa bien-aimée veulent savourer cette douleur jusqu'à la lie. Ils se séparent loin du monde au fond du bois, sous le frêne bien-aimé. Que se sont-ils dit au dernier moment, comment a-t-il fait pour s'arracher des bras qui l'étreignaient, pour la laisser seule sous l'arbre et prendre le sentier fatal ? Les chants ne le racontent pas, ils disent seulement : « Là où deux amants se séparent, l'herbe dessèche et le feuillage se flétrit. »

Le compagnon suit sa route sans se retourner. Mais le soir, quand les campagnes sombres se remplissent de brume et de silence, il s'affaisse au bord de la route et tout ce qui l'oppresse s'échappe dans un suprême adieu :

> Autant d'étoiles scintillantes
> Brillent au grand pavillon bleu,
> Autant de brebis bondissantes
> Paissent sous le regard de Dieu,
> Autant d'oiseaux sous la nuée
> Se bercent, ô ma bien-aimée !
> Mon âme ! autant de fois adieu !

> Ne dois-je plus jamais t'entendre,
> Te laisser pour l'éternité ?
> Non, je ne puis pas le comprendre
> Que demain j'aurai tout quitté.
> Que ne suis-je mort en silence
> Sans avoir connu l'espérance,
> Bien avant que d'avoir aimé !

Je ne sais si sur cette terre
Si pleine de maux, de douleur,
Après la lutte et la misère,
Je reverrai mon seul bonheur.
Oh ! quelles vagues, quelles flammes,
Jaillissent entre nos deux âmes,
Et submergent mes yeux en pleurs !

Mais je veux souffrir en silence
Pourvu que mon cœur pense à toi.
Tous les matins plein d'espérance
Je dirai : Vient-elle vers moi ?
Et tous les soirs je veux me dire
En me noyant dans mon délire :
Mon seul amour, oh ! songe à moi !

Non, ne crois pas que je t'oublie,
Jusqu'au tombeau va mon amour.
Dussé-je, après ma triste vie,
Mourir loin de toi quelque jour,
Je veux dormir au cimetière
Comme un enfant qu'endort sa mère,
Qui s'endort bercé par l'amour [1].

L'absence est longue, elle dure jusqu'à sept ans.
Point de lettres en ce temps, point de nouvelles.
L'alouette et le rossignol sont les seuls messagers
des amants et parfois l'oiseau de mort ou de trahison. Alors le jeune compagnon, seul au milieu
d'étrangers, accablé de travail et de soucis, perd
courage. Il voudrait oublier et ne peut pas oublier.
L'image de la bien-aimée et de la forêt, où ils se
promenaient, est là devant lui comme un paradis à
jamais perdu sur la terre d'exil. Là-bas tout était
tendresse, amour, félicité ; ici n'est que haine, ironie, malédiction. A certains moments, cette image

1. *Wunderhorn*, II, page 198.

unique, persistante, le domine au point de lui faire
oublier tout ce qui l'entoure. Le passé et le présent
le rêve et la vie, l'âme et la nature se confondent
dans une vaste hallucination :

> Dans mon pays se berce un frêne,
>   Un frêne au fond des bois.
> Ma mie et moi sous le grand frêne
>   Nous vînmes mille fois.
>
> Un bel oiseau dans son feuillage
>   Y chante tous les jours,
> Ma mie et moi sous son ombrage
>   Nous l'écoutons toujours.
>
> Dans son doux rêve il se balance
>   Sur le dernier rameau ;
> Nous le regardons en silence,
>   Il chante de nouveau.
>
> Un accent de sa voix chérie,
>   Un son m'est arrivé.
> Étais-je près de toi, ma mie,
>   Ou n'ai-je que rêvé ?
>
> Quand je revins voir mon amie
>   Le frêne était coupé,
> Un autre était près de ma mie...
>   Je me suis réveillé !
>
> Dans mon pays se berce un frêne,
>   J'en suis si loin, j'ai peur !...
> Le vent glacé qui se déchaine
>   Me déchire le cœur [1] !

Pendant qu'il erre à l'étranger, elle attend. Sa
vie se passe dans une alternative d'espérance et
d'appréhension, de joie folle et d'abattement. Elle

---

(1) Simrock, page 226.

est superstitieuse, elle fait des rêves et les interprète. Une nuit elle rêve que son jardin est changé en cimetière, toutes les plates-bandes sont des tombes blanches, toutes les fleurs des arbres sont à terre. Triste, elle les rassemble dans une cruche d'or. Mais tout à coup la cruche s'échappe de ses mains, se brise et il en sort des perles rouge cramoisi. Mon Dieu! s'écrie-t-elle, c'est le sang de mon ami! Une autre fois, le songe est plus riant. Elle revoit son amant comme au jour où il entra pour la première fois dans son jardin. Il s'avance vers elle par le joli chemin sablé et lui prend les deux mains pour lui dire adieu. Elle lui demande quand il reviendra de son long voyage. Il répond : « Quand il neigera des roses rouges et qu'il pleuvra du vin frais. » Puis il disparaît. Aussitôt elle plante des rosiers dans son jardin. Les rosiers font un bosquet et le bosquet fait une maisonnette. Elle s'assied dessous et attend qu'il neige des roses rouges. Pendant ce temps l'ami revient avec une belle amphore de vin, il parcourt le jardin et ne voit pas la bienaimée. Enfin il s'approche du bosquet ; elle fait semblant de dormir. Il se penche sur elle, la cruche lui échappe et tombe sur un rosier. Elle ouvre les yeux : il neige des roses rouges, il pleut du vin frais et le bien-aimé est là. Mais, hélas ! ce n'est qu'un rêve. Tout éveillée elle rêve encore. Elle demande des oracles aux fleurs et aux oiseaux. Un matin elle se dit que si l'aubépine de la forêt est encore en fleurs, l'ami est encore en vie et en grande joie. Elle y court et trouve le buisson couvert de fleurs et de boutons. La voilà radieuse pour tout un jour. Ou bien elle se persuade que si le rossignol revient demain, l'ami reviendra au mois de mai. L'oiseau ne revient pas; la voilà plongée dans les larmes.

Si la séparation est pleine de souffrances, le retour est d'autant plus joyeux. Le compagnon a fini par faire fortune. Il a terminé son *chef-d'œuvre*, il a été reçu *maître*, il revient libre, riche de projets et d'espérance. Il s'arrête à l'auberge du village voisin pour demander des nouvelles de son amie. Il frissonne à l'idée qu'on pourrait lui dire : elle est mariée depuis longtemps. Que ferait-il alors ? Tout, hormis de se résigner. Mais quelle joie lorsqu'on lui dit qu'elle attend toujours le compagnon en voyage. Alors il met ses plus beaux habits et se promet de la surprendre. Il y a une ballade qui peint un de ces retours, où l'amant qui revient sur un cheval fringant met sa promise à la plus dure des épreuves.

Un tilleul à large feuillée
Regarde au fond de la vallée.

Deux amoureux étaient dessous
Par amour oubliant leurs peines.

— Ma mie, il faut nous séparer
Car j'ai sept ans à voyager.

— Tu pars pour sept ans, mon amour ?
J'attendrai jusqu'à ton retour.

Quand les sept ans furent passés
Elle se dit : il va venir !

Elle entre au vert bois qui fleurit
Pour voir revenir son ami.

Dans la forêt verte elle entra,
Un beau cavalier rencontra.

— Bonjour, ma belle, ma charmante,
Qu'allez-vous faire seule au bois ?

Vos parents que vous ont-ils fait ?
Aimeriez-vous d'amour secret ?

— Hier il y eut juste sept ans
Que j'ai vu partir mon amant.

— J'ai vu votre amant à la ville
Épouser une riche fille.

Eh bien, que lui souhaitez-vous,
Puisqu'il a trahi ses amours ?

— Je lui souhaite dans mon cœur
Le plus doux, le plus grand bonheur.

Tant de joie, de ravissement
Qu'il y a d'étoil's au firmament.

Je lui souhaite autant d'honneur
Que je sens d'amour dans mon cœur.

Il prit à son doigt vivement
Un anneau d'or pur scintillant.

Il le jeta sur ses genoux,
Elle en versa des pleurs si doux !

Puis il tira de sa valise
Un voile blanc comme la neige.

— Essuie, essuie tes yeux, ma mie ;
Car tu m'appartiens pour la vie [1] !

L'amour et ses chants ne cessent point avec le
mariage pour le joyeux artisan et sa compagne
intrépide. Le travail en commun, les épreuves et
les douleurs partagées, les longues veillées d'hiver,
les courtes joies d'été, n'est-ce point assez pour

[1]. Simrock, page 17.

raviver sans cesse leurs amours et leurs chansons?
Si le peuple est frappé des soucis et des peines du
mariage, il n'en comprend pas moins la profonde
poésie. Voici trois strophes qui peignent ce zèle
courageux au travail, cette joie de la vie à deux.
C'est une fiancée qui parle, mais, on le devine, elle
répétera ce chant toute sa vie :

Mon promis est un tisserand,
    Il tisse avec ardeur,
Matin et soir, la toile blanche
    Qui met la joie au cœur.
Car la forte fidélité
    S'y croise avec l'amour.
L'amour et la fidélité
    Nous joignent pour toujours.

Je tisse comme lui ma toile
    En chantant jour et nuit.
Tout en faisant tourner la roue
    Je songe à mon ami.
Quand la toile sera finie,
    Gai! nous la blanchirons!
Travaillons! au mois de Marie,
    Gai! nous nous marierons!

Et pour me reposer j'achève
    Ma robe chaque soir.
L'aiguille marche, mais je rêve
    D'amour et de revoir.
Ruban de rose et robe blanche
    Ce sont là mes cadeaux,
L'amour fidèle et l'innocence
    Sont nos anges jumeaux.

Et c'est ainsi qu'ils travailleront toute leur vie,
remerciant Dieu d'un rayon de soleil et chantant au
réveil comme les alouettes.

O sainte joie de l'amour dans le travail commun,

humble félicité et fière vertu, foi du pauvre, poésie de l'avenir, tu es née dans le cœur des simples. Toi, tu n'es ni trompeuse ni éphémère, tu es iné- puisable, car tu es le vivant échange de l'âme et de l'intelligence. Tu n'es pas une faiblesse, mais une force ; tu ne fais pas mourir, tu fais revivre. Foi jeune de l'immense avenir, si jamais tu régénères le monde, si tu sanctifies le travail par l'amour et l'amour par le travail, si tu ennoblis l'homme, si tu relèves la femme, si tu excites en des générations plus mâles des courages que rien n'abat, des en- thousiasmes que rien n'éteint, qu'on se souvienne des humbles chants du peuple qui t'on pressentie, ô libératrice !

Un autre grand thème de la poésie populaire, c'est la séduction. A la paisible épopée des amants heureux s'oppose, comme une autre destinée de l'amour, la sombre tragédie de la pauvre fille séduite. Tous les peuples ont chanté ce thème, chacun à sa manière. La Romaine se venge, la Française est généralement trop avisée pour se laisser prendre [1], si elle succombe elle tombe parfois dans une douce mélancolie [2], mais qui rarement ébranle les raci-

---

[1]. Témoin cette réponse d'une jeune fille à un galant trop empressé dans une chanson normande :

> Je ne vais point quanté les hommes
> Que je n'épouse auparavant,
> Face à face dans l'eglise
> En présence de nos parents.

Beaurepaire. — *Etude sur la poésie populaire en Normandie*, page 65.

[2]. Comme dans la jolie chanson normande :

> En revenant des noces
> J'étais bien fatigué ;

nes de son être. L'Allemande crédule et confiante
aime et se donne sans réserve ; trompée, elle souffre en silence ; déshonorée, elle meurt après avoir
bu jusqu'à la lie le calice du remords et de la malédiction.

Une pauvre fille habite seule avec sa mère au
bout du village. Elle est trop pauvre pour avoir un
promis, et n'y a jamais songé. Jamais les garçons
du village ne sont venus l'aider lorsqu'elle ramas-
sait le bois dans la forêt, jamais un beau chasseur
ne lui a parlé d'amour en cueillant avec elles des
mûres sauvages le long des haies. La pauvre brune
n'a point d'ami. Quand ses camarades lui deman-
dent pourquoi elle ne vient pas à la danse le dimanche soir, elle répond qu'elle n'a ni belle robe, ni jolie
couronne. Elle travaille sans relâche jusqu'à la nuit,
avec une exactitude scrupuleuse, une anxieuse fidélité. Mais quand la cloche du soir sonne au loin et
que, sa besogne faite, elle s'agenouille ruisselante
de sueur dans l'herbe coupée, elle est contente et
ne demande plus rien. Un beau matin, arrive au

Au bord d'une fontaine
Je m'y suis reposé.

Caché dans le feuillage
Un rossignol chantait ;
Chante, beau rossignol
Toi qui as l'cœur tant gai.

Je ne suis pas de même,
Je suis bien affligé,
Pour un bouton de rose
Que trop tôt j'ai donné.

Je voudrais que la rose
Fût encore au rosier
Et que mon ami Pierre
Fût encore à m'aimer !

village un chevalier qui revient de la guerre. Le beau
fainéant y fait halte et passe tous les jours devant
la fenêtre de la brune. Elle croit voir un roi, tant il
lui paraît noble et richement vêtu. Un soir qu'elle
est assise devant sa porte il la salue ; elle tressaille
et baisse les yeux. Il s'approche et lui présente une
chaîne d'or avec des paroles aimables qu'elle ne
comprend pas. Elle s'effraie, se détourne, un nuage
passe devant ses yeux, sa tête bourdonne. Quand elle
revient à elle le tentateur a disparu, mais la chaîne
est autour de son cou et lui brûle la gorge comme
du soufre. Elle l'arrache précipitamment et une
voix intérieure lui dit de la jeter loin d'elle comme
un serpent venimeux qui va la mordre. Mais une
autre voix séductrice lui chuchote : elle sera ton
trésor, ton ami, ton protecteur. Et elle la presse
avec effusion sur son sein gonflé d'espérance. Quelques jours se passent ; le chevalier n'a point reparu.
Mais un soir qu'elle va chercher de l'eau au puits
dans le petit bois, elle le rencontre. Peu s'en faut
qu'elle ne tombe à la renverse, mais il parle d'une
voix si douce, si respectueuse qu'elle reste, étour-
die. Elle écoute et ne sait ce qu'elle balbutie. Il
glisse son bras sous le sien et l'accompagne à la
fontaine. Elle croit faire un rêve et se sent éblouie
chaque fois que ses yeux rencontrent les yeux fiers
et pénétrants du jeune seigneur. Il l'aide à puiser
l'eau ; il cause, il cause encore. Il lui parle de son
château, qui est loin de là, dans un pays plus beau,
de ses escaliers en marbre et de ses hautes tours.

— Vous êtes noble, vous êtes bon, mon seigneur
et mon maître, mais je suis une pauvre fille.

— Qu'importe si je t'aime? Cette nuit je chante-

rai sous ta porte. M'ouvriras-tu ? — Elle se cache
le visage entre les mains. — Pas aujourd'hui, mais
un jour, dit le séducteur, et ses lèvres s'impriment
sur sa joue frémissante.

La nuit suivante elle est assise à sa fenêtre, les
paroles du chevalier résonnent encore à ses oreilles, son baiser brûle encore sur sa joue. Elle chante
pour se distraire :

> S'envole un oiseau tendrement
> A la fenêtre de sa belle.
> Pan, pan ! y frappe doucement
> Pan, pan ! de son bec d'or l'appelle :
> « Lève-toi, belle, ouvre pour moi,
> J'ai fait un long voyage
> Et pour l'amour de toi. —
> — Tu fais un long voyage,
> Et pour l'amour de moi ;
> Reviens à minuit sous mon toit.
> Ami, peut-être t'ouvrirai-je !
> Je te couvrirai chaudement,
> Je te presserai doucement
> Dans mes frais bras de neige.

Elle se croit seule et répète ce refrain plein de
langueur. Mais le chevalier est tout près, il a entendu
cette voix, il a compris ce chant. Déjà il est auprès
d'elle et l'entoure de ses bras en murmurant des paroles d'amour, et tout près d'eux le rossignol module
dans la nuit ardente sa plainte tantôt sauvage. La
voix du rossignol et celle de l'amant suppliante
chantent ensemble un chant irrésistible d'amour et
de séduction, qui verse dans le cœur de la jeune fille
des torrents de délices. Elle tremble sous ce chant
comme le lierre sous le vent d'orage et tombe éperdue dans les bras du chevalier. Au point du jour,

l'oiseau élève de nouveau sa voix. Car, dans les
aubades populaire, le veilleur c'est le rossignol.

Le veilleur a guetté le jour.
Il chante sur sa verte tour :
« Beau compagnon, il faut quitter ta mie.
Lorsque l'amant est auprès de l'amie,
       L'adieu vient après !
La lune luit dans les vertes forêts.

— « Écoute, amour, un seul instant.
Le jour est loin, le jour attend.
La lune luit à travers un nuage,
La douce lune encadre ton visage.
       Tout dort dans la nuit.
Crois-moi, toujours, c'est l'heure de minuit. »

Il la presse plus doucement :
« Tu fais ma joie, ô cœur charmant !
Auprès de toi j'ai l'âme réjouie,
Toute ma peine est vite évanouie.
       Accepte ma foi !
Je n'aime au monde, au monde entier que toi. »

Et qu'a-t-il ôté de son doigt ?
« Porte cet anneau d'or pour moi.
Quand brillera ce signe d'alliance,
Au fond du cœur chantera l'espérance.
       Tel est mon plaisir !
Que volontiers pour toi j'irais mourir. »

Rossignol chantait à mi-voix,
Puis il réveille au loin les bois.
L'aube a glissé sous la branche endormie,
Lorsque l'amant est auprès de l'amie,
       L'adieu vient après !
Le jour a lui dans les vertes forêts [1].

Le soir suivant l'amant frappe à la porte, on ne

1. *Wunderhorn*, I, page 347.

répond pas. Il frappe longtemps, enfin elle ouvre :
« Je ne devrais pas te laisser entrer, dit la pâle
brune. Quand d'autres filles portent la couronne,
moi je devrais porter un voile. Ah, je rougis ! et
plus j'y pense, plus je pleure du fond de l'âme. »
Mais il la console. Au son de sa voix elle est heureuse et fière, elle s'épanouit de nouveau et l'entoure
de ses bras.

Un jour le chevalier est sombre, il dit à sa maîtresse qu'il faut qu'il parte le lendemain. Ses parents
l'appellent, mais il reviendra bientôt la chercher.
Elle le regarde longtemps, puis s'assied dans un
coin et cache son visage dans ses mains. Il cherche
à la rassurer : elle reste muette. — Reviens encore
une fois, avant de partir! dit-elle enfin. — Il le
promet et revient en effet le soir, mais plus sombre encore que le matin. Elle lui dit :

> Tes parents causent nos adieux.
> Ah ! n'est-ce pas que je devine ?
> Un jour tu seras plus heureux
> Avec une autre, j'imagine.
>
> Ce romarin triste et charmant
> De mon amour ce dernier gage,
> Prends-le, puisqu'au dernier moment
> J'ai pu revoir ton cher visage.

Elle n'a que cela à donner, mais une pauvre fleur
peut-elle retenir un riche et beau seigneur? Il s'arrache à ses bras; alors elle se sent seule au monde
et sa douleur se cadence dans une plainte douce et
contenue qui peu à peu se résout en sanglots :

> Qui guérira ce mal que j'ai ?
> Ma faute était trop d'espérance.

> L'ami m'a donné son congé,
> Il faut souffrir en patience.
>
> L'amour, l'amour peut-il finir ?
> C'est le souci qui me dévore.
> Ah ! quand il sait qu'on peut trahir
> Un cœur peut-il chanter encore ?

Malgré cette immense douleur, il n'y a pas d'amertume dans son cœur. Sous le coup de la trahison, il déborde encore d'amour et voudrait charmer le départ du bien-aimé :

> O musiciens, au fond du bois,
> Touchez la harpe bien-aimée,
> Afin qu'une dernière fois
> Son âme en partant soit charmée !

Le matin elle s'est levée au point du jour. Cachée au fond de sa chambre, c'est à peine si elle ose se parler à elle-même d'une voix étouffée :

> Il est bien loin mon seul ami,
> Il est toujours dans ma pensée.
> Ah ! je ne t'ai jamais trahi
> Lorsque j'étais ta fiancée !
>
> Le monde va me regarder
> Et je n'ose aller à l'église.
> Mes yeux, mes yeux vont déborder
> Puisque mon cœur, mon cœur se brise [1] !

Des semaines se passent, mais il ne revient plus. Toutes les nuits elle rêve que son amant erre sous la tourelle d'une belle châtelaine en jouant une sérénade sur un luth. Alors elle aussi prend un luth et veut en jouer pour l'attendrir et lui rappeler « sa

---

1. Simrock, page 239.

douce brune », mais sitôt qu'elle touche le luth toutes les cordes se brisent avec un son strident qui ressemble à un cri terrible, et à ce cri son cœur se déchire dans sa poitrine. — Pourquoi ne joues-tu pas du luth ? lui dit le joyeux chevalier, toutes les châtelaines en jouent. — Mais tu vois bien que je ne peux pas, répond-elle d'une voix faible, les cordes sont brisées. Tu les as touchées trop fort quand tu étais chez moi ; et je t'aurais joué une si douce mélodie ! — Le chevalier se détourne et disparaît sous les grands arbres.

Le jour elle fuit ses amies et s'enfonce dans les bois. A la voix du rossignol, un flot d'espérance remonte à son cœur. Elle poursuit d'arbre en arbre l'oiseau tentateur et le presse de questions :

> Rossignol, je t'entends chanter ;
> Je sens mon cœur prêt à sauter.
> Dis-moi, pourquoi mon cœur palpite ?
> Ah viens, bel oiseau, reviens vite !
>
> Oui, c'est ton charme et ta beauté,
> Oui, c'est ton chant plein de fierté,
> C'est ta douceur qui m'a séduite.
> Ah viens, bel oiseau, reviens vite !
>
> Dis, qu'as-tu fait de nos amours ?
> Tu nous chantais toujours, toujours.
> Hélas ! je souffre et tu m'évites,
> Ah viens, bel oiseau, reviens vite !

L'oiseau impitoyable répond :

> Il faut couper ton cœur en deux,
> Va, car tu n'as plus d'amoureux.
> Oh ! chasse, chasse ta folie.
> Va, pauvre fille, oublie, oublie [1] !

1. Simrock, page 222.

Le dimanche soir, tandis que les belles et riches villageoises se promènent au bras de leurs galants, elle erre seule à l'écart.

Je vois plus d'une fière belle
Près de la fontaine, là-bas.
Chacune à son ami près d'elle
　Et moi je n'en ai pas.

Ma mère m'a fermé sa porte,
Bien loin, bien loin est mon ami.
Pourquoi ne suis-je donc pas morte ?
　Que fais-je encore ici ?

Hier c'était un beau jour de danse,
Pour moi ces plaisirs sont perdus.
Las, je porte au cœur ma souffrance,
　Moi je ne danse plus.

Et bientôt quand je serai morte,
Dans un coin on m'enterrera.
Ma tombe est tout près de la porte,
　Qui donc me pleurera ?

Ah ! laissez debout la fleurette,
Et ma croix noire, voulez-vous ?
Avez-vous connu la fillette
　Qui couche là-dessous [1] ?

Un matin elle se sent mère ; la terreur la saisit. Elle court chez ses amies d'autrefois dans l'espoir de se consoler, mais elles la taquinent en lui demandant des nouvelles du beau chevalier. Elle court dans les champs à son travail pour s'étourdir. Pendant qu'elle remue la terre avec une ardeur fiévreuse, une de ses camarades lui dit d'un ton narquois :

1. *Wunderhorn*, II, page 225.

Pourquoi si triste, ma fillette,
Pourquoi ne ris-tu pas ?
Tes yeux le disent, ma brunette,
Que tu pleurais tout bas.

Elle répond :

Si j'ai pleuré la nuit entière,
Pourquoi me tourmenter ?
J'avais un seul ami sur terre
Qui vient de me quitter.

Pour toute réponse elle obtient des regards de pitié, des chuchotements équivoques et des éclats de rire mal étouffés. Honnie de tous, repoussée par sa mère, torturée par sa conscience, elle tombe dans le désespoir. Elle fuit son village, cherchant du travail et mendiant sur les grandes routes. Les jours se traînent comme des années, les mois comme des siècles. Déjà le moment fatal approche, elle délire. Epuisée de faim, de fatigue, de douleur, à demi morte, elle ne peut nourrir son enfant et le tue dans un accès de folie. Elle-même n'est plus qu'un fantôme lugubre, qui erre autour du lieu fatal comme pour s'accuser de son propre crime.

En bas, dans la prairie
Coule un ruisseau tout noir,
A la place flétrie
Où j'erre chaque soir.

Et l'herbe et la fougère
Y meurent lentement,
Là j'ai sur une pierre
Egorgé mon enfant.

Dans l'onde froide et sombre
Coule son rouge sang,

Son sang gémit dans l'ombre,
Coule vers l'océan.

Deux yeux bleus me regardent
Du haut du firmament,
Dans une belle étoile
J'aperçois mon enfant.

La roue est préparée
Qui me fera souffrir.
Que n'y suis-je attachée !
Je veux mourir, mourir !

Puisque tu m'as trahie,
O toi, que j'aimais tant,
Je veux laisser ma vie
Et tout dire en mourant [1] !

La pauvre fille est presque au bout de son martyre. Plongée dans le demi-sommeil de la folie, elle passe comme en rêve à travers les horreurs de la condamnation et du supplice. Mais la poésie a joint à toutes ces images le châtiment du séducteur. Elle veut qu'il apprenne la condamnation à mort de sa victime. Saisi de remords, il demande et obtient du prince la vie de sa maîtresse et part à cheval pour le lieu du supplice, tenant dans sa main le drapeau royal, signe de grâce. Pendant ce temps, la procédure va son train. Au dernier moment, la jeune fille retrouve ses souvenirs et parle à son ami comme s'il était près d'elle. Elle ne l'accuse pas, ne lui reproche rien, elle se demande seulement pourquoi il l'a tant fait souffrir.

« Joseph, mon cher Joseph, à quoi pensais-tu donc
Pour faire le malheur de la pauvre Nannon ?

« Joseph, mon cher Joseph, que Dieu sauve mon âme !
Ils me feront sortir par une porte infâme,

1. *Wunderhorn*, II, page 225.

« Sur une grande place, hélas ! au point du jour
Et tu verras bientôt ce qu'a fait notre amour.

— « Bon juge par pitié, jugez-moi promptement
Je veux mourir, je veux rejoindre mon enfant.

« Bonnes gens qui pleurez, pleurez pas sur Nannon,
Plutôt mourir cent fois que de vivre en prison.

« Joseph, mon cher Joseph, ta main, mon bien-aimé.
Dieu nous pardonnera, car j'ai tout avoué. »

Il arrive à cheval, il brandit son drapeau.
— « J'apporte le pardon, arrête donc, bourreau !

— « C'est trop tard elle est morte en te disant adieu.
— Adieu, pauvre Nannon, ton âme est près de Dieu[1]. »

L'amour malheureux est un thème non moins riche que la séduction pour le peuple, car il chante ce qu'il a vécu ; ses chants sont le miroir de sa vie. Parmi ces plaintes d'amour ironiques ou tendres, amères ou désespérées qui nous sont parvenues sur des feuilles jaunies, ou qui, plus heureuses, ont voltigé d'âge en âge sur les lèvres enjouées des jeunes filles, qui ont passé de bouche en bouche à la veillée des fileuses, parmi ces refrains innombrables, que d'émotions variées, que de songes ensevelis, que de vies palpitantes encore. Dans cette aventure, vieille comme le monde, de l'amour repoussé ou trahi, les chants populaires abondent en héros de toute sorte ; il y en a de gais et de tristes, il y en a de comiques et de tragiques. Il n'est pas inconsolable, à coup sûr, ce joyeux cavalier qui

1. Simrock, page 129.

raconte ses infortunes amoureuses en trinquant
avec ses compagnons de guerre. La belle l'a quitté ;
vite une ballade sur l'insolente, et à demain les
amours nouvelles. Il n'est guère plus malheureux
cet écrivain public, gauche et timide personnage
tout de noir habillé, la plume sur l'oreille, sec
comme un parchemin et pédant comme un docteur
en théologie, qu'une fière paysanne a congédié sans
façon. Il médite une satire, il est déjà consolé.
Mais il en est un plus aimable, plus séduisant et
plus malheureux que tous les autres, c'est ce page
rêveur éperdument amoureux de la fille du comte.

Le pauvre page roturier est sans famille, sans
fortune et sans avenir. Mais une divinité favorable
semble veiller sur lui, une étoile est montée à son
horizon et lui a souri, une main amie l'a protégé
contre les insolences de la valetaille et l'a consolé
en jouant avec ses boucles d'adolescent ou en
caressant son front ombrageux. C'est la fille du
comte. Elle s'amuse avec l'enfant passionné, pour
se distraire des longs ennuis de la vie du château
et se plaît à attiser un feu précoce dans cette tête
folle. Déjà la jeunesse lui fermente au cœur, déjà
la langueur le consume. Le page a une voix
vibrante et s'est aperçu qu'elle fait rêver les femmes. Aussi espère-t-il être entendu, quand le soir il
murmure sous une tourelle bien connue :

> Oh ! dors toujours dans ta tourelle
> Et laisse à la nuit ton amant.
> Devant l'étoile la plus belle
> S'efface tout le firmament.
> > Comme la feuille errante,
> > Plaintive et frémissante,

Je veux murmurer à tes pieds.
        Comme la fleur fanée,
        Ainsi, ma bien-aimée,
Je veux m'effeuiller sous tes pieds.

Oh! dors toujours, dors, moi je veille,
Mon chant voltige autour de toi.
La nuit est noire et tout sommeille,
Un ciel d'amour se lève en moi.
        J'y vois tes yeux reluire,
        Me chercher, me sourire,
Deux rayons m'entrent dans le cœur.
        Demain à ta fenêtre,
        O reine, viens paraître
Et ce sera dimanche dans mon cœur [1].

Souvent, quand le comte est à la chasse, il se glisse dans la tourelle par l'escalier tournant et la belle se fait lire par lui un roman de chevalerie. Puis le page humble et soumis enseigne à la fille du comte à jouer de la guitare et guide ses mains intelligentes sur les cordes émues. Mais que de fois l'instrument glisse à terre, et le page laisse parler ses yeux humbles, mais pleins d'étincelles, dans un ardent silence. Le comte, sans doute, les aura surpris dans une de ces leçons de musique. Car il fait jeter le beau damoiseau dans le plus sombre de ses cachots. Qu'y ferait-il, sinon songer à la dame de ses pensées? Il rêve, il chante et ses chansons hardies ont les ailes de l'espérance. Que ne peut-il s'envoler avec elles !

        Que ne suis-je un faucon sauvage.
        Ah! comme je m'élancerais
        Vers une belle au clair visage,
        A son château je volerais !

1. *Wunderhorn*, III, page 8.

A sa porte mon fort coup d'aile,
Mon cri d'amour l'appellerait,
Viendrait la noble damoiselle,
Vite le verrou sauterait.

Et sur la nuque blanche et fière
Je saisirais ses tresses d'or
D'un bec sauvage. Adieu la terre,
Avec toi je prends mon essor !

Je m'envole à la mer immense
Et jusqu'au plus lointain récif,
Gonflé d'orgueil et d'espérance !...
Mais las ! mais las ! je suis captif [1].

Un vieux serviteur qui prend en pitié le pauvre
page le fait évader. Il prend la fuite : le voilà
libre. Libre ? Oui, c'est-à-dire proscrit, errant et
malheureux. Il se fait chanteur ambulant, car,
dans quel autre métier pourrait-il se bercer de sa
douleur ? Il court le pays, les carrefours des villes,
les foires, les châteaux, jetant sa tristesse en pâture
aux heureux pour une aumône. On l'aime dans
les fêtes seigneuriales, car il sait chanter les chants
d'amour. Mais que lui font ces festins, ces belles
dames, ces flambeaux, toute cette splendeur ? Des
aumônes et toujours des aumônes, du mépris et
encore du mépris, la solitude et rien que la solitude. Son cœur languit d'une soif d'amour que
rien n'étanche.

Combien d'années se passent ainsi ? le sait-il ?
Un jour une force irrésistible le ramène au château où toute sa félicité est ensevelie. Il apprend
en route que le comte est mort, que sa fille est
mariée. Qu'importe, il veut la revoir. Peut-être le

1. *Wunderhorn*, I, page 72.

prendra-t-elle à son service, maintenant qu'elle est châtelaine. Il arrive au château au cœur de l'hiver, pâle, défait, ses longues boucles pleines de givre. Il entre au jardin, les chemins sont déserts, il s'assied à l'écart. Tout à coup une porte s'ouvre et sur l'escalier apparaît la châtelaine en costume de chasse, toute vermeille et resplendissante de beauté. Déjà les fanfares résonnent aux alentours et la belle chasseresse semble les respirer avec orgueil et se gonfler de courage. Alors le page d'autrefois entonne d'une voix faible sa plus douce, sa plus triste romance :

Il neige, il vente, il neige,
Et l'hiver a soufflé.
Où donc m'abriterai-je ?
Les sentiers ont gelé.

Où reposer ma tête ?
Le repos est si doux !
O neiges, ô tempête,
Où donc m'emport'z-vous ?

O toi qui me fus chère,
Viens, ouvre par pitié
Tes bras à ma misère,
L'hiver sera passé !

Elle a écouté immobile et froide. Un instant elle semble hésiter, puis elle lui jette une pièce d'argent et rentre dans le château. Il voit tomber la pièce, il l'entend sonner sur la pierre, il voit disparaître la châtelaine, comme s'il entendait l'adieu d'une étrangère ou comme s'il rêvait. Enfin il comprend ; ses bras lui tombent, sa tête se penche, il reste ainsi plus d'une heure, puis il s'enfuit sans savoir où.

Longtemps encore on le voit errer sur les routes, mais il hante surtout les chemins solitaires. Lorsqu'il chante, c'est d'une voix voilée et les paroles qu'il murmure sont d'une morne tristesse :

> Sous les nuages sombres
> Dans les grands bois plein d'ombres,
> Où rien, où rien n'est plus joyeux
> Je me sens bien, je suis heureux.
> Mais quand les oiseaux sont en fête
> Mon cœur se trouble et s'inquiète,
> Et toi tu n'en crois rien !
>
> Tombez sur moi, montagnes,
> Et vous, sombres campagnes,
> Ouvrez vos plus profonds tombeaux.
> O terre, doux est ton repos.
> De là mon bon ange, s'il m'aime,
> Te portera l'adieu suprême.
> Mais tu n'en croiras rien !

Qu'est devenu le page errant ? Personne ne le sait. Il a disparu, et dans les fêtes des châteaux les femmes réclament en vain l'enfant aux yeux tristes et à la voix émouvante, qui savait tant et de si doux chants d'amour.

———

Ce n'est là qu'un des nombreux épisodes de l'amour malheureux dans cette poésie où se retrouvent toutes les situations de la vie. La tristesse, dont certaines chansons sont imprégnées, laisse entrevoir çà et là des abîmes de douleur et découvre ces ravages irrémédiables de la passion, qui amènent la mort lente ou le suicide. Quel découra-

1. *Wanderhorn*, II, p. 165. .

gement dans cette plainte étouffée : « O mes larmes, personnes ne vous estime! En cela, vous
ressemblez aux dons du ciel. Je suis pauvre en
toute chose, par vous je suis riche. » Et quel désespoir concentré, quelle soif du néant dans ces mots :
« Je voudrais être couché et dormir à plus de
mille toises dans le sein de la terre fraîche ! Tu ne
peux être à moi, je n'ai donc rien à espérer que
la fraîche tombe. Viens, terre, couvre-moi, sans
quoi je ne trouverai pas de repos. Efface mon nom,
éteins ces flammes d'amour, cet ardent brasier qui
brûle éternellement. » Quelle amertune par contre,
quel mépris viril dans cette explosion d'une colère
longtemps contenue : « Assez longtemps j'ai gardé
le silence, mais ton orgueil est monté trop haut !
Tu me méprises au point de rire de ma fidélité...
Ce que tu es, je le suis aussi. Qui me méprise, je le
méprise à mon tour. Ta beauté passera comme
une fleur des champs. Une gelée viendra pendant
la nuit et adieu la fleur superbe. J'ai bu du fiel et
du poison. Il sont descendus jusqu'au fond de
mon cœur, je n'ai presque plus de vie, il faut que
je m'en aille dans la fraîche tombe. »

Cette colère, qui finit ici par l'abattement, s'emporte ailleurs jusqu'à la vengeance. Un compagnon
revient dans sa ville natale pour y chercher sa fiancée. Il accourt le cœur débordant d'amour, de confiance et de joie. C'est au printemps ; le ciel rit, les
fleurs foisonnent, les enfants bondissent dans la
prairie, des fanfares retentissent dans la campagne.
Il tressaille d'impatience en s'élançant vers le seuil
de la bien-aimée ; toutes les puissances de son âme
se précipitent vers elle. Mais qui trouve-t-il?

Et quand il revient à sa porte
La belle au seuil attend :
« Dieu te salue, ma mie charmante
Que mon cœur aime tant. »

— « Et qu'as-tu besoin de m'aimer?
J'ai déjà mon mari.
Il est charmant, il sait me plaire,
Il m'aime et me nourrit. »

Et que tira-t-il de sa poche?
Un couteau reluisant.
Il le plonge au cœur de sa mie,
En fait jaillir le sang.

Il le tira de sa blessure,
Le sang coulait encor.
« Ah! Dieu du ciel sauve mon âme!
Que c'est amer la mort [1]! »

Rien de plus tragique et de plus inévitable que cette réponse du couteau à l'insolente provocation de la jeune fille. Ce changement instantané de l'amour extrême en haine sauvage est aussi fatal que terrible dans un tempérament de feu. On voit reculer le jeune homme, on le voit frissonner de la tête aux pieds, on voit le rouge lui monter au front et son amour insulté, bafoué, traîné dans la boue s'assouvir dans le sang.

Ces exemples sont loin d'épuiser la vie riche et luxuriante qui s'épanouit dans ces chants d'amour avec ses joies et ses déboires, ses rires et ses vengeances, mais ils en donnent les grandes situations et les notes fondamentales. L'amour pur et fidèle sanctifie la passion, ennoblit les amants ; la séduction suivie de l'abandon entraîne le désespoir et la

1. *Wunderhorn*, I, page 328.

mort; l'amour dédaigné se consume dans la solitude; la trahison enfante le suicide ou la vengeance. Jamais l'amour n'est considéré comme un passe-temps; lorsqu'il éclate il s'empare toujours de l'homme tout entier. Coupable, criminel, sanglant parfois, il est presque toujours profond, irrésistible. Qu'il soit d'ailleurs heureux ou malheureux, doux ou terrible, il est le rêve éternel de la muse populaire, je veux dire du peuple en ses heures d'aspiration supérieure. Lorsque, s'élevant de ses aventures personnelles à des pensées plus vastes, il songe à cet amour complet, absolu, qui ne vient qu'une fois et qui passe si vite, ses paroles comme ses mélodies respirent une tristesse vague et infinie.

La forêt reverdit, la neige fond aux bois. Ciel, prairie, buissons et ruisseaux, tout est en fête. Que va dire la payse à l'aubépine blanche qui perce les bourgeons reluisants! De quels tressaillements va-t-elle accueillir le rossignol qui essaie sa voix? Oh, cette verdure, ces buissons, ce rossignol, tout cela n'est pas pour elle. La vie n'a plus rien à lui offrir. Elle a aimé une fois, puis ç'a été fini pour toujours. Et tous les ans le printemps revient ainsi plus gai, plus beau que jamais, et tous les ans elle est plus triste. Elle pense à autrefois. Et puis il lui semble pourtant, quand les oiseaux chantent si fort et qu'il y a tant de fleurs dans les prés, qu'elle va de nouveau être heureuse. Elle chante bien doucement :

> Quand souffle la brise
> Sur les champs neigeux
> Violette s'avise
> De rouvrir ses yeux bleus.

L'oiseau par tristesse
Resté, las! sans voix,
De folle allégresse,
De folle allégresse!
Rechante au vert bois!

Fleurissent les roses,
Adieu, sombres jours.
Est-ce vrai que les roses
Font fleurir les amours?

La rose gentille
Fleurit tous les mais,
L'amour un jour brille,
L'amour — un jour brille,
Et puis — plus jamais!

La fleur printanière
Renaît tous les ans;
L'homme seul sur la terre,
L'homme n'a qu'un printemps.

L'oiseau revient vite
Au temps des amours,
Quand l'homme nous quitte,
Quand l'homme nous quitte,
Ah! c'est pour toujours[1]!

On peut retrouver les lois de l'univers dans un brin d'herbe et toute l'âme humaine dans une chansonnette. Immensité de l'espérance, immensité du désespoir, tout est là.

Ce n'est pas, comme chez les poètes de la désespérance, un doute sur l'amour lui-même, ce n'est que la mélancolie profonde inspirée par la destinée de l'homme, la plainte éternelle sur l'adieu inévitable, sur la séparation et la mort. Ce qui frappe dans

---

1. Voir la mélodie IV à la fin du volume.

les chants de ce peuple, c'est une foi illimitée en
l'amour comme en la plus grande puissance du
monde, comme en ce qu'il y a de plus beau et de
plus divin. Quand il se berce ainsi avec les ailes de
la mélodie sur les gouffres de l'âme et sur le mystère de l'éternité, il semble vouloir dire que l'amour
est le premier et le dernier mot de la création, le
seul principe de la vie, car seul il enfante les dé-
voûments sublimes. Voilà la pensée que le peuple
illustre souvent dans ses naïves ballades. Une jeune
fille a été prise par un corsaire et veut se racheter :

> O batelier ! mon gentil batelier,
> Au bord là-bas ne peux-tu naviguer ?
>   O batelier !
> Là j'ai mon père, il me chérit,
>   Il me délivrera d'ici,
> De ce vaisseau sombre et maudit.
> Le père vint, il marchait lentement.
> Sa fille en pleurs lui parle doucement :
>   O père !
> Donne pour moi ton chapeau rond,
> Rien qu'un chapeau pour ma rançon.
>   — Je ne puis donner mon chapeau,
> Va-t'en, va-t'en sur ton vaisseau.
> Que le vaisseau vogue et tournoie,
> Qu'Adélaïde au fond des mers se noie.
> O batelier ! mon gentil batelier,
> Au bord là-bas ne peux-tu naviguer ?
>   O batelier !
> Là j'ai mon frère, il me chérit,
>   Il me délivrera d'ici,
> De ce vaisseau sombre et maudit.
> Le frère vint, il marchait lentement.
> Sa sœur vers lui se tourne tristement :
>   O frère !
> Donne ton manteau brun pour moi,
> Ton manteau me délivrera

De ce vaisseau sombre et maudit.
— Je ne puis donner mon manteau,
Va-t'en, va-t'en sur ton vaisseau.
Que le vaisseau vogue et tournoie.
Qu'Adélaïde au fond des mers se noie.
O batelier ! mon gentil batelier,
Au bord là-bas ne peux-tu naviguer ?
        O batelier !
Il me reste encor mon ami,
    Qui me délivrera d'ici,
De ce vaisseau sombre et maudit.
Quand l'ami vint, il courait promptement.
Sa mie vers lui se tourne tristement :
    O mon ami, vends-toi rameur,
Sauve ma vie et mon honneur,
Sauve-moi du vaisseau maudit.
— Oui, je veux sauver ton honneur,
Pour toi je me vendrai rameur.
O viens, accours et sois joyeuse,
Qu'Adélaïde à jamais vive heureuse !

L'amour à sa plus haute puissance est de nature
divine. Rien ne l'arrête, et la mort pour l'être aimé
est sa félicité suprême, car il aspire à s'absorber en
lui, à se confondre avec lui dans une adoration infinie. Quand le monde lui oppose des barrières in-
franchissables il s'y heurte et s'y brise, mais en s'y
brisant il affirme encore sa puissance éternelle, il
triomphe et s'assouvit dans le néant. Cet amour
plus fort que la mort est royalement célébré dans la
ballade des *Deux Enfants de roi* :

Il était deux enfants de roi,
Deux fiers enfants, s'aimant d'amour ;
Ils ne pouvaient s'aimer en paix,
Entre eux la mer grondait toujours.

— Ami, ne sais-tu pas nager ?
La nuit tu nageras vers moi.

Je veux allumer deux lumières,
Deux phares qui luiront pour toi. --

Tout près de là guettait la nonne
Et la perfide l'entendit.
Elle éteignit les deux lumières,
Au sein des flots resta l'ami.

C'était le matin, un dimanche,
Tout le monde était si joyeux,
Non pas la fille de la reine,
Les larmes brillaient dans ses yeux.

— O mère, dit-elle, ô ma mère !
Mes yeux me font un mal ardent,
Ne puis-je pas aller une heure
Aux falaises de l'océan ?

— Ma fille, dit-elle, ô ma fille !
Seule tu ne saurais aller,
Vas éveiller ta sœur cadette,
Elle pourra t'accompagner.

— Non mère, car ma sœur cadette,
N'est encore qu'un fol enfant.
Elle arrachera les fleurettes
Qui croissent près de l'océan.

Si même elle prend les bruyères
Et laisse les roses en paix,
On dira pourtant sur la côte:
C'est l'enfant du roi qui l'a fait.

— O mère, dit-elle, ô ma mère !
Mes yeux me font un mal ardent.
Ne puis-je pas aller une heure
Aux falaises de l'océan ?

— Ma fille, dit-elle, ô ma fille,
Seule tu ne saurais aller.
Réveille ton plus jeune frère,
C'est lui qui doit t'accompagner.

— Mais, hélas ! mon plus jeune frère

N'est encore qu'un fol enfant.
Il me tuera tous les oiseaux,
Qui volent près de l'océan !

Et s'il ne tuait que les aigles
Et laissait la colombe en paix,
On dirait pourtant sur la côte :
C'est l'enfant du roi qui l'a fait.

— O mère, dit-elle, ô ma mère !
Mon cœur me fait un mal ardent,
Que d'autres aillent à l'église
Je vais prier à l'océan ! —

Puis elle plaça sur sa tête
Son diadème étincelant,
Puis elle mit à sa main blanche
Son anneau d'or pur scintillant.

La mère entra seule à l'église,
La fille vers la mer alla,
Erra longtemps sur la falaise,
Puis un pêcheur elle trouva.

— Pêcheur, bon pêcheur de la côte,
Le plus beau salaire est à toi,
Va, jette tes filets dans l'onde
Et pêche-moi le fils de roi. —

Il jeta ses filets dans l'onde,
Dans le gouffre noir et profond,
Il pêcha, pêcha sans relâche,
Tira le fils de roi du fond.

Et de son front la noble vierge
Prit la couronne d'or des rois :
— Voilà, bon pêcheur, pour ta peine
Le salaire que je te dois. —

Elle ôta de sa main royale
L'anneau resplendissant des rois.
— Voilà, bon pêcheur, pour ta peine
Le salaire que je te dois. —

Elle prit dans ses bras de neige
L'ami, puis regardant les cieux,
Elle s'élança dans les vagues :
— O mon père, ô ma mère, adieu [1] !

La puissance victorieuse de l'amour, son triomphe dans la mort ne sauraient être plus fièrement chantés. A ces nobles accents les figures de Tristan et d'Iseult, de Roméo et de Juliette nous reviennent à la mémoire. Le peuple en ses rêves ébauche l'idéal qu'achèvent les grands poètes. Belle et pure poésie, qui dans sa naïveté pressent les puissances divines de l'âme et les grands problèmes de la vie. O vous, qui êtes fatigués des passions malsaines d'une civilisation blasée, vous qui riez amèrement des orgueilleux mensonges d'une poésie décrépite, prenez le sentier perdu qui mène à la poésie primitive des races jeunes. Ne vous effrayez pas des ronces qui croissent sous vos pieds, des folles fougères qui envahissent ces sauvages vallées, des chênes torses qui s'étreignent dans le fouillis inextricable des âpres forêts. Poussez plus avant ; gravissez les hautes montagnes. Plus d'une fleur modeste encore pleine de rosée vous enverra ses senteurs agrestes, plus d'un oiseau étrange vous accueillera de ses risées éclatantes, et l'air vif qui souffle à travers l'azur intense du ciel vous enverra des torrents de jeunesse. Et non loin des cimes altières qu'habitent les dieux oubliés, sous les berceaux entrelacés d'une forêt dormante, vous trouverez l'humble source des chants d'amour, tant visitée du peuple d'autrefois, et que les Grecs

---

1, *Wunderhorn*, I, p. 336.

auraient consacrée à quelque divinité. Que d'amants
éperdus ont prêté l'oreille à sa voix amie, que de
mâles génies se sont rajeunis par ses ondes limpi-
des. Ici aiment à s'asseoir les simples et les sages,
les jeunes et les forts. Écoutez ! la source parle
encore ; c'est l'âme primitive, c'est l'âme éternelle
de l'humanité qui semble murmurer dans le silence
de la solitude le doux refrain du peuple : « L'a-
mour ne mourra pas en moi, oh, crois-le-moi ! »

VI

LA VIE RELIGIEUSE

Pourquoi chantes-tu tout à coup ? disait l'É-
glise au peuple, — Je chante ! car je sens que je
serai libre !

—

— Si tu sors de l'Église, ou veux-tu rester ?
— Sous le ciel.

LUTHER

L'Église catholique et ses hymnes. — Le peuple et ses légendes. — Luther, la Réforme et les cantiques protestants. — Affranchissement de la poésie religieuse ; elle
quitte l'Église pour la Nature et l'Humanité.

Le peuple allemand a déposé dans ses chants d'a-
mour les trésors les plus cachés de son cœur. C'est
là peut-être qu'il a mis le plus de piété et de religion. Ce n'est pas cependant qu'en sa poésie naïve
il ne se soit élevé jusqu'à la religion dans une acception plus large. Le sentiment religieux occupe
une grande place dans la poésie du peuple où l'homme se montre toujours tout entier. Car l'homme
est religieux par nature. Quel qu'il soit, simple ou
réfléchi, croyant ou sceptique, il éprouve quelque
chose en présence de l'infini et de l'éternité, il sent
qu'il y a un lien mystérieux entre lui et les êtres
innombrables qui peuplent le monde. Quel que soit

l'être suprème auquel il se rattache, qu'il adore
Jéhovah, Dieu ou l'Esprit qui respireen toute chose
et qui parle dans sa conscience, pourvu qu'il adore
il est religieux. Et ce sentiment, vaste et profond,
fatal comme son âme, en sera la plus haute expression. La vraie poésie sera donc religieuse, mais elle
peut l'être de mille manières. Le poète philosophe,
par exemple, n'ira pas chercher le divin dans un
monde surnaturel. Il saura le trouver partout, il le
verra tressaillir dans la vie inépuisable de la nature
et triompher dans la noblesse humaine. Mais pour
l'humble poète populaire qui est sous le coup des
misères de la vie il faut qu'il y ait un ciel, un Dieu
et des saints, vivantes images de toutes les perfec-
tions. Il y croit, il les aime et après les avoir revê-
tus, sans le savoir, des splendeurs de sa propre
âme, il se prosterne devant eux. Sa légende naïve
et pittoresque refait en petit ce que les religions
font en grand.

Un groupe important manquerait dans ce tableau
de la poésie populaire en Allemagne, si l'on n'y
joignait les chants religieux du peuple. Par l'époque
de leur apparition et par le sentiment qui les inspira, ces chants tiennent le milieu entre les hymnes latins de l'Eglise catholique et les cantiques de
l'Eglise protestante. Placés entre ces deux extrèmes
ils s'éclairent d'une lumière plus vive. L'histoire
de la poésie rompt le sceau des cœurs et redit les
révolutions religieuses, qui s'accomplissent de siècle en siècle, au fond des consciences. Les hymnes
latins du moyen âge, les légendes du peuple, les
cantiques protestants sont autant de formes diverses du sentiment chrétien. En passant par l'Eglise,

le peuple et la réforme, le christianisme se métamorphose sans cesse, et les harmonies majestueuses
ou enfantines, suaves ou héroïques de ces strophes
qui élevèrent tant d'âmes vers le ciel nous répètent,
en nous émouvant encore, que les religions ne sont
rien par elles-mêmes, mais tout par ceux qui les
font.

L'Église catholique a marqué ses chants latins
d'un cachet indélébile. A leur accent, elle se
redresse devant nous dans sa grandeur magnifique
et sombre; ambitieuse cathédrale, elle ne sait rien,
elle ne veut rien savoir de la cité travailleuse qui
grandit à ses pieds. Elle représente le ciel sur la
terre, le reste ne l'inquiète pas. Assise sur la tradition comme sur un fondement indestructible, elle
s'élève lentement avec son peuple de martyrs et de
saints, et tandis qu'on commence à la saper par la
base, elle aspire à percer les nuages de sa flèche
mystique et à régner sur le monde.

Mystique par sa poésie, ascétique par sa morale,
cette Église s'empare d'abord des idées et des sentiments les plus féconds du christianisme; c'est par
là qu'elle convertit l'Occident. Mais plus elle se
consolide, plus elle tend à absorber la vie religieuse;
c'est par là qu'elle opprime les peuples. Menaçante, elle s'interpose entre Dieu et les hommes,
et met une barrière infranchissable entre le ciel et
la terre, le prêtre et le peuple, entre la vie divine
et la vie humaine. Que pourrait être la poésie dans
cette religion, sinon l'accompagnement solennel du
culte? De là son uniformité. Chez toutes les nations
elles se ressemble; toujours la langue latine, toujours la même inspiration. Ces hymnes ne sont

pas italiens, français ou allemands, ils sont catholiques et romains. L'originalité des peuples et des individus ne peut rompre ni la chape de plomb de l'orthodoxie, ni le moule de fer de la langue latine. Ce qu'ils célèbrent, c'est l'immuable, c'est ce qui doit demeurer partout et toujours, c'est ce monde surnaturel devant lequel l'autre n'est rien, ce sont les mystères rayonnants de Dieu, que l'humanité contemple du fond de sa nuit maudite, c'est l'histoire sainte devant laquelle doivent pâlir toutes les histoires profanes. La mise en scène du culte ne fait que rendre plus sensible l'abîme qui sépare le ciel et la terre. Point de communication entre le peuple et son Dieu. Il ne lui parle que par ses ministres. La foule est agenouillée dans la nef et les prêtres psalmodient au fond de l'abside les hymnes qui ravissent les âmes, au-dessus de la terre, dans un nuage d'encens.

L'idée qui plane sur l'Église primitive en Occident, c'est celle du Dieu unique et tout-puissant. C'est lui dont la majesté souveraine renverse les chênes sacrés des vieux Germains et courbe la nuque rebelle des barbares; c'est lui qui tonne par la voix de l'apôtre des Frisons et sévit avec l'épée de Charlemagne; c'est à lui surtout que s'adressent les plus vieux hymnes de l'Église. C'est pour le chercher que le peuple se presse dans la puissante basilique romaine, aux forts piliers qui défient les siècles, dans ce temple, sanctuaire de l'éternité au milieu des vaines tempêtes de ce monde. Là tous sont confondus au même niveau, le Dieu souverain courbe d'un même souffle la tête de l'artisan, du chevalier et du roi. L'orgue roule à travers les portiques ses ondes colossales, qui enveloppent les colonnes massives et vont gémir dans les profondeurs sombres de l'édifice. La nuit règne dans la nef, mais les cierges brillent dans le chœur et les prêtres chantent le roi des rois :

> Tibi omnes angeli, tibi cœli
> Et universæ potestates,
> Tibi Cherubim et Seraphim
> Incessabili voce proclamant :
>
> Sanctus, sanctus, sanctus
> Dominus, Deus Sabaoth !
> Pleni sunt cœli et terra
> Majestate gloriæ tuæ [1].

Les fidèles ne comprennent pas cette langue, mais ils savent qu'on célèbre le Très-Haut. Les plus exaltés relèvent la tête, ils voient la voûte s'ouvrir et leurs yeux nagent dans des gloires ineffables. Elle est là l'Église triomphante, rangée en sept cercles mystiques, les uns au-dessus des autres, toujours plus étroits et toujours plus brillants. Ils sont là, tous les élus resplendissants de blancheur, noyés dans les flots d'or des soleils radieux, en bas la foule bienheureuse des pécheurs pardonnés, plus haut les armées des docteurs pieux et des saints en extase, plus haut encore les martyrs tranfigurés portant leurs palmes, enfin, les prophètes aux yeux

---

1. A toi tous les anges, à toi les cieux et toutes les puissances de l'univers, à toi les chérubins et les séraphins répètent d'une voix éternelle : Saint, saint, saint est le Seigneur Dieu Sabaoth ! Les cieux et la terre sont remplis de la majesté de ta gloire. — Hymne d'Ambroise, IVᵉ siècle. — *Das deutsche Kirchenlied*, v. *Philipe Waekernagel*, t. I, page 24.

foudroyants, les Archanges et les Dominations prosternés devant le Père éternel.

Vision imposante, où le chrétien n'a plus conscience de lui-même que dans le saint des saints ! Fuir hors de la nature, échapper à la vie réelle pour s'abîmer dans la grandeur de Dieu est l'effort constant de ces hymnes. Mais à ces extases succède fatalement le réveil, et tout ce qui reste à l'âme de ses sublimes élévations, c'est le sentiment de son impuissance. Plus elle s'est prosternée devant le Dieu tout-puissant, plus elle se trouve misérable. Plus elle a vu sa pureté éblouissante, plus elle se trouve impure et coupable. Elle est flétrie par la faute originelle. Le Dieu pur esprit lui commande de mortifier la chair, mais le désir la transperce de flèches enflammées. Le Dieu jaloux veut qu'elle s'humilie et l'orgueil la consume. Livrée à elle-même, elle se croit damnée et s'écrie dans sa honte : « Je ne suis pas digne d'élever mes yeux infortunés vers les astres brillants du ciel, oppressée sous le poids écrasant de mes péchés. Épargne-moi, Rédempteur... Pleurez avec moi, astres rougissants, mugissez avec moi, bêtes qui habitez les forêts et répétez : Tu es maudit, toi qui gémis sous ton crime impie [1]. »

La rupture entre Dieu et l'homme est complète. Les magnifiques élancements des hymnes ne peuvent l'émouvoir. Sa majesté est trop effrayante. Il faut un rédempteur humain à la créature, et elle le trouve dans le Christ crucifié. Dieu incarné dans un homme est un non-sens pour la raison, mais il sort psychologiquement des émotions et des

---

1. *Hymne d'Hilarius*. — *Wackernagel*, t. I, page 12.

désirs de l'âme chrétienne à laquelle Dieu le père ne suffit plus. Elle a besoin de voir son Dieu, de l'aimer, c'est pour cela qu'elle le fera homme. Elle a besoin d'être sauvée, c'est pour cela que Dieu videra pour elle le calice des douleurs humaines. Être tout-puissant, éternel et parfait, cela est divin, mais aimer et souffrir infiniment pour les autres est plus divin encore; voilà le fond humain du mystère de l'incarnation et de la passion du Christ. De là ces hymmes innombrables au crucifié où le chrétien s'identifie avec Jésus. Ce culte de la douleur va jusqu'au délire, comme chez Bernard de Clairvaux, qui s'adresse successivement aux pieds sanglants, aux genoux, aux mains percées de clous, au flanc déchiré, à la tête couronnée d'épines du Sauveur. Le chrétien exalté veut refaire la passion de son maître et cherche la félicité céleste dans le paroxysme de la douleur.

Ce Dieu expiatoire ne suffit pas encore au croyant. Car, au dernier jour, Dieu le jugera, et alors malheur à ceux qui auront manqué à ces commandements. L'agneau deviendra le lion. Dieu le père est là pour créer le monde, le fils pour expier et pour juger à la fin, mais pour pardonner il faut une femme dans le ciel. Voilà pourquoi Marie finit par prendre la première place dans la poésie du moyen âge. Elle complète la famille divine. Si Dieu est l'inaccessible majesté, si Jésus est la souffrance et la justice, Marie est la mansuétude infinie. C'est parce qu'elle a le plus souffert en silence qu'elle pourra pardonner le plus. Les poètes de l'Église contemplent son âme comme une mer de douleur et d'amour, dans laquelle ils aiment à se mirer.

Stabat mater dolorosa
Juxta crucem lacrymosa
Dum pendebat filius,
Cujus animam gementem
Contristatam et dolentem
Pertransivit gladius [1].

C'est par la logique du cœur humain que Marie devient la première divinité du moyen âge. Le père appelait le fils et le fils appelait la mère. Mère par l'immensité de l'amour, vierge par la pureté de l'âme, elle réunit en elle ce sentiment profond et cette vertu chaste qui font la puissance de la femme. Voilà pourquoi le cœur de Marie devient le centre ardent de l'univers catholique, le foyer d'amour et de grâce auquel tout aspire. Les hymnes sur elle ne tarissent pas. Elle est tour à tour la rose flamboyante, le lis immaculé, l'étoile du soir qui monte au-dessus de la sombre mer. La terre et le ciel l'adorent :

Ad te clamant miseri
De valle miseriæ,
Te adorant superi
Matrem omnis gratiæ,
O sanctissima Maria !...

Le culte de Dieu, de Jésus et de Marie sont les trois grandes pensées de ces hymnes qui se répè-

---

[1]. Elle était debout la mère douloureuse devant la croix, la mère tout en larmes, devant le fils crucifié ; et son âme gémissante, contristée et pleine de douleurs, fut percée d'un glaive. — *Planctus beatæ Virginis*, attribué à Innocent III. Voyez Wackernagel, t. I, page 136.

1. C'est toi qu'invoquent les malheureux du fond de leur vallée de larmes, c'est toi qu'adorent ceux d'en haut, mère de toute grâce, ô sainte Marie! — xiiie siècle. — Wackernagel, t. I, page 151.

tent de siècle en siècle avec une monotonie grandiose. Ils méprisent la terre et invitent à la contemplation du ciel. Ce sont parfois de magnifiques
élans vers l'idéal, mais ils manquent de cette joie
qui aide à vivre, de cette force qui pousse à l'action,
de cette foi dans l'homme qui grandit l'homme. Ils
sont pénétrés de Dieu, mais ils le placent hors de
portée de l'homme. Dans cette religion, l'humanité
en proie au péché est perdue sans retour dans ce
monde, masse confuse entraînée par le torrent de
ses vices et de ses crimes vers le jugement dernier.
C'est dans le chant du *Dies iræ* que la pensée du
moyen âge apparaît dans ce qu'elle a de plus désespéré :

> Dies iræ, dies illa
> Solvet sæclum in favilla,
> Teste David cum Sybilla.
>
> Quantus tremor est futurus,
> Quando judex est venturus
> Cuncta stricte discussurus.
>
> Tuba mirum sparget sonum
> Per sepulcra regionum
> Coget omnes ante thronum.
>
> Mors stupebit et natura,
> Cum resurget creatura,
> Judicanti responsura.
>
> Liber scriptus proferetur,
> In quo totum continetur,
> Unde mundus judicetur.
>
> Judex ergo cum sedebit
> Quidquid latet apparebit
> Nil inultum remanebit.
>
> Quid sum miser tum dicturus,

Quem patronum rogaturus ?
Dum vix justus sit securus.

Rex tremendæ majestatis
Qui salvandos salvas gratis,
Salva me, fons pietatis, etc... [1].

La poésie chrétienne n'a rien de plus grandiose. Ici la langue latine produit des effets sublimes. Son accent implacable résonne, transperce, épouvante comme la trompette du jugement dernier qui retintit seule à travers les sépulcres des régions. Cet hymne, le plus beau du moyen âge, est aussi son dernier mot sur l'humanité.

Telle est, dans ses grands traits, la poésie latine de l'Église catholique. Née dans le temple, faite pour le culte, elle n'en sortit jamais. Elle fut la consolation des saints, des pères, des docteurs de l'Église, des prêtres qui chantaient ces hymnes et en comprenaient le sens. Mais que pouvait-elle être au peuple qui n'en comprenait même pas la langue ?

---

1. Ce jour de colère, ce jour-là réduira l'humanité en poussière ; témoins David et la Sybille.

Il sera terrible le tremblement, quand viendra le juge pour tout sonder sans pitié.

La trompette poussera un son effrayant à travers les sépulcres des régions et chassera les âmes devant le trône.

La mort et la nature resteront stupéfaites quand ressuscitera la créature pour répondre au juge.

Le livre sera mis en avant dans lequel tout est écrit, dans lequel est marquée l'histoire du monde.

Quand donc le juge sera assis, tout ce qui est caché apparaîtra et rien ne restera sans vengeance.

Que dirai-je alors, malheureux ? Lequel des saints invoquerai-je, quand le juste à peine sera en sécurité ?

Roi de majesté terrible, qui sauves par grâce ceux qui doivent être sauvés, sauve-moi, source de piété.

Dies iræ de Thomas de Celano, xiiᵉ siècle. — Wackernagel, t. I, page 157.

Sans doute la pompe du culte, les graves modulations de l'orgue et la splendeur des cérémonies
fournissaient un aliment à son imagination. Dans
la pensée de l'Eglise, ces émotions superficielles devaient lui suffire, car tout ce qu'elle exige du peuple, c'est la soumission : en retour elle lui promet
le salut. Il assistait donc au culte avec une piété
enfantine. Mais il prenait un intérêt trop vif à la
religion, pour se contenter de ce rôle passif. Ces
hymnes chantés en latin ne semblaient-ils pas faits
pour éloigner de lui la divinité ? Pour la comprendre, il avait besoin qu'elle descendît vers lui ; pour
l'aimer, il voulait la voir se mêler à sa vie. Il se fit
donc sa poésie religieuse à lui, dans sa langue et
selon son cœur. C'est ainsi que le sentiment religieux individuel, refoulé par le catholicisme, prend
sa revanche dans la légende populaire. Avec elle,
nous sortons des murs sombres de la cathédrale,
pour rentrer sous le ciel serein de la nature. Soumis encore par sa foi au dogme catholique, le peuple s'en affranchit sans le savoir dans la naïveté
de son cœur, et se prépare en silence à une grande
révolution morale en s'abandonnant aux hardiesses
de son imagination et aux inspirations de sa conscience.

Le peuple allemand, nous l'avons vu, adore la
nature dans sa poésie. Tantôt il se plonge dans
son sein avec les génies des eaux et des forêts, tantôt il la célèbre dans l'ivresse du vin et dans le
débordement de ses passions, tantôt il la divinise
dans ses chants d'amour. Ces refrains graves ou
folâtres, rieurs ou attendris, sont autant de défis
jetés à l'ascétisme chrétien. Le même souffle tra-

verse ses légendes religieuses. Ce n'est point qu'il rabaisse l'histoire biblique au niveau des vulgaires aventures. Loin de là ; devant les douces figures de Jésus et de Marie, il s'agenouille, il se sent en présence de quelque chose de divin. Mais dans la reine du ciel, dans le fils de Dieu, il ne voit que le côté humain, l'amour infini, la douleur profonde, le sacrifice sans bornes. Voilà ce qu'il adore, sans s'inquiéter du dogme et de l'Eglise, et voilà aussi le fond éternel et vraiment divin de la pensée religieuse.

Si la poésie de l'Église catholique est une perpétuelle élévation de l'âme vers le ciel, celle du peuple ramène sans cesse le ciel sur la terre. Elle ne célèbre pas un Dieu inaccessible, mais un Dieu aux traits humains qu'elle fait agir et parler comme tel autre de ses héros. Elle ne subtilise pas sur le mystère de la passion du Christ, elle la raconte comme un drame émouvant et sublime. « Marie vint sous la croix et vit son enfant chéri crucifié. Elle détourna les yeux, le cœur de Marie se brisa. — Jean, mon disciple bien-aimé, prends ma mère sous ta garde, prends-la par la main, conduis-la loin d'ici pour qu'elle ne voie point mon martyre. — Ah, seigneur, je le ferai de grand cœur, je la conduirai loin d'ici, je veux la consoler comme un enfant doit consoler sa mère. — Il la prit par sa main droite et la conduisit loin de la croix. Loin de son fils elle n'aimait pas aller. Le cœur de Marie se brisa. — Et maintenant, dit-elle, courbez-vous, forêts, pliez, branches des arbres, mon enfant souffre, mon enfant n'a point de repos. Courbez-vous, feuillages, et toi, herbe verte, prends à cœur

sa douleur. — Les grands arbres se courbèrent,
les durs rochers se fendirent, le soleil refusa son
éclat, les oiseaux cessèrent d'appeler, les nuées
crièrent : malheur! malheur! La terre craqua dans
ses fondements, les sépulcres s'ouvrirent avec fracas et les morts en sortirent [1]. » Dans toute cette
histoire le peuple n'a vu que la sollicitude du fils
mourant et la douleur de la mère; pour lui les
bouleversements de la nature ne sont que l'expression majestueuse de cette douleur divine.

Mais le peuple s'en tient rarement au récit
biblique. Il a sa révélation à lui, ses miracles, ses
apparitions. Dans les cathédrales, la voix des prêtres étouffe son âme, mais dans le silence des bois,
il écoute les voix de son cœur. Jésus est aussi des-
cendu sur ses montagnes, Marie a aussi traversé
ses vallées. Ils habitent le ciel, mais ils se souvien-
nent de la terre, et comment oublieraient-ils les
enfants des hommes! Ainsi pense le peuple. Et le
pâtre les voit reparaître dans les solitudes des
Alpes, et le pêcheur les voit errer au bord de la
mer. Un jour, un pêcheur rencontre Marie sur la
plage, mais il ne la reconnaît pas. Elle lui demande
s'il veut la conduire à l'autre rivage dans sa barque. Le pêcheur y consent, mais, pour salaire, il
demande à cette femme si belle son amour et son
honneur. Alors Marie continue seule son chemin
et soulevant le bord de sa robe elle pose son pied
dans la mer profonde comme si c'était un gué.
Lorsqu'elle arrive au milieu de la mer, toutes les
cloches petites et grandes se mettent en branle.

---

1. *Wunderhorn*, t. I, page 146. édition 1857.

Lorsqu'elle arrive à l'autre rivage, elle s'agenouille et son auréole resplendit autour d'elle. Alors le pêcheur la reconnaît, il voit qu'il a outragé la mère de Jésus et son cœur se brise d'un coup. Rêve d'enfant, si l'on veut, mais rêve profond. Car comment peindre en traits plus vifs et plus pittoresques l'humilité et la candeur virginales, comment mieux traduire leur puissance extraordinaire sur le cœur de l'homme même corrompu.

Marie « la sainte dame », comme dit le peuple, si modeste, si pieuse et si pure, est aussi la moins sévère pour les autres. Si quelqu'un pardonne de grand cœur, c'est elle. Tandis que saint Pierre, gardien jaloux de la porte du paradis, renvoie sans pitié les pauvres âmes pour la moindre des peccadilles, Marie les absout et les ramène, au grand scandale de l'apôtre rigoriste. Deux sœurs moururent en une nuit, dit une ballade. Elles se présentent à la porte du paradis. Saint Pierre reçoit l'une et renvoie l'autre. Tristement, elle prend le chemin de l'enfer, quand Marie la rencontre et lui dit : — Où vas-tu ? où vas-tu, pauvre âme ? Viens, nous allons entrer auprès de Dieu. — J'ai déjà frappé à sa porte. Saint Pierre me l'a défendue. — Quel péché as-tu donc commis pour qu'on te défende le ciel ? — Je suis allée tous les samedis soirs à la danse joyeuse. — Si tu n'as point commis d'autre péché, tu peux bien entrer au ciel... Marie la prit par la main et la conduisit dans le pays de promission [1]. »

Marie est surtout l'amie des pauvres et des affligés.

1. *Wunderhorn*, t, II, page 167.

Humble, elle aime les humbles, riches en douleurs ;
elle aime ceux qui souffrent, elle est la confidente
des cœurs abandonnés et la consolatrice de ceux
qui n'ont plus la force d'exprimer leurs souffrances.
Son image placée au bord des routes, dans un rocher près d'une source jaillissante ou dans le tronc
d'un vieil arbre au fond des bois, recueille les prières
les plus ardentes. Deux strophes adressées à une
pauvre femme en pèlerinage font mieux deviner
que tout le reste ce que le peuple a mis de douceur,
de tristesse et de consolation dans cette figure de
Marie.

> Pauvre femme, au front abattu
> Par ces montagnes où vas-tu ?
> Dans ton lointain pèlerinage
> Repose-toi sous cette image.
> Viens rafraîchir tes pieds brûlants
> Dans l'onde des ruisseaux coulants.
> La vierge ici, la douce mère
> Demande à ton cœur son mystère.
>
> Si tu n'as rien à lui donner,
> Tes larmes te feront aimer.
> Élève tes regards humides
> Vers ses beaux yeux purs et limpides.
> Ils te souriront doucement,
> Plus qu'à l'éclat d'un diamant.
> Prie en silence, femme, ô prie !
> T'aimera le cœur de Marie[1].

La figure de Jésus n'est pas moins aimée du peuple que celle de sa mère. Une auréole plus éclatante
entoure sa tête suave, un rayon plus céleste resplendit sur sa face et annonce le fils de Dieu. Elle

---

1. Simrok, *Volkslieder*, page 142.

pardonne et console; il émeut et convertit. Comme sa mère il ne se trahit pas toujours tout de suite et va trouver de préférence ceux qui le connaissent le moins. Quelle touchante histoire, par exemple, que celle de la fillette du sultan! Le sultan est pour le peuple l'ennemi juré de la chrétienté, le païen par excellence, mais il a une fille bonne et pieuse, qui pressent dans son cœur un Dieu qu'elle n'a jamais entendu nommer :

> Le sultan avait un' fillette
>   Qui se levait matin,
> Pour arroser mainte fleurette
>   Au fond de son jardin.
>
> Quand ell' vit s'ouvrir ces fleurettes,
>   Sous la rosée en pleurs,
> La vierge dit : Qui vous a faites,
>   Mes chères belles fleurs?
>
> Il faut que ce soit un grand maître,
>   Un riche et beau seigneur.
> ui sur la terre vous fait naître
>   Et croître en son honneur.
>
> Je l'aime du fond de mon âme,
>   Mais comment le trouver?
> Pour lui je quitterais mon père,
>   Ses fleurs j'irais soigner.
>
> A minuit sans lampe et sans cierge,
>   Le front tout rayonnant.
> Vient un jeune homme : O belle vierge,
>   Le fiancé t'attend.
>
> Vit' la fillette se réveille,
>   A la fenêtre court;
> Et c'est Jésus son doux ami,
>   Resplendissant d'amour.

Elle ouvre sa porte, et joyeuse
  S'incline doucement :
— Sois le bienvenu, beau jeune homme,
  Dit-elle gentiment.

De quel pays, de quelle terre
  Arrives-tu, dis-moi ?
Dans le royaume de mon père,
  Nul n'est si beau que toi.

  — Tu songeais à moi, belle vierge,
  Je suis venu pour toi.
Quittant le royaum' de mon père ;
  Car ces fleurs sont à moi.

O maître, ô maître à quell' distance
  Est ce lieu de beauté,
Que j'y soign' tes fleurs en silence,
  En toute éternité.

  — Il est à plus de mille lieues,
  Le royaume éternel.
Et la plus belle des couronnes
  T'attend au fond du ciel.

Alors il prit de sa main blanche
  Un anneau d'or brillant :
— Serais-tu pas ma fiancée,
  Fillette du sultan ?

Comme elle offrait toute son âme,
  Jésus saigna d'amour :
— Pourquoi ton cœur est-il si rouge,
  De roses, mon amour !

  — C'est pour toi que je port' ces roses
  Qui fleuriront toujours,
C'est pour toi qu'elles sont écloses
  Quand je suis mort d'amour.

Viens donc, viens donc, ma fiancée,
  Vers mon père éternel, —

En Jésus ell' s'est confiée,
    Sa couronne est au ciel [1].

Cette légende rappelle les peintures sur fond d'or
de Fra Angelico de Fiesole, où les anges embrassent les bienheureux au milieu des fleurs mystiques
du paradis, mais d'un mouvement si chaste qu'aucune émotion des sens ne nous effleure devant eux.
L'histoire assurément n'est pas d'une orthodoxie
scrupuleuse, mais voici une légende beaucoup plus
hérétique encore, qui nie tout simplement l'infailli-
bilité du pape. C'est celle du Tannhauser.

Tannhauser était un chevalier vaillant qui voulait voir grandes merveilles. Il parcourt le pays célé-
brant et aimant les plus belles femmes. Un jour,
lassé des femmes de la terre, il convoite les déesses
et entre dans la montagne de Vénus. Selon une
vieille tradition allemande, Vénus, la déesse infer-
nale, l'incarnation de la volupté, du péché par
excellence, a été reléguée dans une montagne, loin
des hommes. Là, par ses puissantes incantations,
elle s'est créé un nouveau royaume, plein de lacs
magiques, de bosquets parfumés et de cavernes
mystérieuses, où elle règne avec ses nymphes et
ses sirènes. De temps en temps, un homme, poussé
par un désir téméraire, pénètre dans la montagne
fatale, mais jamais aucun d'eux n'en est revenu.
Tannhauser, dévoré d'une soif insatiable de volupté,
y entre sans crainte, malgré les avertissements du
fidèle Eckart. Subjugué par la beauté démoniaque
de Vénus, il jure dans ses bras de ne jamais la
quitter. Mais bientôt le remords le saisit, il regrette

1. Simrock, *Volkslieder*, page 155.

le ciel, le son des cloches et la Vierge Marie, qui
fut son premier culte, et veut partir. Alors Vénus
lui rappelle son serment :

> — Beau chevalier, tu sais, je t'aime !
>   Il faut t'en souvenir.
> Ne m'as-tu pas juré toi-même
>   De ne jamais partir ?

> — Non, à tes chaînes, sur mon âme,
>   Je n'ai pu me river.
> Si j'étais ton esclave, ô femme,
>   Dieu m'aide à me venger !

> — Reste avec moi dans ma montagne,
>   Enlacé dans mes bras.
> Reste et prends ma belle compagne,
>   Pour femme tu l'auras.

> — Qu'y gagnerai-je si je l'aime,
>   O fatale beauté ?
> L'enfer m'engloutira quand même....
>   O sombre éternité !

> — L'enfer te trouble et te tourmente,
>   En as-tu fait le tour ?
> Songe à ma bouche rouge, ardente,
>   Qui chante et rit d'amour.

> — Que me font tes baisers de flamme ?
>   Je n'y veux revenir.
> Par l'honneur sacré de la femme,
>   Vénus, je veux partir !

> — Peux-tu ? mon charme dure encore,
>   Mon royaume est fermé.
> Dans la caverne où je t'adore,
>   Reviens, mon bien-aimé !

> — Ah ! je suis las de tes caresses,
>   Je connais ton vrai nom.
> Vénus, ô reine des déesses,
>   Car tu n'es qu'un démon !

> — Ah ! que dis-tu dans ta folie,
>   Et pourquoi m'insulter ?
> Tu pâtiras toute ta vie
>   Par ce mot, chevalier !

> — Non, car mon âme est affranchie
>   De ton charme odieux.
> Arrache-moi d'ici, Marie,
>   Reine pure des cieux !

A ce nom, elle cède et le laisse partir en disant :
Va ! partout où tu passeras, tu chanteras ma gloire !
Accablé de tristesse et de repentir, Tannhauser se
rend à Rome pour faire pénitence et demander au
pape le pardon de ses péchés. Mais quand il con-
fesse qu'il a été dans la montagne de Vénus, le
pontife de Rome le maudit, et lui montrant le bâton qu'il tient à la main : « Aussi sûrement que ce
bâton ne refleurira pas, pour toi point de pardon. »
Tannhauser sort de Rome désespéré.

> — Mère Marie, ô pure Vierge,
>   Faut-il donc te quitter ?
> Et dans la montagne enchantée
>   Il rentre pour toujours :
> — A toi Vénus ! car Dieu lui-même
>   Me pousse à mes amours [1] !

1. *Wunderhorn,* t. I, page 97. — Comme beaucoup de traditions
populaires, la légende du Tannhauser eut son point de départ dans
un personnage vivant. Tannhauser était un chevalier poëte du
treizième siècle, un de ces *Minnesinger* ambulants qui vivaient à la
cour des princes. Poëte médiocre, esprit railleur, et joyeux bon
vivant, il mena une vie très dissipée et s'en repentit plus tard. Le
repentir est aussi le seul trait du personnage réel qui ait passé dans
le personnage légendaire. Dans l'imagination du peuple, Tannhauser
s'est complètement transformé. Ce n'est pas un vulgaire bon vivant,
mais un homme passionné. Il s'est voué au culte de la céleste Marie,
mais le désir de voluptés plus ardentes l'entraîne dans la montagne
de Vénus. De là le profond repentir qui succède à l'ivresse des sens.

Voici que le troisième jour le bâton du pape se met à refleurir. Miracle symbolique. Dieu, plus miséricordieux que son représentant, a pardonné. Mais il est trop tard. Le pape fait chercher le Tannhauser par tous les pays. On ne le trouve nulle part.

> Il est rentré dans la montagne
>   Où sa Vénus l'attend,
> Dieu lui dira sa destinée
>   Au jour du jugement.

> O prêtres qui damnez sans cesse,
>   Pour vous est la leçon :
> Quand l'âme s'ouvre au repentir
>   Elle a droit au pardon.

Cette foi dans la puissance souveraine du repentir sincère, en dépit de l'Église et du pape, est un de ces traits hardis et profonds qui abondent dans la poésie populaire et qui prouvent l'indépendance de son inspiration. C'est la foi, c'est l'énergie de son âme qui fait sortir Tannhauser du *Venusberg*, c'est elle qui le fait aspirer au ciel après les voluptés de la terre, c'est elle qui l'eût sauvé s'il avait persisté. Rien de plus attrayant et de plus dramatique que ces légendes lorsqu'on sait y retrouver le dialogue du peuple avec sa conscience. Que nous sommes loin des chants d'église! Les croyances

---

C'est dans ce petit poème et dans la légende du *Saengerkrieg* (lutte des chanteurs) que Richard Wagner a pris le sujet de son grandiose opéra. Il a saisi le nœud dramatique de la légende, il a fait ressortir le fond de la pensée populaire en divisant l'âme de son héros entre la soif de l'amour sensuel et la soif de l'amour idéal. C'est dans cette lutte qu'il succombe. Il fallait naturellement que la Vierge Marie descendît sur terre dans le drame. Elle est devenue Elisabeth, la femme pure, rédemptrice idéale, qui sauve l'homme tombé, par l'immensité de son amour et de son sacrifice.

sont les mêmes, mais quelle différence dans le sentiment religieux! Là-bas, souveraineté du dogme sur le sentiment individuel; ici, souveraineté du sentiment individuel sur le dogme. Là-bas ascétisme sombre et ombrageux; ici, joie dans le ciel et sur la terre. Là-bas, mysticisme subtil; ici adoration candide et enfantine. Plus d'hymnes monotones, mais des récits dramatiques. Que l'Église exalte ses dogmes abstraits, le peuple chante ce qu'il aime et ce qu'il a vu dans ses rêves. Que ses docteurs et ses saints se mortifient pour entrer en paradis, il possède le ciel dans son cœur et dès ici-bas en jouit paisiblement.

Ce développement de la religion individuelle, dont le peuple était loin de se rendre compte lui-même, fut une de ces révolutions profondes qui se consomment en silence dans les esprits, avant d'être remarquées par personne. Dès le quinzième siècle, l'Église avait sa religion et le peuple allemand avait la sienne; elle pour régner, lui pour contenter son cœur. C'est là ce qui fit sa force. Car pour combattre une vieille institution, il n'y a pas de meilleure arme qu'une foi nouvelle. Chose étrange, une Église jalouse et oppressive aura toujours plus de pouvoir sur un peuple léger, frivole et sceptique, que sur un peuple naïf, croyant, mais sérieux dans l'âme. Le premier raille et obéit, l'autre réfléchit et se détache. Le premier commence par regimber et finit par se soumettre, le second commence par se soumettre et finit par se révolter. Mais alors aucune puissance de la terre ne le fait plus rentrer sous le joug ; car il est libre dans sa conscience. Ce fut l'histoire des Allemands. La profondeur, le sérieux

de leur conviction religieuse leur donna la force de
se séparer de l'Eglise établie, d'en créer une nouvelle et de fonder la liberté religieuse. — De cette
grande révolution morale et sociale sortit une nouvelle forme de la poésie populaire : le cantique protestant. C'est à ce titre qu'elle nous intéresse ici.

La Réforme, qui rompt si hardiment avec le moyen
âge, la Réforme, qui fut à son aurore le premier,
l'éclatant triomphe de la liberté, s'incarne dans
Luther. Ses hésitations, ses luttes intérieures, ses
combats au grand jour, ses victoires, sont les combats et les victoires d'un nouveau monde sur l'ancien. Jamais homme peut-être n'eut plus le droit
de s'écrier avec Shakespeare : Je sens mille âmes
dans mon âme! Car pendant cinq ans son peuple
suspendu à ses lèvres vécut et grandit avec lui,
pendant cinq ans (1517-1522) il porta seul tout le
poids de la Réforme, essuya seul tous les assauts
de l'Eglise. Fils d'un mineur thuringien, vrai Saxon
à tête carrée, Luther a donné l'expression la
plus puissante à l'honnêteté, à la piété intime, au
sérieux intrépide et implacable de sa race. Personne
n'a été plus fervent catholique que ne le fut dans
sa jeunesse le plus grand ennemi du catholicisme.
Il avait dix-huit ans quand la foudre tombe à ses
côtés. Il croit que c'est un signe de Dieu qui le
somme de faire pénitence, et, sans demander conseil à personne, il s'enferme dans un couvent. Le
voilà dans sa cellule, cherchant la paix dans les
macérations et la prière. Il se roule, se tord aux
pieds de Dieu; Dieu ne répond pas. Des doutes
affreux viennent l'assaillir, des journées entières il
reste sans connaissance étendu sur les dalles; les

frères le croient fou. Le Dieu fatal et cruel de l'E-
glise, le Dieu de vengeance et d'épouvante qui pesa
sur tant de générations pèse encore sur lui. Il lui
demande la paix, mais Dieu répond : malédiction !
Il faut qu'il trouve un autre Dieu. Tout à coup, à la
lecture de la Bible, un éclair sillonne son âme
assombrie ; c'est l'idée de la sanctification intérieure :
Soyez bons et vous ferez le bien tout seuls ; croyez,
c'est-à-dire aimez, et vous serez sauvés. Cette pensée devient la lumière de sa vie.

Pourtant il croyait encore à l'Église. Lui aussi,
pauvre moine en pèlerinage, voyant poindre à l'horizon la ville éternelle, tombe à genoux et s'écrie :
salut, ô sainte Rome ! Mais il en sort indigné, *il a*
vu que c'est un antre de corruption. Enfin, la vente
des indulgences, le trafic du salut au profit du pape
le fait éclater. Apprenant la devise de Tetzel :

> L'écu qui sonne dans ma caisse
> Fait sauter l'âme en paradis,

il dit : Je lui crèverai son tambour ! et il affiche à
Wittemberg ses fameuses propositions. Aussitôt
lutte acharnée avec Rome. Prières des amis, ruses,
menaces des ennemis, rien ne l'arrête. Il écrit fièrement au pape : Si j'ai mérité la mort, je suis
prêt à mourir ! Au cardinal Cajetan qui lui demande
où il veut rester si tous l'abandonnent, il répond :
Sous le large ciel de Dieu ! L'honnête docteur de
Wittemberg recule encore devant la pensée d'un
schisme, mais la logique de sa conviction l'y pousse
fatalement. Son bon cœur lui dit : Cède, pour ne
pas scandaliser les âmes faibles ; et chaque fois sa
conscience répond : Impossible ! persiste malgré

tout. Le pape l'excommunie ; il brûle sa bulle. Charles-Quint l'appelle à la diète de Worms pour se rétracter ; il accourt plein d'une joie héroïque pour confesser sa foi. Son ami Spalatin le supplie de ne pas venir, lui rappelant le sort de Jean Huss brûlé malgré la promesse de l'empereur Sigismond selon la pieuse maxime de l'Eglise, qu'on peut manquer de parole aux hérétiques. Alors Luther se fâche tout de bon : « Et s'il y avait autant de diables dans la ville que de tuiles sur les toits, lui dit-il, j'irais quand même. »

L'entrée de Luther à Worms, sa comparution devant la diète et son fier refus sont un des plus grands spectacles de l'histoire. A cette heure décisive, la Réforme dépend du courage de Luther. S'il recule, tout ce peuple qui est derrière lui reculera aussi, et l'Eglise redoublera de despotisme. Le peuple fait l'Eglise, il ne croit plus aux papes ni aux conciles. Mais c'est une autorité de quinze siècles ! Peut-on lui résister ? peut-on la braver en face ? Il se le demande avec anxiété, puisqu'il n'oserait la braver lui-même. Et voilà pourquoi il accourt à Worms et se presse, muet, frémissant d'enthousiasme et d'inquiétude autour de la voiture du frère augustin. Il veut voir lequel des deux sera le plus fort : la Diète, c'est-à-dire l'autorité la plus formidable du temps, l'Empire et l'Eglise réunis, ou le moine saxon, qui parle si bien selon son cœur. Luther est si grand à cette heure qu'il ne voit même pas tout cela. Il ne voit qu'une chose : c'est qu'il ne peut trahir sa foi. Cette foi, il l'avait conquise par dix ans de luttes entre sa conscience et le préjugé des siècles. Mais sa conscience avait vaincu. Maintenant, il était inébranlable, d'un calme, d'une verve et d'une bonne humeur qui étonnaient les hommes de guerre, le brave Frondsberg lui-même. C'est alors qu'il entendit vibrer dans son âme les premiers accents de ce fameux cantique qui devient la Marseillaise des protestants :

Le Dieu juste est ma forteresse,
    Mon bouclier d'airain.
Je sens son bras dans ma détresse,
    Je tiens sa forte main.
Satan rugit, se lève et s'arme
    Avec ses légions.
Le faible pousse un cri d'alarme :
    Tremblez, ô régions !

Fuirons-nous devant la tempête
    De ces démons de feu ?
Non, puisqu'il marche à notre tête,
    Le vrai héros de Dieu.
Et quel est son nom sur la terre ?
    C'est Jésus radieux.
C'est Sabaoth, Dieu de lumière.
    Il n'est point d'autre Dieu.

Que cent démons sortent de terre,
    Cent furieux dragons.
Dieu dans nos cœurs mit son tonnerre,
    Nous les écraserons !
En vain le prince des ténèbres
    Contre nous est sorti.
Qu'il rampe à ses antres funèbres,
    Un mot l'anéantit.

Vous laisserez debout le Verbe ;
    Tuez ses serviteurs.
Son glaive tranchant et superbe
    Traversera les cœurs.
Prenez le corps, enfant et femme,
    Redoublez vos forfaits.

Mais vous ne prendrez pas cette âme
Qui doit vaincre à jamais !

Le grand Luther est dans ce cantique. Il y est
avec sa colossale nature d'homme, avec l'énergie
indomptable de sa volonté. L'entendez-vous sortir
du fond de sa poitrine menacée par toutes les puissances de la terre, ce chant terrible et joyeux, ce
superbe éclat de rire qui s'en va gronder comme
la foudre dans le ciel. Il gronde, il rit, non de colère
mais de triomphe et de mépris. Il défie l'Église,
le pape, l'empereur, le monde entier. Il leur dit :
Convoquez vos conciles, lancez contre moi vos ban-
des noires, attisez vos bûchers ! Je suis seul ! eh
bien, je vous brave tous ! face à face ! Vous ne
pouvez rien contre moi, car mon Dieu c'est ma
conscience, et la conscience c'est la Liberté. Brûlez-
moi, si vous l'osez, elle renaîtra de mes cendres !

Le nonce du pape comptait sur une rétractation,
et voulait par la Diète la rendre publique dans toute
la chrétienté. Mais Luther, après avoir défendu
ses écrits et ses actes, ne voulant céder qu'à des
preuves tirées de la Bible ou à des raisons éviden-
tes, sommé de se rétracter et menacé d'être mis au
ban de l'empire, donne cette réponse claire et nette :
« Je ne puis et ne veux rien rétracter. Je ne saurais rien faire contre ma conscience. Me voici, je
ne puis autrement. Dieu m'assiste ! Amen ! » A
partir de ce moment la Réforme est faite dans les
esprits. On y croit. Un homme a osé protester au
nom de sa conscience contre l'autorité ; des millions
d'autres protesteront. Caché à la Wartbourg,
Luther n'en est que plus puissant. Du fond de son
asile mystérieux, « de son Patmos, comme il dit,

de la région où les oiseaux chantent Dieu jour et nuit, » il révolutionne l'Allemagne. Arracher la religion des mains de la cour de Rome et des prêtres, la replacer dans les consciences comme dans les vrais sanctuaires de Dieu, voilà désormais l'œuvre de Luther, œuvre sainte que Michelet appelle éloquemment la révolution de la loyauté. Pour cela, il traduit la Bible et la donne à lire à tous, c'était poser le principe du libre examen ; il demande le calice pour le peuple, c'était briser la barrière entre le laïque et le prêtre ; il réclame hardiment le mariage des prêtres, c'était proclamer les droits sacrés de la nature et rétablir la famille dans son intégrité. L'Allemagne, une partie de l'Europe en pousse des cris d'allégresse, et voilà le docteur de de Wittemberg, le chevalier George, l'hôte inconnu de la Wartbourg devenu sans le vouloir chef d'une Eglise nouvelle.

Laissons là le théologien Luther, resté catholique en beaucoup de points. Ne cherchons ici que l'homme, le puissant réformateur de la vie allemande, du cœur de son peuple, de sa poésie intime. L'homme en lui est bien plus fort que le théologien, et son œuvre s'étend plus loin que son Eglise. Cet homme dont la souveraine originalité saillit brusquement sous le coup de la contradiction, c'est le rude et loyal Germain qui révère la nature, cherche Dieu en toute chose, dont le cœur veut s'épanouir et faire épanouir les autres. C'est cet homme qui triomphe peu à peu des fantasmagories et des terreurs inventées par l'Eglise. Sans doute, il croit toujours que l'homme doit aspirer à un autre monde, mais en attendant qu'il soit fort et joyeux

dans celui-ci. Sans doute, la Bible est la plus haute
révélation pour lui, mais la nature en est une aussi.
Donc, guerre à mort à l'ascétisme mortel de
l'Église. Les joies terrestres sont saintes, le mariage
est sacré, la famille est la vraie patrie de l'homme,
la nature est le plus beau temple de Dieu. Quand
il parle de Dieu à son fils, au petit Jean Luther,
c'est dans son jardin, sous un beau ciel, et alors il
lui raconte l'histoire du grain de blé ou lui montre
les oiseaux. Rien n'irrite plus ses adversaires que
cet amour de la nature et cette franche gaîté. Ils la
taxent d'impiété. Mais Luther leur dit en face :
« Qui n'aime pas vin, femme et chant, restera fou
sa vie durant. » Hafiz, le joyeux Anacréon de la
Perse, n'aurait pas ri plus cordialement des moines
et des prêtres.

Cette joie que Luther mettait en toute chose, il
la mit dans sa religion. Ayant trouvé le Dieu d'a-
mour, dans un transport d'enthousiasme, il invente
le cantique. Mélodies et paroles coulent de source,
d'un seul jet. Ce ne fut pas une œuvre de liturgie,
mais une création spontanée, sortie des profondeurs
de son âme poétique. Depuis son enfance, il culti-
vait la musique avec passion. Pauvre étudiant, il
chantait avec ses compagnons aux portes des maisons. Tandis que les autres chevrotaient d'une voix
monotone, il y mettait du sien et touchait par sa
voix vibrante. Son luth ne le quittait jamais. Au
couvent, assailli de doutes, quand la terre s'effon-
drait sous ses pieds et que le monde lui semblait
un enfer, il retrouvait Dieu, le ciel et les anges aux
accords de l'instrument bien-aimé. La sainte musique fut sa libératrice. Elle chassa de devant ses

yeux les visions sinistres et lui dévoila l'azur du ciel. Elle rétablit l'harmonie dans son âme souvent divisée. « De toutes les joies de la terre, s'écrie-t-il plus tard, il n'en est pas de plus aimable que de chanter et de s'épanouir en maint joyeux accord. Il ne peut y avoir de méchantes pensées, là où chantent de braves compagnons. Là, il n'y a ni colère, ni querelle, ni haine, ni envie et s'évanouissent toutes les peines du cœur. L'avarice, les soucis, tout ce qui pèse si lourdement s'enfuit avec toutes les afflictions. Que chacun donne donc un libre cours à sa voix. Pareille joie n'est pas un péché. Elle plaît à Dieu plus que toute joie du monde. Elle détruit l'œuvre du diable. »

Tant qu'il fut en lutte avec lui-même, Luther se contenta de jouer de son instrument et de chanter à sa manière les vieux hymnes de l'Eglise. Mais une fois qu'il a trouvé son Dieu, le fond de sa nature éclate, il devient créateur. Le chrétien a vaincu le catholique, l'homme est sorti du moine, enfin ce puissant cœur est libre, il peut chanter ! Il chante en effet un chant de victoire et de liberté à faire trembler l'Église dans ses fondements. Le cantique de Luther est le signe de la religion affranchie, de la religion personnelle. Luther chante son Dieu aussi joyeusement que le peuple ses amours et ses aventures. C'est le sien, non pas celui de l'Eglise, c'est celui qu'il a cherché à travers ses prières et ses veillées effrayantes. Comme tous les grands réformateurs, il se croit directement inspiré et cette certitude est inébranlable. Les grandes âmes religieuses sont ainsi faites. Quand la vérité morale les illumine intérieurement, elles attribuent à Dieu la révélation sublime de la conscience. Luther se trouve ainsi dans un état d'âme voisin de celui des prophètes. Il revit les psaumes. « Quoi de plus beau que les psaumes, dit-il, où de ces paroles sérieuses s'élèvent au milieu des vents d'orage! Où trouver de pareils accents de joie, de louange, de reconnaissance? Là, tu regarderas dans le cœur de tous les saints comme dans des jardins rayonnants, oui, comme dans le ciel! Là s'épanouissent vers Dieu toutes sortes de pensées comme des fleurs belles, aimantes et radieuses . » Son éloge des psaumes devient lui-même un psaume enthousiaste. En se pénétrant de la Bible, il retrouve l'inspiration biblique. Avec sa conscience fervente, il invoque le Saint Esprit :

Viens, Esprit Saint, viens, Dieu Seigneur.
Répands tes grâces dans nos âmes.
Chez tes enfants au fond du cœur,
Du saint amour verse les flammes.
Les peuples se sont rassemblés,
Ils t'ont vu luire avec les anges.
Ils croient! ils se sont réveillés,
Et vont entonner tes louanges.
A travers les éternités,
          Halleluia!

Noble flambeau, rallume-toi.
Fais-nous voir Dieu, sainte lumière,
Et d'un cœur pur et sans effroi
Nous nous écrierons : Notre père!
Ferveur sacrée, ô feu si doux,
Inonde le fond de notre être.
Mes frères, tombez à genoux.
Aimez! croyez en notre maître.
Jésus, Jésus est parmi nous!
          Halleluia!

La première strophe est imitée du *Veni Sancte Spiritus* de l'Eglise, mais l'accent en est bien plus ému, plus personnel. Ce n'est plus l'homme qui s'élance avec effort vers le ciel, c'est la joie du ciel qui descend sur la terre.

Luther, on le voit, est encore profondément mystique, mais il n'en est pas moins le champion de la liberté. Loin de s'imposer, il ne veut qu'éveiller les consciences. Il ne chante pas seulement, il dit aux autres : chantez ! Et ce mot les remue jusqu'au fond des entrailles. Ils chantent et louent Dieu, étonnés et ravis de trouver une voix dans leurs poitrines. Ils chantent, et aussitôt s'écroule l'Eglise menaçante du moyen âge, qui pesait sur leurs têtes et le Dieu des cœurs purs, le royaume céleste des simples, la vision rayonnante de Jésus reparaît à leurs yeux. Tous essaient leurs voix et se confortent par le chant, non seulement la princesse sur le trône, mais l'artisan à son travail, la servante à la fontaine, le laboureur dans les champs, le vigneron dans sa vigne, la mère au berceau de son enfant. Désormais, la plus pauvre famille de tisserand possède le ciel dans son bouge sombre. Elle a travaillé tout le jour à son métier. Dur et sévère est le visage du père, triste et pâle la mère et sans joie les yeux pensifs des enfants. Les murs sont noirs et nus, mais le pain est sur la table. Le père entonne le cantique et les voix douces de la mère et des enfants se mêlent à sa voix rude et convaincue :

> Chrétiens, aimons-nous en ce jour
> Et que nos cœurs bondissent.

Qu'en un chant de joie et d'amour
Toutes nos voix s'unissent...

Alors ces visages assombris s'éclairent, le père
et les enfants rompent gaîment le pain du pauvre,
le pressentiment d'une fraternité universelle remplit leurs cœurs et un rayon céleste pénètre dans
leur réduit.

Les cantiques protestants devinrent bientôt une
nouvelle forme du chant populaire. Tous les apôtres de la foi nouvelle en composaient. Ils se propa-
gèrent avec une rapidité extraordinaire et servirent
puissamment la Réforme. Ceux de Luther surtout
allaient de ville en ville, des châteaux aux cabanes,
des vieillards aux enfants, inspirant, convertissant
les foules par leurs vaillantes mélodies. A Magde-
bourg, en 1524, un vieux drapier chantait les cantiques de Luther en plein marché; le peuple
recueilli faisait cercle autour de lui. Le bourgmes-
tre fit jeter en prison « le garnement qui avait apporté au peuple les chants hérétiques de Luther ».
Mais deux cents bourgeois obtinrent des conseillers sa mise en liberté. En 1529, un prêtre de
Lubeck venait d'achever son sermon et allait prier
pour les morts, quand deux petits garçons entonnèrent bravement le cantique : « Ah, Dieu du ciel,
regarde-nous! » et toute l'assemblée l'entonna
avec eux. Dès ce jour, chaque fois qu'un ecclésiasti-
que se déclarait hostile à la doctrine évangélique,
on chantait un cantique de Luther, si bien que le
conseil de la ville fut forcé de rappeler les prédicateurs évangéliques qu'il avait chassés. Les premiers
cantiques de l'église luthérienne militante eurent

cette puissance d'action. Ils n'agissaient pas seulement à l'église, mais au foyer, sur la place publique, sur le champ de bataille. On raconte que Gustave Adolphe récitait tous les matins à haute voix
dans sa tente l'hymne du matin de Mathesius. Un
jésuite dit plus tard que les cantiques de Luther
avaient tué plus d'âmes que ses livres et ses ser-
mons. Grande, en effet, dut être la colère du clergé
contre ces chants clairs et vibrants qui détrui-
saient si gaîment l'œuvre des ténèbres et de l'hypocrisie. Les Bibles, on pouvait les brûler, mais
comment étouffer ces cantiques qui vivaient sur toutes les lèvres et sortaient encore de la flamme des
bûchers pour épouvanter les bourreaux. D'où leur
venait cette force! C'est que les paroles et les mélodies avaient deux vertus qui sont les signes de la
liberté et qui manquèrent toujours aux chants
catholiques : la franchise et la joie.

Tant que dura l'âge héroïque de l'Église luthérienne, le cantique conserva ce caractère viril. Eras-
mus Alberus, Paul Speratus, Nicolas Hermann,
Mathesius sont les dignes successeurs de Luther.
Ils parlent la langue du peuple et font des cantiques de combat. Mais à mesure que l'Église luthérienne se resserre et se consolide, la sécheresse et
l'âpreté dogmatique prennent le dessus, la lettre
que l'esprit. Les cantiques ne sont plus des créations spontanées et populaires, ils deviennent des
œuvres de liturgie et de secte, ils perdent de plus
en plus l'accent héroïque qui faisait leur force.
A son tour l'église protestante devient jalouse,
intolérante, persécutrice. Alors, adieu le libre élan
de son premier âge. Elle ne parle plus que de fausse

doctrine, de Satan et du jugement dernier. L'œuvre de Luther serait bien compromise si son esprit n'avait passé dans toute la nation.

Au dix-septième siècle, une réaction se fait contre l'étroitesse dogmatique dans l'Eglise protestante et par suite dans ses cantiques. A cette roideur les âmes plus religieuses opposent cette sensibilité douloureuse, cette tendresse maladive pour le Sauveur qui rappelle l'imitation de Jésus-Chrit. Elles n'adorent plus le Christ héroïque de Luther, mais le Christ souffrant des femmes. Le dogmatisme étroit était un retour au catholicisme par l'intolérance ; cette poésie gémissante y revient d'un autre côté par son mysticisme énervant. C'est le commencement du piétisme qui, dès lors, ne sort plus de l'Eglise protestante. On ne saurait nier cependant que la vie religieuse, c'est-à-dire le sentiment vif et personnel, est de son côté. S'il affaiblit les caractères, il avive parfois la charité éteinte, tandis que le dogmatisme n'a jamais su que dessécher le cœur et rétrécir l'esprit. Paul Gerhardt, nature poétique et profonde, est le premier des mystiques protestants. Ce prédicateur composa un grand nombre de cantiques fort beaux. Il en est un qui rappelle les plus suaves peintures religieuses des âges de foi, par l'intensité des couleurs et la passion ardente. Il s'adresse au Christ couronné d'épines :

> Tête sanglante et couronnée
>   D'opprobre et de douleurs,
> Tête chérie, ô tête ornée
>   D'épines, non de fleurs ;
> Visage au triste et doux sourire,
>   Yeux divins, front de roi,

Dans ton silencieux martyre
Salut, salut à toi !

Je veux souffrir de ta tristesse,
Ne me repousse pas ;
Et m'abreuver de ta détresse,
Te prendre dans mes bras.
Tu pâlis ! c'est l'instant suprême,
Je veux te soutenir,
Te presser sur ce cœur qui t'aime
A ton dernier soupir !

Il y a là une puissance de compassion, une adoration de la douleur, qui égalent les plus beaux chants catholiques du moyen âge.

Les successeurs de Paul Gerhardt ne l'égalèrent pas ; le dix-huitième siècle, qui donna le signal de l'émancipation philosophique, ne pouvait être favorable au cantique protestant. Avec la foi naïve il avait perdu pour toujours la grandeur dans la simplicité. Au dix-neuvième siècle, la décadence est complète. Les modernes théologiens qui en composent encore ont passé leur vie à s'emporter contre Goethe et ses disciples, à réfuter Hegel, Strauss et Feuerbach. Ils ont sué sang et eau pour défendre leur petite Église contre l'invasion de la critique. Mais sans le savoir ils ont pris les armes de leurs adversaires et jusque dans leurs cantiques ils font de la philosophie, ils discutent et sentent le besoin de démontrer leur foi. Leur poésie est devenue dogmatique, c'est dire qu'elle n'est plus de la poésie.

Peut-il, d'ailleurs, en être autrement ? Autrefois, le cantique jouait un rôle dans la vie, aujourd'hui il n'est plus qu'un accessoire liturgique. De plus larges horizons se sont ouverts aux esprits. Herder,

Goethe, Schiller et leurs disciples ont parlé, ils ont remué les hommes de toute Église et de toute conviction. Ils ont été les premiers représentants de cette poésie philosophique et largement humaine qui, en dehors de toute confession et de tout surnaturel, élève, purifie l'âme par le spectacle de tout ce qu'il y a de grand dans l'humanité. Cette poésie, qui n'a d'autre temple que le monde, d'autre religion que la sympathie, a déjà remplacé la poésie chrétienne. Les cantiques du seizième siècle resteront cependant comme de beaux témoignages de la grande rénovation religieuse qu'ils servirent avec tant de puissance. La foi de nos vaillants ancêtres n'est plus la nôtre, mais ils furent les précurseurs de la liberté ; le souffle qui anime leurs chants est un souffle d'espérance et de combat, leur naïveté même est une force et l'énergie de leur conviction un exemple.

VII

MORT ET RÉSURRECTION DU LIED

(XVIIᵉ ET XVIIIᵉ SIÈCLES)

La Germanie est morte,
La superbe, la libre ;
Un tombeau la recouvre.
Elle et sa fidélité
PAUL FLEMMING.
(XVIIᵉ SIÈCLE)

Décadence de la chanson populaire vers la fin du seizième siècle. — Les pasteurs luthériens la persécutent. — La guerre de Trente ans l'achève. — La poésie populaire fait place à la poésie savante du dix-septième siècle. — Leur antagonisme. — Opitz et Paul Flemming. — Günther. — La révolution esthétique et religieuse au dix-huitième siècle. — Herder retrouve la chanson populaire. — La période de tourmente. — La résurrection du vrai Lied se prépare.

Nous venons d'assister à la naissance et à l'épanouissement de la chanson populaire en Allemagne. Cette puissante explosion du lyrisme a été une de ces révélations poétiques toutes spontanées, comme les chants héroïques des rhapsodes ioniens, comme les romances du Cid en Espagne, où le génie d'un peuple parle sans contrainte. Plus que toutes les autres poésies populaires, le *Volkslied* est la

création de tout un peuple. Ici, point de poètes de
profession, mais de hardis improvisateurs ou plutôt la libre improvisation de tous les cœurs vibrants.
Des hommes sans éducation, pleins de sève et de
vie, en possession d'une langue riche et musicale,
qui trouvent un monde de rythmes et de refrains
nouveaux, tout en faisant l'école buissonnière ; des
paysans, des aventuriers, des amoureux, des jeunes filles, des compagnons, des croyants, des libres
penseurs, qui tous se mettent à chanter comme l'oiseau sur la branche ; et les chants d'amour éclatant
dans les huttes et les châteaux, les strophes caden-
cées tombant des lèvres, à la moindre émotion,
comme la pluie odorante des arbres surchargés de
fleurs, et la mélodie ailée, s'échappant des cœurs
comme l'alouette du sillon : voilà le spectacle qui
s'est déroulé sous nos yeux. Tous les peuples ont
eu de ces heures d'expansion naïve, mais tous n'en
ont pas profité. Heureux ceux qui ont su conserver,
malgré les vicissitudes de la politique, malgré le
pédantisme des académies, leur langue primesautière ; oui, bienheureux ceux qui ne perdirent point
par le goût de la rhétorique cette fraîcheur d'âme
qui est toute la poésie !

Le *Volkslied*, né de la première étreinte du peuple avec la liberté, semblait fait pour grandir sans
entrave. Il n'en fut rien. La théologie s'acharna
contre lui, la guerre de Trente ans l'avilit, le pédantisme littéraire acheva de l'étouffer. Au dix-huitième siècle, le vrai Lied n'était plus, car ce qui
végétait encore sous son nom n'était plus que son
ombre ; c'est alors que des hommes de génie le firent
revivre et le lancèrent dans une carrière nouvelle.

Pour achever son histoire, il faut raconter cette mort subite et cette brillante résurrection.

Pour l'Allemagne comme pour la France, le seizième siècle est une ère de révolution. En religion, en politique, dans les arts, dans la poésie, il clôt l'âge naïf et inaugure le règne de la réflexion. Tout est remis en question, et, pour la première fois, on se demande le pourquoi des choses. Le peuple composait ses chansons sans savoir qu'il était poète, à la fortune de la rime, au gré de son oreille. Parfois la muse souriait en passant à ces cœurs simples, et alors leurs paroles étaient d'autant plus touchantes qu'ils en ignoraient la puissance. Des bourgeois, des nobles même chantaient avec le peuple et comme lui. Il y avait, en un mot, une grande poésie populaire chantée et non écrite, répandue et cultivée par toutes les classes de la société. A la fin du seizième et surtout au dix-septième siècle, tout change. Une légion de savants et de lettrés s'empare de la poésie, on discute ses conditions, on lui assigne des règles, on lui pose des limites. Alors, adieu la franche liberté dans le royaume des songes, le règne du pédantisme a commencé. Plus de chansons sous le grand ciel, au fond des bois et au souffle des montagnes, mais des vers de lettrés, rimés, sur des in-folios. Avant de voir ce que devient le *Lied* sous la plume des savants, jetons un coup d'œil sur la chanson populaire au dix-septième siècle.

Les classes inférieures du peuple allemand avaient atteint un degré de culture très remarquable au commencement du seizième siècle. Témoin le savant et joyeux poète Hans Sachs. Quel type aimable et

vigoureux que ce pauvre maître cordonnier de Nu-
remberg, qui fit des vers toute sa vie sans cesser
de faire des souliers, qui fut l'ami d'Albert Durer
et le chantre enthousiaste de Luther. Voilà un
homme qui nous fait voir le peuple du temps dans
sa joviale bonhomie mêlée d'un grain de malice,
avec sa piété naïve, son désir insatiable de s'instruire
et sa foncière honnêteté. A cette époque, bourgeois, artisans et paysans aspiraient d'un même
désir à la liberté. Rien n'unit plus sérieusement les
hommes qu'une grande espérance ; on voyageait,
on buvait, on dansait, on fraternisait ensemble, et
grâce à cette vie commune, la chanson populaire
fleurissait dans toute l'Allemagne. Mais un concours d'événements très divers amena sa décadence ;
tout d'abord l'invention de l'imprimerie. Chose curieuse et inévitable, l'art merveilleux qui est devenu
le plus puissant levier de la démocratie, devait
porter un coup mortel à la poésie naïve du peuple.
Quand le peuple sut lire, il cessa d'improviser, la
feuille imprimée lui tenant lieu de mémoire et d'invention. Autrefois, il fallait savoir par cœur les
vieux chants et en trouver de nouveaux pour toute
occasion. Maintenant, les livres les apportaient par
flots et non plus tressaillantes de vie comme sur
deux lèvres épanouies, mais mortes sur une feuille
poudreuse. Ainsi se perdit le don de l'improvisation,
l'âme même de la chanson populaire.

Bientôt elle trouva un ennemi plus redoutable
encore dans l'Eglise luthérienne. Luther, il est vrai,
aimait la musique et la poésie en véritable enfant
du peuple, mais il avait reçu l'éducation monacale
et la chanson d'amour blessait le réformateur aus-

tère. Il y avait, dans ses soupirs insinuants, je ne
sais quoi de tendre et de hardi, de voluptueux et
de païen, qui choquait sa conscience chrétienne ;
il croyait y sentir la révolte de Satan. Luther sévit
donc de toute son énergie contre la chanson d'amour
et s'efforça de la remplacer par le cantique. Rien
de plus logique à son point de vue. Il voulait apprendre au peuple la discipline sévère de la vie : le
Volkslied en était le joyeux épanouissement. Il
fallait lui laisser l'empire des âmes ou l'en chasser
sans pitié. C'est ce qu'il essaya de faire. Cependant
la chanson d'amour avait poussé dans le cœur du
peuple des racines trop vivaces pour en être si facilement arrachée. Comment oublier ces refrains bien-
aimés dont on avait bercé sa joie et sa douleur ?
Chaque fois que les feuilles commençaient à poindre sur les haies et que les merles chantaient le
long des ruisseaux, ces paroles de désir et d'espérance s'éveillaient dans le cœur hardi des jeunes
gens et le sein vierge des jeunes filles, comme la
fauvette s'éveille dans son lit d'herbes odorantes au
premier rayon de l'aurore. Que pouvaient toutes
les défenses contre la magie du printemps et la
magie de la musique ? Les successeurs de Luther
usèrent d'étranges expédients pour la combattre.
Sachant que le peuple tenait encore plus aux mélodies
qu'aux paroles, les pasteurs luthériens s'avisèrent
de substituer aux vers amoureux de pieux cantiques et de les faire chanter au peuple sur l'air
primitif. Ils allèrent même jusqu'à travestir les
ballades en histoires édifiantes. Ces parodies ont
parfois cette bonhomie naïve qui n'appartient qu'au
bon vieux temps. Il y a une très jolie chanson, où

le chasseur rencontre trois belles jeunes filles dans
la forêt et en emporte une sur la croupe de son
cheval. Le pasteur luthérien se garde de suppri-
mer les trois belles jeunes filles, mais que sont-
elles devenues sous sa plume orthodoxe ? On ne
l'eût pas deviné : l'amour divin, la foi et l'espérance.

Le chasseur chrétien prend la foi par la taille,
la lance sur son cheval et l'emporte avec lui pour
l'édification des fidèles. Ailleurs le poète luthérien
s'empare d'une romance où un tiers surprend les
adieux des deux amants. Dans la chanson populaire, le dialogue est vif, touchant, plein de larmes
et de baisers. Dans la parodie luthérienne, cette
scène d'amour se change en une petite discussion
théologique entre l'âme et Dieu, sur le péché ori-
ginel et la grâce. Ces billevesées ne sont amusantes
que parce qu'elles montrent jusqu'où peut aller le
pédantisme théologique, quand il veut mettre la
poésie au service du dogme. En assistant à ces
fâcheuses métamorphoses on se rappelle involontairement les fées éblouissantes de jeunesse et de
beauté, qui, à l'arrivée d'un vieillard renfrogné, se
changent tout à coup en vieilles sorcières ridées.

Si puissante qu'était l'Église luthérienne, elle ne
put tuer la chanson populaire. Il fallut la guerre
de Trente ans pour lui donner le coup de grâce.
Cette guerre terrible fut pour le peuple allemand
ce que la croisade des Albigeois avait été cinq cents
ans plutôt pour la noblesse provençale. Elle dé-
truisit une civilisation naissante comme on rase une
forêt à coups de hache, elle foula dans la boue la
fleur la plus délicate de l'esprit, la poésie. Trente
ans de suite, le fléau sanguinaire balaya l'Allema-

gne du nord au midi, et sans relâche les armées
dévastèrent les campagnes, abrutissant les hommes
et corrompant les mœurs. Plus de fêtes au printemps et à la moisson ; on ne dansait plus sous le
tilleul, on ne s'aimait plus, on ne chantait plus sinon
des refrains infâmes. Les sources créatrices du génie
populaire furent ensablées pour longtemps et lorsqu'elles jaillirent de nouveau ce fut une eau trouble et bourbeuse. Le peuple tomba de l'aisance
dans la misère et de la misère dans la dégradation ;
il lui fallut plus d'un siècle pour se relever. Il n'y
avait plus de patrie, car l'Allemagne n'était qu'un
vaste échiquier où les cabinets d'Europe jouaient
habilement leur sanglante partie. La vie publique
ayant disparu, chacun ne songe qu'à soi, l'égoïsme
triomphe et l'inspiration meurt avec la sympathie.

Tandis que le peuple traqué et pillé vivait dans
les campagnes comme les bêtes fauves, une légion
de lettrés travaillait derrière les murs fortifiés des
villes. C'étaient les successeurs des humanistes du
seizième siècle, qui avaient mis à la mode le latin
et le grec. Ils vivaient fort tranquillement au milieu
de leur bibliothèque, lisaient Virgile, Pétrarque et
Ronsard, composaient des hymnes aux princes et
à l'empereur et jetaient des regards d'envie vers la
cour du grand roi. Heureux ceux qui avaient pu
faire un voyage à Paris et à Versailles, à la suite
d'une ambassade ou d'un haut personnage. De
retour chez eux, on ne les reconnaissait plus. Ils
s'évertuaient à parler français, portaient l'habit
brodé et rejetaient leur perruque à la façon des
petits marquis. Bientôt on imita la cour de France
en toute chose, la langue elle-même s'émailla de

mots et de locutions françaises. Parmi ces savants
de cour, il s'en trouva qui entreprirent de relever
la poésie déchue. Avec eux commence la poésie savante et artificielle, qui régna cent cinquante ans
en Allemagne, jusqu'au jour où Gœthe et sa génération en firent justice. On n'attend plus l'inspiration, on compte sur les bonnes règles ; on oublie
le *Volkslied* pour copier les modèles français et
italiens ; on ne dit plus ce qu'on a vécu, mais ce
qu'on a lu ; on ne chante plus, on écrit. En un mot,
la poésie cesse d'être naturelle et devient un procédé
savant. Elle, qui fut naguère la fête de toute
nation, n'est plus que la vanité des pédants et le
hochet des sociétés littéraires.

Dès lors un abîme se creuse entre la foule et les
gens de lettres. Le lettré, se targuant de son style
ampoulé, se met à mépriser l'homme du peuple ;
l'homme du peuple, ne comprenant rien à la langue
des lettrés, s'en défie et s'en moque. Il y a d'un
côté des littérateurs sans intelligence de la vie populaire, de l'autre une nation livrée à elle-même, sans
culture de l'esprit et sans aspiration idéale. Schisme
fatal qui est la mort du grand art, car une poésie
qui ne sort pas de l'âme du peuple, comme un
chêne vigoureux d'un sol riche, est un arbre planté
dans le sable. Il y a des peuples qui sont parvenus
à étouffer le génie poétique national, provincial et
primitif sous l'orgueilleuse plantation de la littérature officielle. D'autres, plus heureux, après avoir
oublié pendant longtemps la grande poésie populaire pour des œuvres d'apparat, y sont revenus
avec enthousiasme comme à la source première
de toute beauté. L'Allemagne en offre un brillant

exemple. Il y a du dix-septième au dix-huitième siècle, une lutte sourde entre la poésie savante et la poésie spontanée, puis une guerre ouverte qui se termine par une victoire éclatante de celle-ci et par la résurrection du vrai lied. C'est à cette lutte que nous allons assister.

Le fondateur de la poésie savante dans l'Allemagne du dix-septième siècle et son représentant le plus remarquable fut Opitz. D'un mot, j'aurai marqué sa place dans la littérature allemande en disant qu'il a été à la fois le Ronsard, le Malherbes et le Boileau de son pays. Le premier il a imité les Grecs et les Latins, il a fixé la prosodie nouvelle et, comme on disait chez nous, donné des lois au Parnasse. Il n'eut pas le talent du premier, il eut le pédantisme des deux autres ; toute sa vie « il prosa de la rime et rima de la prose ».

Martin Opitz (né en Silésie, 1597) fut un enfant prodige. Dès qu'il sut lire, il montra l'étoffe d'un savant. A quinze ans, il fit des vers latins qui émerveillèrent ses protecteurs au point qu'ils les publièrent ; et le voilà qui se sent poète illustre ni plus ni moins qu'un lauréat de concours de ce temps-ci. Ce premier succès le poussa-t-il dans la carrière poétique ? Je ne sais ; en tout cas, ce ne fut pas un excès d'imagination. A vingt et un ans, il fit son entrée à l'université de Francfort-sur-l'Oder. Sa conduite fut exemplaire, son zèle infatigable ; il ne vécut guère avec la jeunesse et ne fréquenta que les savants. A vingt-quatre ans, il devint poète de cour du duc de Liegnitz, et l'année suivante professeur de philosophie et de belles-lettres à Weissenburg, en Transylvanie. Depuis ce jour, sa vie pai-

sible fut une suite de succès ; l'empereur Ferdinand II le couronna de sa propre main et, lorsqu'il
mourut, toutes les sociétés savantes le pleurèrent
comme un second Horace.

Opitz ne fut qu'un grand savant et un habile
versificateur. Il eut cependant deux grands mérites :
il maintint autant que possible la pureté de la
langue dans un temps où la conversation et les
livres fourmillaient de mots français et italiens,
puis il donna aux vers allemands la rigueur proso-
dique qui leur manquait. Mais, en somme, il représente bien le type du poète officiel, âme médiocre, parfait courtisan qui sait se pousser dans le
monde et fait de sa gloire l'instrument de sa fortune ; en cela il n'était que le fils de son temps.
Premier signe du poète officiel : point d'indépendance dans le caractère. Opitz passa sa vie à la
suite des princes, il les flatta et les combla d'éloges même lorsqu'ils agissaient contre sa conviction.
Protestant convaincu, il resta de longues années
au service du burgrave de Dohna, persécuteur impitoyable des protestants. Un jour, ayant composé
un chant où il appelait ses compatriotes à la liberté,
il n'osa pas le publier, car il aurait pu choquer son
Mécène, et puis ne fallait-il pas être le très fidèle et
très obéissant serviteur de l'empereur Ferdinand II,
qui avait placé sur sa tête la couronne de lauriers ?

De plus, il partage avec le poète officiel l'absence
d'une haute originalité d'esprit, d'un sentiment
profond, d'une imagination puissante. Car une
seule de ces qualités suffirait pour lui faire prendre
en pitié la poésie d'apparat et le dégoûter à jamais
des faciles succès de la flatterie. Opitz n'a rien

senti, rien vécu. Il connaît Horace à fond et fort
peu l'homme ; il invoque les dieux de la mythologie grecque ; mais il n'aime point la nature. Dans
ses *Odes et Chants*, il imite visiblement les odes
d'Horace au printemps. Ce n'est pas la brise qui
fait fondre la neige, c'est Favonius. Le poète silésien se console de la longueur de ses épreuves
avec Ulysse, qui erra dix ans avant de retrouver son
Ithaque et que ni la bouche séduisante de Circé, ni
la voix des sirènes n'ont perdu. L'honnête savant
se calomnie ; il n'a jamais connu de Circé et jamais
il n'a risqué de perdre la raison. Ailleurs, il vante
avec le poète d'Auguste l'*aurea mediocritas*. Lui, le
savant illustre, le professeur comblé d'honneurs,
le poète de cour chargé de couronnes, il se trouve
bien là où il est et il ne veut pas élever plus haut
ses ailes ; il se félicite de ne pas s'être embarqué sur
la haute mer où il y a tant d'écueils. Il préfère à
l'or et aux richesses, qui ? La bergère Phillis, qu'il
n'a jamais vue. A l'entendre soupirer aussi froidement, on conseillerait volontiers à cet amoureux
transi, ce que Goethe souhaitait à certains poètes
langoureux, de faire la connaissance d'une belle
fille, bien accorte et bien amoureuse, pour qu'ils
sachent une bonne fois ce que c'est qu'une femme.
Mais Opitz croirait déroger ; dès qu'il prend la plume,
il oublie qu'il est homme et s'imagine qu'ainsi il
devient poète. Sa poésie est dans les livres au lieu
d'être dans la nature vivante. Il a beau s'écrier
qu'il va quitter Platon pour courir les champs, on
n'y croit pas. Il n'a jamais trempé ses lèvres dans
les ruisseaux dont il vante la fraîcheur, et ce pêcheur
dont il parle il ne l'a vu que dans l'ode d'Horace à

Sestius. Hélas! combien de poètes qui font encore comme lui, qui pâlissent sur les livres pour y trouver l'inspiration, et ne se doutent point qu'elle voltige sur leur toit avec un essaim d'hirondelles, ou qu'elle passe sous leur fenêtre avec la chanson d'une pauvre fille.

En face de ce poète officiel qui ne sortit guère de son cabinet que pour respirer la lourde atmosphère des sociétés littéraires et l'air renfermé des cours, il y eut un poète libre, un enfant de la nature, bien moins célèbre de son temps, mais cent fois plus inspiré. C'est le doux, l'aimable, le profond Paul Flemming. Si les Allemands ont fini par triompher en poésie du pédantisme de l'école, de la tyrannie de l'étiquette et du charlatanisme littéraire, ils le doivent surtout au morcellement de leur patrie, qui empêcha la centralisation, c'est-à-dire le despotisme intellectuel d'une ville, d'une cour, d'une académie ou d'une coterie quelconque sur le reste du pays. Chaque fois qu'une école philosophique ou littéraire se forme quelque part et s'efforce d'accaparer tous les esprits, on voit poindre dans un autre coin du pays une école rivale, qui puise dans d'autres mœurs, dans d'autres aspirations un esprit opposé et combat la première à outrance. Elle succombe dans la lutte, ou triomphe, mais alors, à son tour de se défendre contre une phalange d'esprits nouveaux qui ne tarderont pas à l'attaquer. De là des chocs incessants d'où jaillissent la la lumière et le progrès. Dans l'histoire de la poésie, ces luttes sont moins apparentes, mais elles n'en existent pas moins. A peine Opitz avait-il fondé en Silésie l'école du lyrisme savant, et déjà surgit dans

l'Erzgebirg un poète indépendant qui ramène le
Lied à la vérité du sentiment et à la grâce de la
forme.

Entre la vie de ces deux hommes, quel éloquent
contraste! L'un aspire aux honneurs et aux succès,
l'autre n'est fier que de sa liberté. Paul Flemming
(né à Hartenstein, 1609) était le fils d'un pasteur.
Dès son enfance, il respira dans les montagnes et
sur les bords de la Moldau un air plus vivifiant
qu'Opitz. A vingt ans, il étudia sérieusement la
médecine à Leipzig, mais plus encore la poésie.
Déjà la gloire lui souriait, quand tout à coup il se
décida à quitter sa patrie. Il n'avait nulle envie de
briguer la faveur des princes, il étouffait au milieu
des courtisans, son esprit le portait plus haut,
son cœur l'entraînait loin de l'Allemagne avilie
vers des peuples plus fiers, vers la nature superbe
de l'Orient. Il demanda une place dans l'ambassade
que le duc de Schleswig-Holstein envoyait en
Russie et en Perse, pour nouer des relations com-
merciales avec ces pays. Il partit avec elle et passa
quatre ans tantôt à Moscou, tantôt à Réval, tantôt
en Circassie, au bord de la mer Caspienne. C'est un
spectacle curieux que celui d'un poète allemand du
dix-septième siècle qui, dégoûté du pédantisme et
de la servilité de ses contemporains, va s'enfouir
au fond de l'Asie pour retrouver dans son cœur la
patrie allemande qu'on ne connaissait plus en Allemagne. Du reste son esprit était ouvert à tout ce
qu'il y a de grand et de beau sous le soleil. Il jouis-
sait largement de la vie sans jamais se laisser aller
à la débauche; il ne dédaignait pas le plaisir et
chantait ses bonnes fortunes avec une aimable

naïveté. Flemming ne fut pas insensible aux sirènes de l'Asie, aux belles Circassiennes. « Nous ne
pouvons pas nous comprendre, dit-il, mais nos
yeux se parlent d'autant mieux. » Puis, soudain,
son cœur de Germain se trahit dans un soupir :
« Mais la grande joie d'amour n'est que dans
l'amour éternel. » Les Circassiennes ont beau être
séduisantes, il regrette sa patrie, sa Moldau, son
Hartenstein, il voudrait « y murmurer un chant,
non de guerre, mais de paix, un chant dans lequel
il y aurait du ciel, qui sentirait la divinité, qui
remuerait le courage et le sang. » Il revint en Allemagne, se fiança avec une jeune fille de Réval et
alla s'établir comme médecin à Hambourg, quand
une maladie aiguë l'enleva à sa patrie. Il n'avait
que trente et un ans.

Paul Flemming occupe une place d'honneur dans
l'histoire du Lied. L'école d'Opitz aurait voulu
confisquer la poésie au profit des savants, la réduire
à un exercice de rhétorique en beaux vers et creu-
ser par là un abîme fatal entre le peuple et l'homme
de lettres, entre le chanteur populaire et le poète
cultivé. Nous verrons plus tard Gœthe franchir
cet abîme d'un saut hardi, aller droit à la chanson
populaire, la réveiller de son long sommeil et la
ranimer plus belle au souffle de son génie. Flemming ne semble pas avoir soupçonné son existence,
mais il tend au même but que son incomparable
successeur. Il franchit l'abîme en le contournant
et revient à la nature par le sentiment. Son impressionnabilité, sa sympathie pour les hommes le
sauvent du pédantisme scolastique qui perdit tous
ses rivaux. S'il n'a pas bu à la source vive de la

poésie populaire, il a du moins puisé largement dans le grand fleuve de la langue vulgaire ; son vocabulaire y a gagné cette flexibilité et cette richesse, qui permettent à l'expression de se plier à toutes les nuances du sentiment. Les poésies d'Opitz ressemblent à de bons exercices ; parmi celles de Flemming, il y en a beaucoup qui sont de vrais Lieds, coulant de source, faciles de forme, profonds de pensée et d'une harmonie si musicale qu'ils semblent contenir d'avance la mélodie que fera éclore le musicien. Quoi de plus tendre et de plus délicat, par exemple, que la strophe finale d'une élégie sur la mort d'un enfant :

> Nous posons sur ta fraîche tombe,
> Doux enfant, ta corbeille en fleurs.
> Nous en semons... O tombe, tombe,
> Sur lui, douce anémone en fleurs !
> Dors, enfant, dors ; que sur ta joue
> La rose brille encor longtemps,
> Qu'autour de toi toujours se joue
> La tiède haleine du printemps !

Cette strophe est digne d'Uhland. Encore un peu plus de variété dans le rythme, de mélodie dans le vers, de promptitude dans l'association des images, de divination dans le sentiment, et le Lied de Goethe sera là. Paul Flemming est un lyrique dans la plénitude du mot. Il ne chante que lorsque son âme déborde d'un monde de pensées nouvelles, et alors il commence, sans réfléchir, par celle qui veut sortir à toute force et qui la première s'impose à sa bouche. Ainsi qu'il reçoive d'une femme aimée l'aveu d'un amour sans réserve, il s'écriera :

Connaître un cœur fidèle et sûr,
Oh! c'est le trésor le plus pur!
Dis-moi qu'un cœur fidèle t'aime,
Je te saluerai comme un roi.
Je suis heureux dans la douleur suprême;
Un cœur fidèle bat pour moi.

Ailleurs, ce début *ex-abrupto*, qui d'un coup nous met dans le secret d'une âme en travail, est encore plus frappant. Flemming fut méconnu par ses contemporains, justement parce qu'il fut simple et vrai, dans un temps où la poésie tournait à l'emphase et à l'hypocrisie. On portait Opitz aux nues et l'on connaissait à peine Flemming, qui pourtant se sentait cent fois plus d'âme et de talent. Parfois même on le dénigrait, et alors le jeune poète tombait dans un profond découragement. Quoi qu'on en dise, il y a des génies, il y a même des talents incompris; c'est le sort de tous ceux qui tiennent à l'avenir plus qu'au présent, et, certes, cette solitude morale est une des épreuves les plus difficiles à traverser. Paul Flemming en sortit vainqueur, témoins ces vers qui prouvent combien il y avait d'énergie dans cette âme si sensible:

Sois courageux quand même! et quand même invaincu!
Ne cède pas aux forts, sois plus grand que l'envie,
Trouve ta joie en toi, vis fièrement ta vie.
Quand même sur ton front l'orage est suspendu,
Heur ou malheur, qu'importe? embrasse-les sans crainte.

Ne te repens jamais, accepte ton destin;
Accomplis ton devoir sans songer à demain.
Un jour reflamboira ton espérance éteinte
Si maintenant la nuit pèse sur ton chemin.
Quoi! tu te plains du sort? Vain mot; l'homme en lui-même

Porte son infortune ou son bonheur suprême.
Pour marcher en avant, ah! rentre au fond de toi.
Étouffe dans ton cœur ta douleur moribonde;
Heureux, heureux celui qui triomphe de soi,
Il triomphe de tout, à lui le vaste monde!

Tel fut Paul Flemming, un des plus nobles talents lyriques, un des caractères les plus aimables de l'Allemagne. Né dans le siècle le plus prosaïque et frustré de sa gloire, il n'en conserva pas moins cette inaltérable sérénité qui repose l'âme encore aujourd'hui, comme la lumière égale et tranquille d'un ciel sans tache. Nature à la fois ouverte et profonde, douce et ferme, il sut vivre gaîment parmi les hommes en serrant au fond de son cœur l'essence divine des sentiments les plus purs. « Cette âme généreuse, dit Wilhelm Schlegel, aspirait avec joie et de toutes ses forces à la lumière du soleil; écumante, elle débordait comme le noble suc de la vigne dans une coupe trop pleine; elle jaillissait comme une source vivante. » Plus belle encore est l'épitaphe que Flemming se fit à lui-même quelques jours avant sa mort: « Je fus libre, dit-il, je fus à moi! » Grande parole pour qui en saisit toute la portée. Combien d'hommes qui se vantent d'être libres et qui pourtant ne s'appartiennent point; dont les sentiments, les pensées, les actions et toute la vie ne sont qu'imitation, chimère, écho affaibli du vain bruit qui les entoure. Quand Flemming s'écrie: Je fus à moi! cela veut dire: tout ce que j'ai senti, vécu, pensé, je l'ai senti, pensé, vécu par moi-même; mon âme est mon œuvre et non celle des autres. Gloire nulle, sans doute, pour la grande masse des hommes puisqu'elle est sans vanité. Son auréole ne brille pas aux yeux du vulgaire, son doux éclat ne se répand que dans le sanctuaire de la conscience et ne peut tenter que le mâle orgueil d'un homme digne de ce nom. Mais elle n'en est que plus belle aux yeux du penseur, car seule elle donne à l'homme la pleine jouissance de son être intime et au poète la conscience de sa force.

Malheureusement, l'exemple de Flemming fut perdu pour ses contemporains. Ils restèrent ce qu'ils étaient, versificateurs pédants et froids plagiaires. Hoffmann de Hoffmannswaldau (né à Breslau, 1618) fonda la seconde école silésienne). Opitz avait imité les anciens et les Français, celui-ci s'inspira des Italiens ; sous prétexte de remédier au pédantisme de ses devanciers, il tomba dans une sensualité grossière, sans grâce ni passion et jusque dans l'affectation du libertinage. Il crut rendre ses droits à l'imagination en surchargeant ses vers d'ambre, de nectar, de saphirs, de pourpre et de soie, de marbre, d'albâtre. Peine perdue, son cœur était froid, son imagination corrompue et le célèbre poète silésien ne fut au fond qu'un honnête président du conseil de Breslau, doublé d'un brillant épicurien.

Nous avons vu dans Flemming la réaction du sentiment contre le pédantisme de l'école. On peut opposer Günther à Hoffmann de Hoffmannswaldau comme la passion vraie à la dépravation de l'esprit. Il revint à la nature par la fougue de son tempérament. Sa destinée fut tragique ; il tenta d'être un vrai poète malgré son siècle; cette lutte lui coûta la vie. Günther naquit à Striegau, en Silésie

(1595); son père était médecin, esprit étroit, cœur dur et implacable. Les années d'enfance furent les plus heureuses de sa vie, il s'en souvint plus tard avec attendrissement. En hiver, tremblant de froid, accroupi derrière le poële, il écoutait les contes de la vieille Marguerite; c'était sa seule amie. « Jamais les plus beaux syllogismes, dit-il, ne m'ont causé tant de plaisir. » Il avait quatorze ans, quand un ami de son père, frappé de son intelligence, le prit chez lui et le mit à l'école. A vingt ans, il se rendit à l'Université de Wittemberg pour étudier la médecine, mais il n'y fit que des vers. Il s'éprit follement de la fille du docteur Jachmann, qu'il chanta sous le nom de Léonore. La jeune fille prêta l'oreille à ses déclarations passionnées et lui promit sa main, mais, quelques mois plus tard, elle en épousa un autre. Günther n'éprouva nulle colère, mais une douleur violente, profonde, irrésistible, un déchirement de tout son être. Ce coup avait suffi pour briser le ressort de cette nature ardente mais faible; la série de ses malheurs avait commencé. Pour s'étourdir il se plongea dans les dissipations de la vie d'étudiant, il chanta le plaisir sans frein avec autant de feu qu'il avait chanté l'amour pur. A cette nouvelle, son père, irrité, lui refusa tout secours et déclara que tout était fini entre eux, que jamais il ne reconnaîtrait plus son fils. Il tint parole. Sans protection, sans état, sans ressources, Günther se fit poète d'occasion; à cette époque c'était une sorte de position sociale. On improvisait aux baptêmes, aux noces, à toutes les fêtes, on faisait des vers pour les riches et les nobles et l'on vivait au jour le jour. Ce que devenait la dignité dans un pareil métier, il est inutile de le dire. Eh bien, chose remarquable dans ce dangereux gaspillage de l'âme et de l'esprit, Günther resta poète, il ne s'avilit point parce qu'il ne s'abaissa jamais jusqu'au mensonge. En relisant ces œuvres d'un jour, depuis longtemps oubliées, on ne peut s'empêcher d'admirer la chaleur d'âme avec laquelle le pauvre improvisateur relève les situations les plus banales.

Son caractère ouvert et facile lui valut beaucoup de protecteurs, mais son esprit mordant, qui se déchaînait sans pitié contre les pédants et les pieds-plats, lui suscita des ennemis acharnés. Après bien des efforts, son ami Burkhard-Mencke crut avoir trouvé pour lui une position à la cour de Saxe. Une intrigue de courtisans la lui fit perdre sans retour.

Sur ces entrefaites, Léonore, qu'il n'avait cessé d'aimer en secret, était devenue veuve. Un rayon d'espérance rentra dans le cœur du malheureux. Il se cramponna à cet amour comme à une planche de salut; elle devait sombrer sous lui comme toutes les autres. Léonore, il est vrai, touchée d'un amour qui avait survécu aux plus rudes épreuves, consentit à l'épouser; mais il lui fallait un gagne-pain. Il résolut d'achever ses études pour devenir méde-cin, et se rendit à Breslau, où d'anciens amis le reçurent à bras ouverts. Mais au moment où il allait essayer de pratiquer, il tomba malade et bien-tôt il fut dans la misère. Désespéré, il écrivit à Léonore une lettre d'adieu : « Chère enfant, lui dit-il, reprends ton cœur et ne t'inquiète pas de la douleur avec laquelle je te le renvoie. Ce cœur est trop noble pour rester mon compagnon. » Sentant qu'il ferait le malheur de celle qu'il aimait, il avait eu la force de renoncer à elle. Mais ce dernier effort l'avait épuisé. Une fois encore il ramassa tout son courage et tenta une réconciliation avec son père. Mais cet homme, inflexible dans son ressentiment, refusa même de recevoir son fils et lui interdit pour toujours le seuil de la maison paternelle.

Ce coup l'acheva. A partir de ce jour, il erra au hasard en Silésie et alla mourir, à Iéna, de misère et de désespoir, à l'âge de vingt-huit ans.

Gœthe fut un des premiers à reconnaître le mérite de Günther (1). Après avoir montré qu'il réunissait toutes les qualités qui font le poète, il ajoute : « Il ne sut pas se dompter, c'est pourquoi sa vie et sa poésie lui fondirent dans la main. » On peut croire en effet que, né dans des circonstances plus heureuses et doué de plus d'énergie, Günther eût renouvelé la poésie lyrique dans sa patrie. Malgré l'inégalité et l'imperfection de ses œuvres, il faut le placer immédiatement après Flemming dans l'histoire du Lied. Comme lui, il prépara Gœthe. Flemming revint à la nature par la délicatesse et la profondeur d'un sentiment original, Günther par la fougue de la passion. Chez tous deux on sent dans l'accent du vers non la facture habile, mais la palpitation d'une âme. Tous deux sont également sincères; leur poésie n'est pas une fiction, mais une confession, et chez Günther elle est plus complète, plus hardie encore. Il a écrit avec son sang toutes les erreurs et toutes les infor-

(1) *Fiction et vérité*, livre VII.

tunes de sa vie. Tous ses vers à Léonore ont cet accent de vérité qui ne trompe jamais. Après la trahison, il revient à l'arbre qui a entendu leurs premiers serments.

> Vois ces gouttes qui découlent
> De l'écorce des bouleaux.
> Vois, ces pures larmes roulent
> Pour mon amour, pour mes maux.
>
> Jadis sous ce frêle ombrage
> Tu m'as juré devant Dieu,
> D'être à moi ; mais, cœur volage,
> C'était pour me dire adieu !
>
> Ah! les arbres insensibles
> Pleurent... tu ne pleures pas !

Et à la fin :

> Je veux fuir dans les ruines,
> M'égarer dans les vallons,
> Les colombes orphelines
> Seront mes seuls compagnons.
> Sous la nuit des noirs feuillages
> Je veux cacher ma douleur,
> Un tombeau de fleurs sauvages
> Me fasse oublier ton cœur !

La douleur et l'effroi d'une âme juvénile qui doute pour la première fois de l'amour et du bonheur résonnent dans ces strophes, émouvantes comme un sanglot et douces comme une mélodie populaire. Le déchirement fut bien plus cruel quand Günther dut quitter Léonore pour la seconde fois; le cri de désespoir qui lui échappe alors est terrible. Cette fois-ci il a vu pleurer celle qu'il aime et ces larmes adorées, ces larmes qu'il ne verra plus le rendent fou.

> Ah! tais-toi donc, ô moitié de mon âme,
> Tes pleurs si doux sont le sang de mon cœur!
> J'erre au hasard, je tombe, je me pâme,
> Je n'aime plus que ma propre douleur.
> De notre amour l'étoile tutélaire
> Brûle mes yeux de sa triste lumière.

Quelquefois il est soumis et résigné dans le malheur, il parle à Dieu comme à son père, et alors son chant est doux comme la prière d'un enfant. Mais quand la coupe de la colère céleste se vide sur lui, quand l'injustice est trop forte, il se révolte, superbe, audacieux, indompté. La malédiction de son père le frappa sur la fin de sa vie comme la foudre qui tombe sur un voyageur harassé par la tempête. Un autre eût roulé par terre, mais lui, non. Avant de rendre le dernier soupir, le poète outragé se redresse encore une fois dans toute sa fierté. Ce Dieu qui l'accable et qui va le juger, il ne lui demande point grâce, il le brave en face:

> J'entends, ô juste Dieu! la voix de ton tonnerre,
> Tu ne m'écoutes plus, si forte est ta colère.
> Maudit, je dois subir l'éternel châtiment.
> Je dois, il faut, je veux. Je veux! j'en fais serment!
> Je brave ton courroux, je ne veux pas de grâce,
> Ton arrêt me grandit plus qu'il ne me terrasse.
> Es-tu mon père? Non. Grand juge, prends ta loi,
> Renie d'abord ton fils, et puis... repousse-moi!

Tout le renia, son père, ses contemporains, sa destinée. Abandonné de tous, coupable envers lui-même, désespéré, il succomba à tant d'épreuves,

victime de ses passions, si l'on veut, mais victime
aussi de son siècle. Günther est un précurseur de ces
esprits révolutionnaires qui surgirent quarante ans
environ après sa mort et qui s'intitulèrent *génies
originaux*, jetant à bas toute règle et n'écoutant
que leur inspiration. A une époque où la religion
tournait au formalisme, la vie sociale à l'hypocrisie,
la poésie au pédantisme, il osa ne croire que ce
qu'il sentait, vivre franchement selon ses passions
et ne chanter que ce qu'il avait vécu. Il eut le cou
rage d'être ce que Gœthe appelait *une nature*, un
tempérament original qui ne craint pas de se ma-
nifester. C'est par là qu'il tranche sur ses contemporains, c'est par là qu'il agit puissamment sur les
esprits d'élite. Car ils ne purent le lire sans en
en tirer cette grande leçon, que la sincérité envers
soi-même et envers les autres n'est pas moins digne
du poète que de l'homme.

Vers le milieu du dix-huitième siècle, un souffle
nouveau passe sur la société ; tous les esprits jeunes
et généreux se réveillent en sursaut et secouent la
torpeur de l'esclavage. Frappés de mille rayons à
la fois, ils aperçoivent le monde, l'homme, la religion sous un jour plus éclatant. Heure décisive
dans l'histoire du génie germanique, comme dans
celle du génie français, et qu'on ne peut passer sous
silence lorsqu'on suit d'un œil attentif les destinées
de la poésie lyrique. Pendant tout le dix-septième
siècle, les hommes avaient supporté patiemment
la tyrannie de l'Etat et de l'Eglise. A l'élan prodigieux de la Réforme avait succédé une morne
prostration. Dans l'Allemagne du Sud, les jésuites
tout puissants gouvernaient l'Etat, corrompaient les

familles et menaçaient les princes récalcitrants;
dans le Nord les luthériens rétrécissaient les esprits
et désenchantaient la vie. Mais bientôt le génie
protestant se redressa dans toute sa force, et non
plus le protestantisme du seizième siècle, qui se
contentait de nier l'autorité du pape, mais un protestantisme bien plus logique et plus hardi, qui
osait nier toute autorité, la lettre en religion, le
droit divin en politique, la tradition en philosophie,
les règles de goût en poésie. Dans la science, dans
l'art, dans la vie, tout se transformait. L'Allemagne
commença par la rénovation esthétique et donna
le signal d'un affranchissement définitif de l'art.
Depuis la mort de Luther, la poésie n'avait été que
l'humble servante de l'Eglise ou l'histrion d'une
caste. Mais cette noble esclave allait reconnaître sa
nature divine, briser les chaînes de ses oppresseurs, et, libre de nouveau, s'élancer à la conquête
du monde. Cette révolution ne fut pas l'œuvre d'un
jour. Elle eut ses prophètes, ses avant-coureurs,
ses dictateurs; et à travers bien des tempêtes elle
aboutit à la liberté, je veux dire : à l'abolition des
règles mesquines et à la proclamation des grandes
lois du beau. Voici, en peu de mots, les phases
principales et les résultats définitifs de ce mouvement.

Le premier grand nom, qui arracha l'Allemagne à son indifférence poétique, fut celui de
Klopstock. Ses *Odes* et sa *Messiade* transportè-
rent la jeunesse. Elles venaient à temps pour fermer la bouche à Gottsched, le fidèle disciple de
Boileau, qui, depuis des années, s'érigeait en légis-
lateur du Parnasse germanique. Klopstock, il est

vrai, n'était ni un grand créateur, ni un artiste
accompli, mais il avait ce qu'il fallait pour vaincre,
ce qui manquait à tous, et ce dont tous avaient
soif : l'enthousiasme. Il le puisait à deux sources,
dans la religion et dans le patriotisme, non pas dans
la religion officielle, mais dans celle de son cœur,
dans la foi libre de l'âme ; non pas dans le patriotisme de cour et de commande, mais dans la grande
Allemagne, dans celle qui avait combattu avec
Arminius et Luther. Ces effluves de sentiment
religieux, ces torrents de patriotisme, il les exha-
lait en hymnes, en odes, en dithyrambes, suivant
pieusement les traces de Pindare, de David, d'Ossian. Le premier il employa l'hexamètre et toutes
sortes de vers grecs, et pour donner plus d'importance à la pensée il se passa de la rime. Ses *Odes*
sont des tourbillons de pensées, où retentit l'harmonie monotone d'un seul et vaste sentiment. Se
plonger avec délire dans les splendeurs du ciel,
s'abîmer avec un cri d'admiration dans la majesté
infinie de la divinité, voilà sa plus haute jouissance.
Sa génération le porta aux nues, parce qu'elle sentait en lui la force débordante de l'enthousiasme.
Il le méritait ; il avait tué l'école du bon sens par
l'école de l'inspiration, il avait relevé la dignité du
poète en demandant qu'il fût comme un prêtre au
milieu de son peuple.

Wieland, l'antagoniste de Klopstock, esprit épicurien, réaliste, mondain, élargit l'horizon poétique de ses compatriotes d'un autre côté. Par ses
romans il leur ouvrit une échappée sur le monde
serein de la Grèce antique, par sa traduction de
Shakespeare, il leur dévoila pour la première fois

la véritable tragédie humaine. Mais le grand ini-
tiateur de la pensée allemande au dix-huitième
siècle, le plus puissant révolutionnaire de ce temps
fut l'incomparable Lessing. Esprit critique, lumineux, droit et hardi, âme noble et courageuse sans
l'ombre de sentimentalisme, il attaqua tous les
faux dieux de l'époque et les renversa sans pitié.
La tragédie classique, la Bible, la poésie bâtarde
essuyèrent ses coups redoublés. Pédants, cagots et
intrigants reculèrent effrayés devant ce lutteur infatigable. Il ne craignit rien et ne ménagea personne,
n'ayant qu'un culte, celui de la vérité, et qu'une
ambition, celle de la défendre. Et la vérité pour
lui n'était pas une formule toute faite, mais un
domaine infini, où l'on peut toujours avancer sans
jamais arriver au bout. Il faut l'entendre parler lui-
même de cette vérité qui fut le plus grand amour
de sa rude vie. « Ce qui fait le mérite de l'homme,
dit-il, dans sa polémique contre le pasteur Gœze,
ce n'est pas la somme de vérité qu'il possède ou
qu'il croit posséder, mais l'effort sincère qu'il a
fait pour la conquérir. Car ce n'est point par la
possession, c'est par l'ardente investigation de la
vérité que nos forces se développent et que nous
approchons de la perfection. La possession rend
indifférent, paresseux et fier. Si Dieu m'offrait dans
sa main droite toute la vérité et dans sa main gauche l'amour éternel de la vérité, fût-ce à la condition d'errer toujours et s'il me disait: choisis! —
je saisirais humblement sa main gauche et je dirais:
Père, donne! car la vérité pure n'est que pour toi
seul. » C'est dans cet esprit de recherche infatigable que Lessing aborda la religion, la science et

l'art, et partout il montra le chemin du salut, partout il fraya la route aux générations nouvelles. Pour commencer, il donna le premier coup à la tragédie classique et à ce qu'on pourrait appeler le genre Louis XIV en poésie; ce fut son coup de grâce. Après la *dramaturgie de Hambourg*, aucun Allemand n'eut plus envie de la prendre pour modèle. La règle des trois unités, les vers alexandrins et les héros grecs travestis en galants gentilshommes de Versailles perdirent en un jour leur lustre séculaire. On les jeta au grenier comme des marionnettes usées et l'on s'étonna fort de s'en être amusé si longtemps. Dès lors, tous les poètes, qui se sentaient quelque vigueur dans l'âme, se plongèrent dans Shakespeare, malgré Voltaire et le grand Frédéric. Par le *Laocoon* enfin, Lessing jeta sur la nature intime de la poésie un trait de lumière, qui fut une véritable révélation. Jusqu'alors critiques et poètes confondaient à l'envi la peinture et la poésie et s'appuyaient sur l'adage d'Horace : *ut pictura noesis*. Le poète se fatiguait à décrire et mettait sa plus haute ambition à rivaliser avec la palette du peintre. Lessing, partant de la comparaison entre le morceau de Virgile sur la mort de Laocoon et le groupe de marbre sur le même sujet, prouva que le poète procédait tout autrement que le sculpteur et le peintre. Les arts plastiques se développent dans l'espace et parlent aux yeux. Ils ne peuvent représenter une action que dans un moment donné, mais ils la représentent dans tous ses détails avec une extrême vivacité. La poésie, au contraire, se développe dans le temps et s'adresse à l'imagination. Elle peut représenter une action dans la

série des moments qui la composent, elle peut, elle
doit même nous en montrer l'origine, le développement et l'issue. Qu'elle se garde donc de rivaliser
avec la peinture, qu'elle nous fasse voir l'âme elle-
même en action. De l'action extérieure ou intérieure, visible ou invisible, mais de l'action, encore
de l'action! et toujours de l'action! Telle était la
devise de Lessing en poésie. En énonçant cette
idée, il avait jeté les fondements de l'esthétique,
prouvé le néant de la poésie descriptive et fait du
drame le couronnement de l'édifice des arts [1].

Lessing avait commencé la réforme poétique
par la critique de tous les préjugés. Herder con-
tinua son œuvre par l'admiration passionnée des
chefs-d'œuvre éternels, par la divination prophétique du vrai beau et par l'enthousiasme humani-
taire. Si cet homme avait vécu sous les rois d'Israel,
il serait devenu un prophète fougueux de la trempe
d'Ezéchiel ou d'Isaïe. Né dans un siècle de critique
et de philosophie, il devient cosmopolite; c'était
se montrer prophète aussi. Avant lui, personne,
ni en Allemagne, ni ailleurs, n'avait franchi complètement les barrières de la nationalité. Herder,
doué d'une compréhension plus vaste et vraiment

---

1. On ne saurait trop recommander à tous ceux qui s'intéressent à
Lessing le livre classique de M. Adolphe Stahr : *Lessing, sein Leben
und seine Werke* (Lessing, sa Vie et ses Œuvres). Berlin, Gut-
tentag. 4ᵉ édition, 1868, qui a conquis en Allemagne une célébrité,
digne du grand champion de la liberté et de la vérité. M. Stahr
y raconte avec émotion la vie militante de son héros, et juge son
œuvre avec une intelligence supérieure. Si Lessing est devenu populaire dans les familles et dans les gymnases allemands, il le doit
en grande partie à cette biographie, chef-d'œuvre de style, de pensée et de conviction.

universelle, s'appliqua à saisir le génie de chaque nation avec amour, avec passion ; le premier, il conçut l'histoire comme le développement éternel de l'humanité, où chaque peuple n'est qu'un acteur dans un drame sans fin. Le premier, il conçut la poésie, non comme une invention ingénieuse des âges civilisés, mais comme la langue maternelle des peuples ; le premier il prononça cette parole féconde : la vraie poésie, c'est la poésie primitive ; le premier, il osa dire aux poètes : prêtez l'oreille aux chants populaires de toutes les nations, voilà vos maîtres ; le premier, il fit entendre au monde ravi ces *Voix des peuples*, voix magiques, voix immortelles si longtemps oubliées. Homère, la Bible, Shakespeare et les chants populaires, tels étaient les modèles dont il célébra les beautés victorieuses avec un enthousiasme prophétique. C'était frayer aussi large que possible le grand et beau chemin qui conduit à la nature, à la simplicité. C'était plus qu'une grande découverte, c'était une grande action, qui ne demandait rien moins que le courage du génie. Nous ne tarderons pas à voir qu'elle eut sur le développement de la poésie lyrique une influence incalculable.

Dans ce mouvement révolutionnaire, qui entraînait alors toute la jeunesse, on peut distinguer quelques grands courants d'idées, qui renouvelèrent l'art tout entier. D'abord, l'idée mère de la philosophie et de l'esthétique herdérienne, l'idée de l'humanité une, solidaire, fraternelle et indéfiniment perfectible. Quelle vision éblouissante pour l'œil du penseur et du poète! Toutes ces nations jusqu'alors séparées, ennemies, entre-choquées

pêle-mêle, à travers les siècles, dans la haine et
le sang, ralliées soudain comme des sœurs héroïques, sous le signe vainqueur de l'esprit humain ;
l'Inde rêveuse et panthéiste, la Grèce amante du
beau, Rome conquérante, Germains et Gaulois
se donnant la main et se léguant de siècle en siècle la pensée religieuse et poétique. Devant ce
spectacle, les barrières qui séparaient les peuples
devaient tomber comme sous une baguette magique.
L'histoire avait un sens nouveau, le progrès ; l'humanité un but sublime, l'union de ses forces ; l'enthousiasme une flamme plus divine pour se raviver, la fraternité universelle. Etait-ce autre chose
au fond que la justification philosophique du rêve
céleste de Jésus ?

Cette idée plus large de l'humanité devait enfan-
ter un idéal plus grand de l'homme. Jusqu'alors
l'individu s'était développé dans un sens exclusif ;
il apprenait son métier et se moquait du reste. On
était soldat, courtisan, avocat, médecin, savant
peut-être, on ne songeait pas à être homme. Le
poète, le philosophe même, qui, par sa nature,
devrait s'élever plus haut, ne sortaient que rarement de l'ornière du métier. Mais maintenant qu'on
connaissait l'humanité sous tant de faces, maintenant qu'on la vénérait dans Socrate aussi bien que
dans Jésus, dans Brutus comme dans les martyrs
chrétiens, dans les vertus antiques comme dans
les vertus modernes, maintenant on rêvait l'homme
complet. Devenir fort, nager, patiner, faire les armes,
déclamer, chanter, aimer la musique et la poésie, et
tout comprendre, ces choses devaient entrer dans l'é-
ducation. Autrefois on ne songeait qu'à développer

son talent pour exceller dans son métier et l'on devenait une machine ; maintenant on aspirait à développer harmonieusement toutes les facultés. Le but de
l'éducation n'était plus le métier, mais l'épanouissement de l'homme lui-même, jouissant de la plénitude
de son être dans l'équilibre de ses forces.

Ceux qui pensaient aussi grandement de l'humanité et de l'homme devaient penser plus noblement
aussi de la poésie et du poète. Qu'était-ce que la
poésie au dix-septième siècle? — Un talent de
bonne société fait pour distraire les rois et leurs
courtisans, la rhétorique savante des belles passions, des sentiments convenables et de la religion officielle. Qu'on était loin désormais de cette
mesquine invention ! La poésie était devenue une
faculté primordiale de l'homme et l'expression la
plus libre du génie des nations. Elle ne parlait plus
seulement dans les palais, elle chantait dans les
chaumières ; elle n'éclatait pas seulement chez les
peuples civilisés, elle élevait sa voix à l'origine des
civilisations, grave, sublime, religieuse. On prêtait
l'oreille à ces mille accents qui partaient de tous
les siècles et de tous les points du globe. Que de
voix étranges, profondes, émouvantes ! Quelle richesse et quelle grandiose unité dans cette symphonie ! C'était le chant éternel de l'âme, toujours
le même et toujours nouveau. La sainte poésie devenait ainsi une rivale de la religion, car elle expri-
mait, comme sa sœur aînée, les aspirations éternelles de l'homme. La religion, pensait-on, se donne
pour une révélation de Dieu. Soit ; mais la poésie
l'est-elle moins? N'est-elle pas la révélation de tout
ce qu'il y a de divin dans l'âme humaine ?

Et le poète enfin, comme il avait grandi ! Prêtre d'une telle religion, n'avait-il pas mission de redevenir ce qu'avaient été les sages, les devins, les prophètes des âges primitifs? Sans doute, la simplicité des temps héroïques avait disparu, la société était divisée en une foule de cadres étroits et partout l'homme étouffait dans son métier. Mais cela même rendait le poète nécessaire. A lui de retrouver, sous les déguisements de la mode, sous les draperies théâtrales d'une société hypocrite, l'homme primitif puissant, énergique, entier, dans l'infinie variété de ses types; à lui de créer dans sa propre personne l'homme complet; à lui de retrouver dans ses frères les traits mutilés de l'idéal ; à lui enfin de donner une voix à tous ceux qui ont une âme et qui ne peuvent parler, dont le seul langage est un éternel et vague désir; à lui de nous faire sentir l'harmonie de tout ce qui vit et respire.

Voilà les idées qui fermentaient dans toutes les têtes jeunes et ardentes aux environs de l'année 1760. On ne les formulait pas, on les pressentait ; elles nageaient dans l'air. Plus elles étaient vagues et plus elles semblaient immenses, plus elles agitaient les esprits. La nouvelle génération se livrait sans crainte à une exaltation folle, à des espérances sans bornes. Elle ne savait pas ce qui allait venir, mais elle s'attendait à quelque chose de nouveau, d'inouï, de magnifique. Le mot d'ordre était : la nature ; et l'on se jetait avec soif dans tous les torrents de la passion. L'amitié, l'amour, le patriotisme, la religion, tout devenait une ivresse, un délire. Tantôt on était sensible à l'excès, on se pâmait dans les larmes; puis on devenait cru, brutal, d'une sensua-

lité fougueuse et cynique. On tressaillait de joie en
jetant aux orties le froc de l'hypocrisie, on chantait victoire en brisant les chaînes de la mode et des
convenances. C'est la période des *génies originaux*
(ils se donnèrent eux-mêmes ce nom), la période
de tourmente et de mouvement (*Sturm und Drang-
periode*). Au premier rang de cette phalange, nous
voyons Lenz, Klinger, le peintre Müller, Basedow,
les frères Stolberg et pour un temps Jacobi, Lavater et Gœthe. On ne soupçonne plus aujourd'hui les
folles extravagances et les ambitions tumultueuses
de cette jeunesse. Les Philistins les prenaient pour
des fous ; quelques-uns le devinrent en effet comme
Lenz ; d'autres, comme Stolberg, finirent par faire
pénitence et rentrèrent dans le giron de l'Église
catholique. Un seul d'entre eux mit en œuvre les
rêves les plus audacieux dont ils s'étaient bercés, et
réalisa enfin, par la force d'un génie exubérant et
d'une volonté titanesque, cet idéal du poète que
ses amis entrevoyaient de loin. Ce fut Wolfgang
Gœthe.

VIII

GOETHE

Je suis l'oiseau, le gai chanteur
De la forêt immense,
Le chant qui jaillit de mon cœur,
Voilà ma récompense !
BALLADE DU CHANTEUR.

—

Sa grandeur fut d'être une nature
véridique.

CARLYLE.

Le tempérament de Gœthe se trahit surtout dans son lyrisme. — L'enfant prodige. — Merveilleuse éducation poétique. — L'étudiant de Leipzig. — Le novateur de Strasbourg. — Révélations : Shakespeare, Herder et Frédérique. — L'idylle de Sesenheim. — Éclosion du poète ; son lyrisme déborde. — Retour à Francfort. — L'ivresse du génie. — Le nouveau Prométhée. — Weimar, l'apaisement, apogée de son lyrisme. — Les Ballades : la Violette, le Pêcheur, le Chanteur. — Beauté du lyrisme de Gœthe, sa vérité, sa musique. — Son Lied est le Volkslied transfiguré.

L'Allemagne cherchait son génie ; Gœthe le lui révéla. Ce n'est pas en vain que deux mille ans de culture avaient passé sur elle, le fils du patricien de Francfort en hérita. L'antique et sérieuse Germanie, la chevalerie mystique du moyen âge, la Réforme, la Renaissance et la philosophie moderne

19

lui soufflèrent leur esprit et trempèrent le poète
prédestiné de leur baptême de feu. Fort de ces
voix intérieures, il put dire à sa patrie: Tu ne connais pas ton âme et je vais te la montrer. Il ne le
fit pas en théories abstraites, mais en œuvres vivantes; c'est ainsi que, poète lyrique, il ressuscita le
vrai Lied.

Je ne parlerai point ici du poète épique, du
romancier, du dramaturge, du naturaliste et du
penseur, car Gœthe fut tout cela et plus encore,
j'entends un homme dans la force du terme. *He
was a man*, comme dit Shakespeare, l'homme complet de Térence, à qui rien d'humain n'est étranger; une organisation infiniment active et profondément harmonieuse. C'est du poète lyrique seulement que je veux tracer une rapide esquisse, et
cependant ce sera lui tout entier, car il y a cela
d'admirable chez tous les hommes complets : leur
activité est multiple, mais ils sont tout entiers dans
tout ce qu'ils disent et dans tout ce qu'ils font.

On connaît en France la grandeur du romancier
et du dramaturge, mais comment sentir la puissance du premier lyrique de l'Allemagne, quand la
vibration même de son âme nous échappe avec la
musique de son idiome? Le lyrisme de Gœthe est
resté jusqu'à ce jour lettre close pour nous, puisque aucune traduction n'a pu nous donner un écho
lointain de sa magie. L'ignorer, c'est ignorer le
fond même de cette grande et simple nature, qui
se révèle le plus spontanément dans son œuvre
lyrique. Tous n'ont pas connu le Gœthe intime;
beaucoup n'ont vu que le ministre et le philosophe; Mme de Staël elle-même est du nombre. Ceux-

là seuls qui ont joui de sa confiance entière, les Schiller, les Herder, les Eckermann, ont connu cette excessive impressionnabilité, cette chaleur d'âme et cette richesse de sentiment, qui se traduit dans ses poésies et qu'il cachait dans la vie de tous les jours sous un calme olympien. On peut se perdre dans ces mille poèmes, petits et grands. Tous les genres y abondent, ou plutôt chaque poésie est un genre nouveau. Depuis les simples chants d'amour jusqu'aux hymnes panthéistes sur Dieu et le monde, depuis les chansons à boire jusqu'à l'élégie passionnée, depuis la légende naïve jusqu'à la ballade philosophique, depuis les refrains frondeurs d'un étudiant en vacances jusqu'aux paroles orphiques d'un sage indo-européen ; il a tout senti, tout vécu, tout chanté. Montrer comment l'étudiant de Leipzig, le jeune homme fougueux de Strasbourg, le héros de Weimar, l'enfant de l'Italie et de la Grèce, le naturaliste, le philosophe et le cosmopolite se réfléchissent dans l'œuvre lyrique de Gœthe, ce serait là le sujet de tout un livre. Qu'il nous suffise d'indiquer ici les phases principales de son développement, et surtout montrons en lui le disciple de la chanson populaire, l'éveilleur du vrai Lied.

Le don poétique se trahit de très bonne heure chez Goethe avec une grâce spontanée, ravissante, irrésistible. On a raconté plus d'une fois qu'une muse s'approcha du berceau d'un poète, se pencha sur lui avec un sourire passionné et imprima sur sa bouche un baiser de feu. De là, ce parfum d'ambroisie qui reste sur ses lèvres et ce désir du ciel qui le brûle au cœur jusqu'au dernier soupir. Cette fable riante fut la vérité pure pour Goethe. La muse charmante qui veilla sur son enfance fut sa mère. Oui, la jeune, l'aimable, la gaie *madame la conseillère* fut une muse pour ce favori des dieux. Elle avait dix-huit ans quand son fils vint au monde, et bientôt la jeune mère de jouer, de rire et de chanter, avec son enfant, du matin au soir. « Moi et mon Wolfgang, disait-elle encore plus tard, nous avons toujours fait cause commune. » Et quoi de plus délicieux pour un enfant à l'imagination ardente que cette mère, encore jeune fille d'âme et de visage, à la fois sérieuse et enjouée, enthousiaste et perspicace et d'une inaltérable bonne humeur. « C'est d'elle, dit-il, que j'ai hérité l'amour de conter [1]. » Dès l'âge de quatre ans elle le berça de contes de fées, où l'air, le feu, l'eau et la terre apparaissaient sous la forme de belles princesses. La mère s'amusait ; mais l'enfant, tout palpitant sur ses genoux, l'écoutait les yeux grands ouverts, avec un profond sérieux. « N'est-ce pas, mère, s'écriait-il quelquefois, la princesse n'épousera pas le maudit tailleur, si même il assomme le géant ? » Alors, la malicieuse coupait court à son récit et remettait au lendemain la catastrophe. Mais l'histoire travaillait dans cette petite tête, il en rêvait la nuit, et le lendemain il n'avait de repos qu'il n'eût marié la princesse à son favori. Il confiait le dénouement à sa grand'mère sous le sceau du secret ; celle-ci le racontait en souriant à la mère et quand venait le soir, l'enfant

---

1. *Die Lust zum fabuliren*, veut dire proprement : la passion d'inventer des fables, à perte de vue, au gré d'une imagination sans frein.

voyait se réaliser avec des cris de joie ses espérances les plus hardies. On le voit, les muses elles-mêmes n'auraient pas mieux élevé le poète.

Goethe enfant est dévoré du double désir d'apprendre et de produire. Son individualité poétique se manifeste déjà avec une singulière énergie. A sept ans, il invente un culte particulier à la divinité et lui élève un autel mystérieux dans sa chambre; à onze ans, il pénètre dans les coulisses du théâtre français de Francfort avec un jeune homme de la troupe, et broche une tragédie française. A douze ans, il compose un poème biblique sur Joseph et une série d'odes religieuses. A quatorze ans, il tombe amoureux de la petite Gretchen et la séparation forcée qui termine ce roman lui cause un violent désespoir. Pour la première fois, il sent une douleur réelle et cette douleur le transforme. Jusqu'alors, l'enfant précoce n'avait fait que jouer avec la poésie; ici, le cœur est atteint et cherche une expression, mais, chose étrange, pour la première fois la parole lui manque. L'émotion est trop forte; l'adolescent, interdit devant le mystère de l'amour, reste plongé dans une noire mélancolie et dans une méditation profonde.

A Leipzig, le jeune étudiant en droit fait son entrée dans le monde, le poète tâtonne encore et cherche sa voie. Il arrivait plein d'illusions sur les grands hommes du temps et les croyait sur parole, quand ils s'appelaient entre eux les Virgile, les Horace ou les Homère de leur siècle. Il fut bien vite détrompé. Sa visite à Gottsched lui enleva ses plus belles illusions. Un domestique l'introduit dans l'antichambre du Boileau de l'Allemagne et lui mon-

tre la porte du cabinet, pour lui signifier que le grand
homme allait paraître à l'instant. Gœthe s'imagine
qu'on l'invite à entrer ; il ouvre la porte et voit
l'immense Gottsched debout, sa tête chauve complètement nue. Le domestique était en train de lui
apporter sa magnifique perruque poudrée. Gottsched la prit gravement d'une main, tandis que de
l'autre il allongeait un soufflet au valet maladroit,
plaça majestueusement sa perruque sur sa tête,
puis, sans se déconcerter, fit signe à Goethe de s'asseoir, et commença gravement un long discours.
La plupart des poètes du temps ressemblaient à ce
professeur : avant de prendre la parole, ils s'affu-
blaient de la perruque classique. Le jeune étudiant
se le tint pour dit, et c'en fut fait de son admiration. Il ne suivit pas régulièrement non plus le *Col-
legium philosophicum et mathematicum*, trouvant
fort singulier qu'un philosophe vous enseignât à
faire en trois temps ce que l'on savait faire en un
seul. Par contre, il alla beaucoup dans le monde.
Il s'attacha surtout à Mme Boehme, femme d'esprit, et lui montra ses premiers essais poétiques.
Elle ne lui cacha point qu'ils ne valaient rien parce
qu'ils manquaient de nature. Cela le découragea
beaucoup, il brûla toutes ses paperasses et jura de
ne plus briguer la faveur des muses. Mais voilà
qu'il fait la connaissance de Kaetchen, la fille de
son hôte ; elle lui sourit, il prend feu et le voilà
plus poète que jamais. Gœthe, âgé de dix-sept ans,
était alors le plus fantasque et le plus inconstant
des rêveurs. Avec ses amis, il passait subitement
d'un fierté hautaine à un abandon passionné ; fou
de gaîté pour un jour, il tombait le lendemain dans

une mélancolie profonde ; des semaines entières il courait bals, fêtes et soirées, puis il disparaissait, s'égarait dans la campagne et cherchait des chansons dans les harmonies de la forêt. Éperdûment amoureux de Kaetchen, aimé d'elle, il la tourmenta par des accès de jalousie folle. Souvent elle fondait en larmes à ses reproches injustes et alors il lui demandait pardon à genoux. Un jour qu'il traversait un bois favori, il aperçut son propre nom taillé dans un arbre et un peu plus haut celui de Kaetchen et se souvint qu'il les y avait gravés lui-même. On était au printemps ; la sève affluait sous l'écorce et jaillissait en gouttes étincelantes par le nom de Kaetchen, tandis que les entailles de son propre nom, déjà cicatrisées, étaient restées sèches ; si bien, dit-il, qu'elle semblait verser des larmes sur ma froideur et mon insensibilité. Des larmes véritables lui vinrent aux yeux ; ému jusqu'au fond de l'âme par ce spectacle, il composa une idylle où il peignait son injustice criante et la douceur angélique de sa victime, comme pour se soulager de ses remords et obtenir son pardon. Mais il était trop tard. Kaetchen, froissée, blessée au cœur, ne l'aimait plus.

J'ai rapporté cette aventure parce que le futur poète s'y révèle avec sa profonde et naïve sensibilité. Déjà il ne cherche plus la poésie en dehors de lui, il la trouve au fond de lui-même, dans sa vie, dans son histoire. « Ainsi, dit-il, dans son autobiographie, j'entrai dans une voie dont je ne pus m'écarter pendant toute ma vie, je pris l'habitude de transformer en image, en poème ce qui me réjouissait, ce qui me tourmentait ou me préoccupait en quelque façon, afin d'en finir avec moi-même sur ce point, et tout autant pour rectifier mes idées sur les choses extérieures, que pour m'apaiser au dedans de moi. Personne n'avait plus besoin de ce don que moi; car ma nature me jetait sans cesse d'un extrême dans l'autre. Mes œuvres ne sont ainsi que les fragments d'une grande confession. » C'est là le vrai Gœthe. A Leipzig, il se débat toujours contre le joug de la mode. Le jeune homme n'est pas encore libre, il ne se connaît pas tout entier, il se préoccupe de l'opinion publique, il cède à des mouvements de vanité, il se compose un maintien comme les autres, parce qu'il ne sait pas encore que le fond 'de sa nature est l'indépendance absolue, une franchise pleine de fierté et une sympathie généreuse pour tous les hommes. De là les incertitudes du poète. Çà et là, son puissant naturel saillit à l'improviste, mais ses chants ne coulent pas encore de source, on y sent trop la réflexion et l'influence des premiers modèles. Bientôt il va s'en affranchir; le plus grand travail du génie c'est de découvrir sa propre nature; cela fait, il est libre et maître de sa destinée.

C'est à Strasbourg que Gœthe, âgé de vingt ans, eut la révélation de son génie. Il tomba dans un cercle de jeunes gens pleins d'ardeur et d'indépendance, prêts, comme lui, à rompre en visière avec les préjugés de la société, à penser et à vivre à leur façon. Là, le jeune poète, au front olympien, au regard d'Apollon, à l'âme prométhéenne, respirait à l'aise; là, il se sentait libre et roi. A l'aspect de la gigantesque cathédrale, un peuple vivant lui

apparut dans ce peuple de pierre; la Germanie du
moyen âge se dressa tout à coup devant lui, avec
sa foi imposante, ses légendes, ses armées de saints
et de martyrs. Puis il lut Shakespeare; révélation
plus grande encore. Jamais poète ne l'avait si fortement saisi. Son cher William devint son Dieu. Il
faut l'entendre parler à ses amis de sa découverte.
Le discours qu'il leur tint à cette occasion nous a
été conservé. Ce n'est pas une étude littéraire, c'est
un dithyrambe en l'honneur de Shakspeare. « N'attendez pas un discours en règle, s'écrie-t-il, le
repos de l'âme n'est pas un vêtement de fête. Jusqu'ici, je n'ai rien pensé sur Shakespeare; — deviner,
pressentir en mes plus belles heures, voilà le comble de mes efforts. La première page de lui que
j'ai lue m'a fait sien pour la vie; et quand j'eus
achevé la première pièce, j'étais là comme un aveu-
gle-né, auquel une main miraculeuse a rendu tout
à coup la vue. Comme par une vive illumination,
je sentis mon existence s'élargir de tout un infini,
— tout me semblait nouveau, inconnu, et cette lumière inusitée me faisait mal aux yeux... La plupart
des gens sont choqués par ses caractères. Mais moi
je vous dis : Nature, nature! rien de plus nature
que les hommes de Shakespeare. » Ce cri devint
le mot d'ordre de la nouvelle école. La fin est une
déclaration de guerre à la vieille littérature du bon
goût : « Debout, mes amis, d'un coup de trompette
chassez-moi toutes les âmes nobles de l'Elysée du
soi-disant bon goût où elles végètent, lourdes de
sommeil dans le crépuscule de l'ennui, sans savoir
si elles sont ou ne sont pas. Hors d'ici, disons-leur,
au grand air! Vous avez des passions dans le cœur

et pas de moelle dans les os; vous n'êtes pas assez
las pour vous reposer, mais vous êtes trop paresseux pour agir et vous flânez en bâillant à l'ombre
des myrtes et des lauriers. » On aime à se représenter l'auteur de *Goetz de Berlichingen* parlant
ainsi à ses amis sur la plate-forme de la cathédrale
de Strasbourg, au-dessus de la verte Alsace, en
face de l'Allemagne et de la France, aux rayons
pourpres du soleil couchant et au joyeux cliquetis
des coupes vertes où pétillait le vin du Rhin.

La grande ombre de Shakspeare eût suffi à réveiller un poète tel que Gœthe. Un vivant se chargea de faire tomber les dernières écailles de ses
yeux. Ce fut Herder. Il avait cinq ans de plus que
son jeune ami. Celui-ci cherchait encore sa voie,
tandis que Herder, grand critique, versé dans
toutes les littératures anciennes et modernes,
savait clairement où il allait et portait en toute
matière un jugement sûr. Il s'attacha à Gœthe par
ce besoin énergique qu'ont les hommes nouveaux
de communiquer leurs idées, de féconder les jeunes
intelligences. Gœthe l'accepta pour guide, l'aima
comme un maître tout en le redoutant, et supporta
avec une patience stoïque les sarcasmes que cet
homme nerveux et irritable ne lui épargnait point.
Il ferma les yeux aux côtés mesquins de son caractère et ne voulut voir que la grandeur de son esprit. L'Allemagne s'en félicita plus tard, car jamais
contact entre futurs grands hommes ne fut plus
fécond. Herder ramena Gœthe à la nature, à la
simplicité, à la source éternelle de la grande poésie : au peuple. Il souleva à ses yeux le voile qui
couvrait la pauvreté de la littérature allemande

contemporaine. Il lui fit connaître Hamann, Ossian, Goldsmith, Swift. Il lui montra dans la Bible un témoignage éclatant de cette vérité : « que la poésie est un don répandu dans le monde entier, un don des peuples et non l'héritage privé de quelques hommes d'une culture raffinée. » Enfin, quand Gœthe lui fit part de quelques essais lyriques, il le renvoya à la chanson populaire que tout le monde méprisait alors, mais qui renfermait, selon lui, des trésors de poésie. Laissez-là Klopstock, Hagedorn et Gellert, lui dit-il, allez dans les campagnes, épiez les chants des paysans et des paysannes, et cette poésie-là vous fera oublier celle des livres. Le jeune révolutionnaire en poésie ne demandait pas mieux. Il s'empara avec avidité des chants populaires que lui communiqua Herder, il en recueillit lui-même dans ses nombreuses excursions à travers l'Alsace, il se berça de l'harmonie, se pénétra de leur esprit et y trouva le sentiment le plus vrai, sous la forme la plus simple et la plus hardie. Dès lors, la muse populaire fut son maître bien-aimé.

Bientôt une passion aussi rapide qu'imprévue allait faire parler ce poète nouveau, dans une langue nouvelle, dans la langue riche et vibrante de son cœur et de son génie. Tout le monde connaît Frédérique Brion et l'idylle de Sesenheim, par le récit enchanteur qu'en fait Gœthe lui-même dans *Fiction et Vérité*. On sait comment l'ami Weyland excita la curiosité de Gœthe, en lui disant que la famille idéale du *Vicaire de Wakefield* existait en chair et en os au presbytère de Sesenheim; on sait sous quel déguisement Gœthe se présenta chez le pasteur Brion, en compagnie de son ami et les

scènes plaisantes qui en résultèrent ; on se souvient
surtout de la champêtre et ravissante apparition
de Frédérique, qui, du premier coup, captiva
Gœthe. Bonheur surprenant ! dans cet obscur intérieur d'un pasteur de campagne, le jeune poète
trouvait son idéal réalisé, surpassé. Le roman se
faisait vrai pour lui plaire ; il marchait et respirait
en pleine poésie. Lui qui avait soif de nature, de
mœurs simples, de franchise et de naïveté, se trouvait transporté comme par enchantement dans un
petit paradis terrestre. C'est là qu'il pouvait se
laisser vivre à son gré, jouer avec les enfants,
égayer la famille sous la tonnelle fleurie, par des
contes de fées étourdissants, courir les champs
avec Frédérique, causer à cœur joie et se donner
tout entier à l'être le plus naïf et le plus pur qu'il
eût rencontré sous le ciel. Car telle était Frédérique, une enfant de la nature très simple, gracieuse,
svelte et farouche, d'une franchise à toute épreuve
et d'une inaltérable sérénité. Il retrouva dans sa
bouche ces chansons populaires qu'il aimait tant
et qui, sans doute, devenaient mille fois plus
belles en passant par le cœur et les lèvres de sa
bien-aimée. Quand il la vit pour la première fois,
le père la força de se mettre au piano. « Elle
devait chanter un certain air sentimentalement
triste et n'y réussit point du tout. Elle se leva
et dit en souriant ou plutôt avec cette joie sereine
toujours répandue sur son visage : Si je chante
mal, je ne puis en donner la faute au clavecin
et au maître d'école ; mais attendez que nous
soyons au grand air, alors vous entendrez mes
chansonnettes d'Alsace et de Suisse, celles-là

sonneront mieux. » D'un mot, elle avait conquis
le poète. Le soir, on alla faire une promenade au
clair de lune. « Weyland offrit le bras à l'aînée,
moi à la cadette. Nous traversâmes ainsi bien des
champs en fleurs, en regardant plutôt le ciel, qui
brillait au-dessus de nos têtes, que la terre qui se
perdait au large autour de nous... Frédérique cau-
sait toujours avec plus d'abandon et moi je deve-
nais toujours plus silencieux. C'était bien doux de
l'écouter ainsi. Je n'entendais que sa voix, les traits
de son visage flottaient dans le crépuscule comme
le reste du monde ; il me semblait que je voyais
jusqu'au fond de son cœur, et je trouvais ce cœur
bien pur, puisqu'il s'ouvrait devant moi dans la
plus naïve causerie. » Déjà il sentait que ce cœur
allait l'aimer et que le sien n'était plus libre.

A partir de ce jour, il revint souvent à Sesenheim et y resta parfois des semaines entières comme
sous un charme, oubliant son doctorat, ses amis
et le monde entier. Le dimanche, avant l'église on
allait se promener dans les prairies étincelantes de
rosée. « Il y a des femmes, dit Goethe, qui plaisent surtout dans une chambre, d'autres qui sont
plus belles au grand air ; Frédérique était du nombre. Son être et toute sa personne n'étaient jamais
plus ravissants que quand elle voltigeait sur un
sentier exhaussé ; la grâce de ses mouvements
semblait rivaliser avec la terre fleurie et l'inaltérable sérénité de son visage avec le ciel bleu. »
C'est sans doute dans une de ces heures divines où
la vie se condense, où les moments contiennent
des éternités, qu'est né le *Chant de Mai*, cet hymne
au printemps et à l'amour, où l'âme du jeune

homme écume et déborde dans toute sa fierté.

La nature naissante
Resplendit toute en pleurs;
O lumière éclatante,
O sourire des fleurs!

Sur les branches humides
Ont sailli les bourgeons,
Mille voix intrépides
Ont jailli des buissons.

Et la joie et l'ivresse
Vous jaillit hors du cœur,
O divine allégresse,
O jeunesse, ô bonheur!

Saison pure et dorée,
Chaud printemps de l'amour,
Douce aurore empourprée
Au lever d'un beau jour!

Tu bénis, tu parfumes
Tous les champs d'alentour,
Le ciel rit, le sol fume,
Tout veut naître à l'amour.

Belle enfant, noble fille,
Sens-tu battre ce cœur?
Tu souris! ton œil brille!
Elle m'aime! ô bonheur!

L'alouette ravie
Boit l'éther immortel,
Et la fleur boit la vie
Boit l'eau fraîche du ciel;

C'est ainsi que je t'aime
D'un élan généreux,
Tu me rends à moi-même,
A l'espoir valeureux.

Sois heureuse, sois belle
Sous ce ciel rayonnant,
D'une amour éternelle,
Vis éternellement[1]!

Heureux ceux qui peuvent lire dans l'original ce chant d'un rythme entraînant. Il s'élance, il bondit comme un torrent qui voit devant lui un océan de verdure à perte de vue, et qui s'imaginerait que son voyage va durer une éternité, sans se douter qu'il atteindra la mer en quelques journées. Gœthe nageait dans l'éblouissement du premier amour sérieux et profond. Et tout à coup la source de lyrisme, si longtemps obstruée, jaillit des profondeurs de son être, large, claire, fougueuse. Il composa pour Frédérique une série de poésies sur des mélodies connues et les lui envoya. Elle les serra pieusement dans un album, seul trésor qui devait lui rester de ces jours lumineux, et qu'elle conserva toute sa vie comme une relique de son premier, de son seul amour. Une annotation de sa main trahit la naïveté adorable, la sainte fidélité de cette âme sans détour. A côté d'une poésie où Gœthe fait allusion à un arbre dans l'écorce duquel il avait gravé son nom et celui de Frédérique, elle écrivit en marge : « Dans le bosquet des rossignols. » Elle vécut de ces souvenirs. Gœthe passa auprès d'elle des instants d'une félicité si pure et si complète qu'il ne les retrouva plus dans toute une vie de gloire et de triomphes. A Strasbourg, il n'avait guère de repos. Parfois le désir de revoir Frédérique le saisissait au milieu de la journée.

1. Composé par Beethoven, op. 52.

D'un bond il quittait la salle des cours, courait faire seller un cheval, l'enfourchait et partait comme le vent. Il arrivait au presbytère à la nuit close, et quel triomphe quand Frédérique disait à l'oreille de sa sœur : « Ne l'avais-je pas dit ? Le voilà ! » Il a chanté ces revoirs délicieux et ces adieux émouvants.

SALUT ET ADIEU

Mon cœur battait : vite à cheval !
Mon cœur l'a dit et je m'élance ;
Et dans son vol sombre et fatal
La nuit berçait la terre immense.

De noirs fantômes se dressaient,
Mais j'avais le courage à l'âme
Et mes artères bondissaient,
Mon jeune cœur était de flamme.

Et je te vis ! et de tes yeux
Tombaient à doux flots la lumière,
Mon cœur plus vaste et plus joyeux
S'emplissait d'un divin mystère.

Sur ton front de grâce enchanté
Quel printemps rose, quelle aurore !
Et ta tendresse et ta bonté,
O dieux, la méritais-je encore ?

Hélas ! aux premiers feux du jour
L'adieu nous jette sa détresse.
Ah ! dans tes baisers que d'amour !
Et dans tes yeux que de tristesse !

Ton regard humide et baissé
Me disait seul le mot suprême.
Pourtant quel bonheur d'être aimé,
Grands dieux ! quel bonheur quand on aime !

L'adieu définitif était plus proche qu'ils ne le pensaient tous deux. Gœthe et Frédérique s'étaient
laissé entraîner sur la pente de leur amour sans
songer à l'avenir. Sans doute, le fils du patricien de
Francfort aurait pu tenir tête aux préjugés de sa
famille et épouser la fille du pasteur de Sesenheim;
et certes le grand cœur de Frédérique était digne
de lui. Ce ne furent pas les obstacles extérieurs
qui le retinrent. Mais il avait vingt et un ans, il
entrait dans le monde, il se sentait du génie, il
avait soif d'une liberté sans bornes et une voix plus
forte que l'amour même lui criait de ne point se
lier. Il y eut là une lutte douloureuse entre le plus
profond des sentiments et l'instinct implacable du
génie. Le génie en sortit vainqueur, il le fallait;
mais l'homme garda une blessure pour la vie, le
remords d'avoir brisé le cœur le plus pur qu'il eût
rencontré sur sa route. Terrible fatalité qui arrachait encore des soupirs à la poitrine du glorieux
vieillard. Gœthe ne dit que deux mots du dernier
adieu, il glisse, rapidement sur cette page déchirante
de sa vie : « Je lui tendis encore la main du haut du
cheval, elle avait les larmes aux yeux, et moi je
me sentais très mal. » Il retourna à Francfort, le
diplôme de docteur en droit dans sa poche et la
tristesse dans l'âme. Un joyeux cercle de famille,
de gais amis, une brillante société de femmes, des
fêtes sans nombre l'attendaient. Mais il était sombre et tourmenté. Personne à Francfort ne l'aimait
comme Frédérique, et il avait pu la quitter! Son
image le poursuivait dans toutes ses promenades.
C'est à elle qu'il songe dans le *Chant du soir du
chasseur*.

Le fusil prêt au feu, d'un pas lent et sauvage
Je rôde aux champs silencieux,
Et ton image alors, ta douce et chère image,
Flotte et resplendit à mes yeux.

Tu traverses sans doute et paisible et bénie
Des vallons riants et des bois,
Et mon image, hélas! si vite évanouie,
N'y songes-tu pas une fois?

Moi qui suis mon chemin sans repos et sans trêve,
Sans jamais pouvoir m'arrêter,
Qui du nord au midi me traîne comme en rêve
Puisqu'il a fallu te quitter!

La lune en rayonnant vient rafraîchir le monde;
Ainsi tu calmes tous mes sens.
Je songe à toi: sitôt la douce poix m'inonde
Et je ne sais ce que je sens.

Malgré l'élasticité de sa nature il resta longtemps encore sous ce charme douloureux qu'il appelle « volupté de la tristesse ». Sa muse seule le consolait, et ses chants d'une mélancolie suave ne sont que le trop plein de son cœur. « Quand les autres hommes restent muets de douleur, dit-il dans *Torquato Tasso*, un dieu m'a donné de dire ce que je souffre. » Le souvenir de Frédérique lui revenait à de longs intervalles et la douce résignation de la pauvre délaissée avait quelque chose de profond et d'éternel qui réveillait l'amour endormi dans toute sa force. Alors il couvait ses larmes dans la solitude. Témoin ces vers qui en disent plus que beaucoup de strophes :

Ne séchez pas, ne séchez pas
Les pleurs d'un éternel amour!
Ah! si je n'avais pas mes larmes

> Le monde serait un tombeau...
> Ne séchez pas, ne séchez pas
> Les pleurs d'un malheureux amour !

Il sort de plus profond de l'âme ce soupir à demi comprimé, il fait pressentir un abîme de souffrance. On le voit, lui aussi, l'Olympien, le favori des dieux, savait aimer les larmes et se bercer de sa douleur. Mais elle était si intense et si concentrée qu'il s'en arrachait avec énergie pour n'y point succomber. Ce qui le relevait promptement, c'était sa vive sympathie pour les autres, une soif inextinguible de savoir et la conscience de sa mission.

Frédérique avait réveillé le grand lyrique. Au contact magnétique de ce cœur vierge, de cette âme libre, le jeune homme fougueux et fier s'était compris lui-même pour la première fois. Il avait trouvé instantanément et pour toujours cet accent vrai, cette mélodie de l'âme qu'il ne perdit plus. Les années suivantes furent sa période de *tourmente et d'orage*, comme on disait alors. La force créatrice se révèle à lui, tout à coup, impérieuse, souveraine, elle s'impose et réclame sa vie, elle l'envahit par torrents si bien qu'il en est effrayé. Sublime ivresse du génie qui dura quatre ans, pendant lesquels il fit cent projets gigantesques, écrivit deux chefs-d'œuvre : *Goetz* et *Werther*, sans compter les petits, et entrevit confusément *Egmont*, *Wilhelm-Meister*, *Faust*. Jamais il ne fut plus beau, plus superbe qu'à cette époque. Lorsqu'il entrait dans une auberge, les gens levaient la tête pour le regarder ; lorsqu'il ouvrait la bouche dans un salon, il en était le roi. Hommes, femmes, écrivains illustres, piétistes et incrédules subis-

saient son charme vainqueur. Personne ne lui
résistait. Sa supériorité s'affichait si peu et rayon-
nait avec tant de force dans tout son être, que les
plus jaloux trouvaient une douceur secrète à la proclamer et se sentaient comme grandis en le faisant.
« Ce beau garçon de vingt-cinq ans, dit Heinse,
auteur contemporain auquel il avait rendu visite,
n'est que force et génie de la tête aux pieds, cœur
débordant de sentiment, esprit de feu avec les ailes
d'un aigle. » Quant à lui, il ne songeait guère à
tous ces hommages; il était absorbé par ses méditations sur l'art, sur la poésie, sur la religion; il
nourrissait au fond de sa pensée une révolte audacieuse contre la société de son temps; il avait devant
ses yeux une vision éclatante de l'humanité de
l'avenir, libre et invincible. Il ressemble alors à un
jeune Prométhée qui, fier de sa puissance créatrice,
se rit de Zeus et s'écrie : Quelle race misérable que
ta race humaine; moi je vais la refaire à mon
image, pour qu'elle puisse te renverser! Il rêve un
poème épique sur Ahasverus, un drame religieux
sur Mahomet. Faust « bourdonne toujours dans sa
tête comme une symphonie à mille voix. »En même
temps il se plonge dans Platon, dans Sophocle,
dans la Bible. Tout cela ne l'empêche pas de s'enivrer de trois ou quatre amours, et de respirer cet
encens étourdissant, que les femmes ne manquent
jamais de prodiguer à un jeune homme couronné
de beauté et de génie. Et puis, comme pour échapper à cette atmosphère de feu, encore tout brûlant
des voluptés terrestres, il se réfugie dans Spinoza,
il s'élève aux âpres sommets de l'absolu, il glace
son sang, qui bouillonne, dans les solitudes gran-

dioses de l'*Éthique*, comme le voyageur dans les
neiges éternelles des Alpes. Alors, tout se calme en
lui; il se dit: Malgré tout, tu n'es rien dans l'infini.
Contemple, comprends et résigne-toi.

Souvent aussi il cherchait le repos au grand air,
sous le ciel, dans les montagnes. Il quittait sa ville
natale à l'improviste et courait le pays plusieurs
journées de suite, jusqu'à ce que la tourmente
intérieure se fût calmée. Pendant qu'il marchait,
poèmes, drames, chants lyriques, amours passés,
présents et futurs, hommes réels et héros de roman
dansaient dans sa tête de folles sarabandes. Il
avait beau leur dire de s'arrêter, la danse conti-
nuait de plus belle et, ne pouvant rien fixer, pour
passer le temps il chantait, à haute voix, des chansons étranges, d'un rythme sauvage, qui d'elles-
mêmes lui montaient aux lèvres. Il en a noté une
qu'il fit pendant une tempête :

> Par la grêle et l'orage,
> Par la foudre et l'éclair,
> Par l'abîme sauvage,
> Par le ciel sombre ou clair,
> Par la neige et le vent,
> En avant ! en avant !
>
> Plutôt souffrir
> Mille douleurs
> Que de subir
> Tant de bonheurs.
> Oh ! les faiblesses
> Qu'ont les cœurs pour les cœurs,
> Que d'étranges tristesses
> Dans leurs douceurs !
>
> Où m'enfuirai-je ?
> Où me perdrai-je ?

Tout est en vain.
Charme divin,
Sainte folie,
Foi de ma vie.
Règne à toujours,
Amour, amour!

Ces vers nous communiquent la sensation intime de sa vie orageuse. Les nuages tourbillonnent, le vent coupe le visage, la foudre gronde, de bleus vallons brillent à travers les déchirures des brouillards comme des asiles de paix et de félicité, et le voyageur avance toujours, il marche à des splendeurs nouvelles. Dans le rythme saccadé, on entend le galop pressé de son cœur; assailli de mille pensées, de mille amours, ce cœur impétueux ne s'assouvit que dans la lutte contre tous les éléments. Il voudrait échapper à sa destinée, mais c'est en vain; il est forcé de revenir à son tourment, à sa joie éternelle, à l'amour.

Cette chanson, comme tant d'autres de Gœthe, ressemble au vrai *Volslied*. Comme lui elle reproduit par le rythme et l'accent musical des vers, les mouvements spontanés de l'âme, qui se traduisent nécessairement par des mouvements analogues dans l'être physique. Toute la force communicative de la poésie est là. Sans doute, il y a entre les Lieds de Gœthe et ceux du peuple, la même distance qu'il y a entre un esprit de premier ordre et une âme simple, entre un artiste accompli et un chanteur de village. Mais une sympathie profonde unit le vrai génie à la vraie naïveté. Gœthe est un improvisateur populaire, transporté dans les plus hautes sphères d'une société brillante et cultivée.

Sa poésie coule de source, il répand ses vers à profusion comme un magicien secoue des fleurs de sa manche. Ce qu'il raconte lui-même à ce sujet est extraordinaire. « Depuis quelques années, mon talent productif ne me quittait pas un instant ; ce que je voyais le jour me revenait la nuit sous forme de rêves pleins de sens, et quand je rouvrais les yeux, le tout m'apparaissait comme un étonnant tableau. Ordinairement j'écrivais le tout de grand matin. Mais aussi le soir et très avant dans la nuit, au milieu de mes amis, quand le vin et la causerie surexcitaient les esprits vitaux, on pouvait me demander ce qu'on voulait, pourvu que la circonstance eût quelque caractère, j'étais prêt à improviser. » Et, chose remarquable, ce poète inépuisable avait horreur de se voir imprimé. C'est que Goethe n'était pas poète sur le papier et dans son cabinet d'étude, il était poète parmi les hommes, à toute heure de la vie, poète toujours vivant et actif. Il aimait à communiquer ses chants à ses amis par le verbe inspiré, par la voix vibrante, en l'accompagnant du geste et du regard. Il étouffait dans la poussière savante d'un cercle de pédants ; mais lorsqu'il descendait le Rhin en barque à voile, avec Jacobi et Lavater, quand châteaux, rochers et villages défilaient sous leurs yeux et que le soleil, du haut d'un ciel bleu, faisait danser mille étoiles sur le fleuve écumant qui les emportait dans un mugissement de joie, alors les strophes hardies se pressaient sur ses lèvres. Parlait-on de religion, Jacobi voulait-il lui imposer son idée de la divinité, aussitôt il se sentait devenir Prométhée en face du dieu pitoyable des théologiens et il récitait la fameuse apostrophe de son Prométhée à Zeus :

Recouvre ton ciel, ô Zeus,
De ta fumée de nuages,
Use ta force comme un enfant
Qui décapite des pavots,
Contre les chênes et la cime des montagnes,
Ma terre ferme,
Il faut me la laisser,
Et ma hutte que tu n'as point bâtie,
Et dont la flamme
Te fait envie.

Je ne connais rien de plus misérable
Sous le soleil, que vous autres dieux.
Vous nourrissez péniblement
Votre majesté
D'hécatombes
Et du souffle des prières,
Et vous auriez faim
Si des enfants et des mendiants
N'étaient des fous plein d'espérance.

Quand j'étais un enfant,
Quand je ne savais où entrer, où sortir,
J'élevai mes regard égarés
Vers le soleil, comme s'il y avait au-dessus
Une oreille pour entendre ma plainte,
Un cœur comme le mien
Pour avoir pitié des malheureux.

Qui m'a secouru contre la superbe des Titans ?
Qui m'a sauvé de la mort
Et de l'esclavage ?
N'as-tu pas tout accompli,
Feu sacré de mon cœur ?
N'as-tu pas brûlé jeune et généreux
L'encens de tes actions de grâce
A celui qui dort là-haut ?

Moi l'honorer ? Pourquoi ?
As-tu jamais adouci mes souffrances
Dans l'affliction ?
As-tu jamais apaisé mes larmes
Dans l'inquiétude?

N'est ce pas le Temps, ce forgeron tout-puissant,
Qui m'a fait homme,
Et l'éternel destin,
Mes maîtres et les tiens ?
T'imaginais-tu par hasard
Que je devais haïr la vie,
M'enfuir dans un désert,
Parce que n'ont pas mûri
Tous mes rêves de jeunesse ?

Non. Me voici sur mon sol, je pétris des
A mon image,   [hommes
Une race qui me ressemble,
Prête à souffrir, prête à pleurer,
A jouir, à s'enivrer de joie
Et à te mépriser
Comme moi !

Ses amis admiraient avec une sorte d'effroi cette
ode d'un panthéisme titanesque, où l'on sentait à
la fois le disciple d'Eschyle et de Spinoza. Ils
voyaient bien que ce Prométhée c'était Gœthe lui-
même, debout devant eux, les prunelles dilatées,
beau comme Lucifer. Dans ces odes-là, il était bien
loin de la chanson populaire. C'est l'homme de
l'avenir qui parlait alors par sa bouche dans une
langue de feu. Mais entendait-on sur les bords du
fleuve, dans quelque village, les joyeux accents de
la danse, aussitôt Gœthe, avec sa merveilleuse
élasticité, redevenait le gai compagnon. Abordons !
criait-il à ses amis, et tout en s'acheminant vers le

préau où dansaient paysans et paysannes il fredonnait lestement :

> Je cours sans flûte et sans musette
> A travers champs, à travers bois.
> Je siffle au vent ma chansonnette
> Plus amoureuse qu'un hautbois.
> Et sur mon rythme et ma mesure
> Tout danse et tourne, tout murmure,
> Tout marche aux accents de ma voix.
>
> Et quand je trouve la jeunesse,
> Au printemps, sous le vieil ormeau,
> Sitôt je chasse sa paresse,
> Je souffle un air sur un roseau.
> Le gars timide se pavane
> Et tourne Suzette et Suzanne
> Au soupir de mon chalumeau.

C'est ainsi qu'il mettait sans cesse sa poésie en
action. Rêver dans la solitude ne lui suffisait pas.
Il avait besoin d'agir, de vaincre les âmes rebelles,
de les enthousiasmer et de les faire vibrer à l'unis-
son de la sienne. C'était la seule gloire dont il fût
fier.

Les premières années de Weimar furent pour
Gœthe une série de triomphes. L'ami de Charles-
Auguste parut comme un dieu à la cour et y con-
quit, par son ascendant, une position exceptionnelle
qui sauvegardait sa liberté. Il commença par lâcher
encore une fois la bride à la fantaisie sauvage du
génie qui se sent maître des cœurs et règne sur les
imaginations en monarque absolu. Mais après six
mois d'escapades de tout genre avec le duc, de fêtes,
de succès et d'enivrements, il se concentre sur lui-
même avec une énergie plus grande. Il commence

Egmont, Wilhelm Meister, Iphigénie. Le poète lyrique n'est pas oisif non plus. Mais il ne parle que par intervalles, quand une émotion s'impose, ou qu'un sentiment fugitif se cristallise. Un soir, il écrit quelques vers au crayon sur la cloison de bois d'une petite hutte à Ilmenau, où le regard embrasse un vaste horizon de montagnes. Cette bluette est restée un chef-d'œuvre; chaque vers chante, chaque mot peint. Ces huit vers sont à la fois un paysage complet et une mélodie achevée. Malheureusement ici, la traduction ne peut rendre l'original:

> Sur les cimes imposantes
>   Paix et mort;
> Dans les forêts frémissantes
>   Tout s'endort.
>
> Plus un souffle, plus un soupir...
> Petit oiseau se tait dans les feuillages.
> O cœur! ô calme tes orages!...
> Car bientôt, bientôt, toi aussi
>   Tu vas dormir.

Calme du soir, apaisement du désir dans le silence de la forêt, résolution suprême de toutes les dissonances dans l'accord parfait de la nature, acceptation de la mort d'une âme qui se sent une avec le monde; toutes ces pensées ne sont pas exprimées dans le *Chant du soir du voyageur,* mais on les entend chanter comme les voix confuses d'une douce symphonie.

Plus que jamais à ce moment de sa vie, Gœthe éprouvait la solitude du génie. Tandis que tout Weimar l'appelait à ses fêtes, le poète s'isolait de plus en plus et passait des semaines dans sa maison

du parc, au bord de l'Ilm, plongé dans l'étude des
plantes et dans ses travaux poétiques. La seule
femme qu'il aimait sérieusement, éperdûment,
Mme de Stein, le tenait à distance tout en acceptant
ses hommages. Ce sentiment d'une solitude profonde, au milieu de la richesse débordante du cœur
et de l'esprit, a trouvé son expression dans un des
plus beaux chants de Gœthe, qui peut être considéré comme l'apogée de son lyrisme dans le genre
du Lied. Il fait nuit ; le poète a quitté sa maison
de campagne et suit la vallée de l'Ilm ; perdu dans
ses pensées, il repasse sa vie dans sa mémoire ;
dans l'obscurité profonde, il sent avec plus d'intensité la grandeur des désirs et le néant du bonheur. Avoir eu tant d'amour, avoir été tant aimé,
et pourtant quelle solitude ! A ce moment, la lune
monte derrière les arbres et verse sur les prés vapo-
reux son étrange magie. Soulagé par cette lumière
discrète, le poète s'adresse tout naturellement à
l'astre bienfaisant.

A LA LUNE

Oui, remplis bocage et vallée
    De vapeurs doucement.
Mon âme à ta lumière aimée
    Se rouvre entièrement.

Le calme rentre dans ma vie
    Sous ton regard lointain,
Car tu reviens comme une amie
    Sourire à mon destin.

J'entends la voix enchanteresse
    De mes jours de bonheur ;
Entre la joie et la tristesse,
    Va toujours, va, mon cœur.

O roule, roule, fleuve sombre,
 Emporte mes beaux jours !
Passez comme les flots sans nombre,
 Baisers, serments, amours.

Et pourtant le bonheur suprême
 Un jour je le connus !
Depuis ce jour je souffre et j'aime,
 Mon cœur n'en guérit plus !

Grondez sur vos rives fleuries,
 Doux flots harmonieux,
Grondez ! mêlez vos mélodies
 A mon chant douloureux !

Montez, par les nuits orageuses,
 Débordez mugissants !
Caressez, vagues écumeuses,
 Les bourgeons du printemps....

Heureux qui s'enfuit loin du monde,
 Sans haine et sans dépit,
Heureux qui dans la nuit profonde
 Presse une main d'ami.

Ce que l'esprit le plus sublime
 N'a su, ni pressenti,
Au fond du cœur, étrange abîme,
 S'éveille dans la nuit.

La mélodie suave de ce Lied vogue comme une
barque légère sur le lac mystérieux et insondable
de l'âme. Dans les deux premières strophes, elle se
détache d'un mouvement calme et régulier. Un léger *crescendo* se fait sentir dans la troisième avec
« la voix enchanteresse des jours de bonheur ».
Bientôt la vague devient plus forte ; avec « les
baisers, les serments, les amours » le poète se berce
déjà sur la haute mer des passions. Un jour, un

instant il y a trouvé « le bonheur suprême » et cet
instant n'est plus revenu. N'importe ! il y retourne
encore, il y retournera sans cesse sur cette mer
tumultueuse. Que les flots se gonflent ! il s'en
réjouit. « Grondez sur vos rives fleuries, doux flots
harmonieux ! » Qu'ils se dressent jusqu'au ciel ! il
s'enivre de leur furie. « Montez par les nuits orageuses, débordez mugissants ! » Il veut se laisser
bercer au plus fort des orages de la vie et dans le
déchaînement de toutes les passions, son cœur,
encore maître de soi, se gonfle d'une sauvage
volupté. Mais, du sein de la tempête, il aspire de
nouveau à la paix. La vague s'abaisse, le calme
revient, et le poète dirige sa barque fragile vers le
port de l'amitié. C'est là qu'il retrouve un instant
de félicité et qu'il savoure avec son ami, dans le
silence de la nuit, les mystères les plus cachés de
son être.

Je ne sais si Schubert, ou quelque autre grand
compositeur, a dignement mis en musique ce Lied.
Certes la musique pourrait seule en faire jaillir tout
ce qu'il contient. Elle seule pourrait rendre la
magie du clair de lune, et ce fleuve de sentiments
et de passions qui déborde de l'âme du poète se
gonfle majestueusement et finit par s'apaiser en un
lac limpide où se réfléchit le firmament.

C'est là le vrai Lied, tel qu'il existe partout où
la poésie est encore à l'état naturel. La parole élas-
tique se dilate sous la force du sentiment, se met
à chanter d'elle-même et devient mélodie, tandis
que les harmonies variées du rythme et de la rime
imitent les accords et les appellent, pour ainsi dire,
afin de les soutenir et de les prolonger. Du reste,

point d'amplification rhétorique, mais l'expression pure et simple de la pensée, comme dans le *Volks-lied*. Sans doute dans ces strophes *A la lune* le sentiment est plus élevé, la pensée plus profonde, la langue plus noble que dans les modestes refrains du peuple ; mais qu'on ne s'y trompe point, c'est la même coupe, le même développement, le même génie.

On sait que le ciel d'Italie, ses marbres immortels, ses temples radieux et son peuple artiste furent la plus éclatante révélation dans la vie de Gœthe. Il en revint transformé ; ce n'était plus un Germain mais un Grec, ou plutôt l'homme antique ressuscité. Ses *Élégies romaines* en font foi. Mais la muse du peuple, la simple muse des campagnes qui marche pieds nus dans l'herbe mouillée, les cheveux au vent, une couronne de pervenches sur la tête, une marguerite entre les doigts, cette muse-là était son premier amour ; il ne cessa d'y revenir. Une douce et vieille mélodie, un regard de jeune fille, une fleur au coin d'un bois, un rien tirait de ce vaste esprit une chanson simple comme les refrains du peuple. On sait que Gœthe fut l'amant de Christiane Vulpius longtemps avant de l'épouser, mais lorsqu'elle lui eut donné un fils, il la reçut dans sa maison et la considéra comme sa femme à partir de ce jour. Il célébra cet événement par une chansonnette.

TROUVÉE !

Dans la forêt profonde
J'allais tout à loisir,

Ne cherchant rien au monde
Au gré de mon désir.

Je vis debout à l'ombre
Fleurette éclose au jour,
Ses beaux yeux d'un bleu sombre,
Deux étoiles d'amour.

J'étends la main vers elle ;
La fleur dit à ravir :
Quoi ! je suis jeune et belle
Et je devrais mourir ?

Je sortis la fleurette
Du sol bien doucement,
Et portai la pauvrette
Dans mon jardin charmant.

J'y plantai la mignonne
Dans un endroit chéri ;
Toujours elle bourgeonne,
Toujours elle fleurit.

Ne dirait-on pas une chanson populaire ? Elle en
a le symbolisme discret. Le peuple n'aime pas à
déflorer ses sentiments ; plus ils ont de prix à ses
yeux plus il les voile, et c'est par l'instinct du cœur
que Gœthe parle sa langue en ses heures d'intime
expansion. Se sentir en harmonie avec les simples
est une des joies les plus pures pour un grand
esprit.

Jusqu'à l'âge le plus avancé il ne perdit pas ce don.
Sans doute il fit vibrer successivement toutes les
cordes de la lyre antique et moderne, il fut l'émule de
Pindare, de Catulle et de Hafiz. Mais était-il fortement ébranlé, aussitôt il revenait au Lied. Il avait
79 ans quand mourut le grand-duc Charles-Auguste,
son ami de jeunesse, avec lequel il avait vécu dans

une constante intimité. Ce fut un coup violent pour l'infatigable et indomptable vieillard. Il se retira à la campagne, dans une solitude complète. Dans les trois strophes qu'il écrivit sous le coup de cette mort, on peut lire l'énergie de sa douleur et la majesté de sa résignation. Cette courte poésie est intitulée : *A la pleine lune qui se levait.* En réalité elle s'adresse à l'ami qu'il venait de perdre :

Veux-tu t'en aller si vite ?
Tu brillais si près de moi !
Tu te caches, tu me quittes,
Me voilà bien loin de toi.

Mais tu sens que je suis triste ;
Tu reviens, bel astre d'or !
Tu me dis : Ne sois pas triste,
Loin de toi je t'aime encor.

Monte donc ! suis ta carrière,
Monte et brille fièrement !
Souffre, ô mon cœur solitaire ;
Splendide est le firmament.

Le poète resté longtemps sans voix croit retrouver l'image de l'ami dans l'astre magnifique qui monte lentement au ciel. Soudain le disque brillant disparaît derrière de sombres nuages. Une douleur poignante s'empare du vieillard, car cette éclipse subite lui rappelle l'adieu irrévocable. Mais voici que l'astre bien-aimé reparaît comme une étoile au bord de la nuée ; c'est ainsi que l'ami à jamais perdu reparaît dans le souvenir ; il grandit, il se transfigure et brille désormais d'une lumière immaculée. Le poète salue avec des larmes de joie cette résurrection idéale et impose silence à sa douleur devant la splendeur du firmament. Que la forme est simple, que la pensée est vaste!

Il y a encore dans l'œuvre lyrique de Gœthe un groupe de chefs-d'œuvre qui sont étroitement liés à la poésie populaire; je veux parler de ses ballades. Avant lui Bürger eut la gloire de reprendre la ballade des lèvres du peuple. Sa *Léonore* et son *Chasseur sauvage* firent époque dans l'histoire de la poésie allemande. Et ce n'est pas un caprice romantique qui ramenait le monde à ces fictions, mais l'intuition vive de leur poésie exquise et de leur forme dramatique. Dans le *Lied*, le chanteur populaire donnait un libre cours à ses propres sentiments; dans la ballade, il appelait l'attention de son auditoire sur un événement extraordinaire, saisissant, digne d'horreur ou d'admiration, en cherchant à lui communiquer le sentiment que lui inspirait cette histoire; et pour cela il fallait un récit coloré, bref, entraînant. La ballade est, comme le *Lied*, une forme poétique primitive, qui a sa raison d'être dans la vie et dans la nature humaine. Ce sont les joyeuses veillées du peuple qui l'ont fait naître. Elles tirent leur puissance du sentiment commun de terreur religieuse, d'attendrissement, d'enthousiasme passionné, qui anime l'auditoire et dont le poète se fait l'interprète. Chez le peuple cet auditoire était une chambre de fileuses ou une joyeuse compagnie de buveurs. Pour les nouveaux poètes, c'était toute une nation. La ballade avait donc plus que jamais sa raison d'être. Reprise par les lyriques du dix-huitième et du dix-neuvième siècle, elle s'agrandit, se transfigura et reprit sur les âmes son magique empire, comme la Nixe

enchanteresse qui, du fond de son lac, attire les
enfants des hommes, en jouant sur sa harpe séductrice.

Bürger, le premier restaurateur de la ballade,
aborda surtout le genre de la légende fantastique
et y fit merveille, mais il n'atteignit pas la simplicité touchante de ses modèles. Ce triomphe était
réservé à Gœthe. Ses ballades ont le charme insi-
nuant d'une pensée profonde, sous la forme d'un
récit naïf et vivant. Quel monde plein de vie et de
mouvement! Ballades enjouées et humoristiques,
fleurs de sentiment et fleurs de sagesse, ballades
merveilleuses et philosophiques, tout s'y trouve.
La Fleurette merveilleuse est toute une idylle; *le
Retour du comte exilé* est tout un drame; *le Roi des
aulnes*, que tout le monde connaît par la composition de Schubert, surpasse en terreur et en magie
les plus fantastiques créations du peuple; *la Fiancée de Corinthe, le Dieu et la bayadère* s'élèvent,
en jouant, à une haute philosophie. Je ne citerai
que trois ballades, de genres différents, où Goethe
développe et ennoblit la ballade populaire.

Nous avons vu que le peuple aime beaucoup la
symbolique des fleurs. La richesse infinie des formes et des couleurs, dans le monde végétal, révèle à
l'homme primitif la richesse infinie du monde intérieur qui pousse, verdoie et fleurit dans son sein.
De là le plaisir qu'il y prend. On sait que Gœthe
était bon jardinier et botaniste passionné. La demi-
science éloigne de la poésie par son pédantisme,
la vraie science au contraire découvre sans cesse
des mondes de poésie nouvelle, parce qu'elle nous
montre partout l'individualité et la vie débordante

dans la grande harmonie de l'univers. La science
élargit la poésie de Goethe de tout son infini. Le
grand naturaliste, le chercheur de la plante primitive, était aussi l'aimable et profond poëte des
fleurs. Il savait les faire parler mieux que personne,
car il les connaissait et les aimait comme des êtres
vivants. Témoin la ravissante *Violette* :

Sur la prairie était une fleurette
Qui se cachait fort humblement.
C'était la plus charmante violette!
Survint la bergère en chantant,
D'un pas léger, d'un cœur content,
  Là-bas, là-bas,
Par la prairie en fredonnant.

Las! dit la fleur, pourquoi ne suis-je
La reine des prés un instant?
Ah! rien qu'un seul instant, vous dis-je,
Qu'elle daignât me cueillir de sa main
Et me presser mourante sur son sein,
  Rien qu'un instant,
Rien qu'un quart d'heure seulement!

Las! qu'advint-il? Vint la fillette
Et ne vit pas la violette.
Elle écrasa la pauvre fleur,
Qui tombe et dit en expirant :
Et si je meurs, je meurs pourtant
  Pour toi, pour toi,
Et sous tes pieds en t'adorant!

Peut-on exprimer avec une grâce plus persuasive
le dévouement souriant, la félicité du sacrifice complet pour l'être aimé! Mozart a trouvé pour ce Lied
une de ses mélodies divinement touchantes. Il faut
l'entendre chanter par une belle voix de femme.
Alors seulement il vit de sa vie immortelle.

La ballade merveilleuse a un autre genre d'attrait. Le peuple a incarné dans les divinités des forêts les sensations les plus étranges, les plus indescriptibles que lui cause la nature. Une forêt de bouleaux au clair de lune se change pour lui en une ronde d'elfes, les voix du torrent en rires d'ondines, un lac sauvage en un roi des nixes. Ces divinités de la mythologie moderne nous attirent avec une puissance invincible, comme celles de la mythologie antique.

On les croit mortes depuis longtemps.

> Mais Pan tout bas s'en moque et la sirène en rit [1].

Qu'un grand poète les évoque et les voilà qui reparaissent dans leur radieuse immortalité : écoutez, par exemple, *le Pêcheur* de Gœthe :

Le flot mugit, le flot murmure.
  Au bord rêve un pêcheur,
Les yeux perdus dans l'onde pure ;
  Le frais lui monte au cœur.
Il guette, il guette ; et l'onde chante,
  Se gonfle, — et de ses flancs
Sort une femme ruisselante,
  Aux blonds cheveux roulants.

Ce fut un chant, un doux murmure
  De sa bouche à son cœur :
Pourquoi remplir mon onde pure
  De mort et de douleur ?
Chez moi la vie est plus heureuse,
  Viens, descends dans mes bras,
Viens baiser mon onde amoureuse,
  Viens et tu guériras.

---

1. Saint-Beuve.

Vois-tu, le chaud soleil se mire
    Dans mon suave azur,
La lune à mon cristal aspire,
    Y baigne son front pur.
C'est tout mon ciel bleu qui t'appelle
    Dans son sein transparent,
Vois, dans ma rosée éternelle,
    Sourit ton front charmant !

Le flot mugit, le flot s'élève,
    Lui baise le pied nu,
Son cœur se gonfle et se soulève
    Comme au plus doux salut.
Ce fut un chant, un long sourire...
    Il tressaille éperdu !...
Il cède... il tombe... elle l'attire
    Et nul ne l'a revu.

Qu'est-ce qui nous captive dans cette ballade ? Est-ce seulement l'étrange fascination que nous ressentons en face de l'eau ? Est-ce encore la séduction qui s'insinue dans nos sens troublés ? Est-ce la fascination éternelle de l'homme par la femme, qui nous enlace et nous enveloppe dans sa voluptueuse étreinte ? Est-ce l'attrait de l'infini qui engloutit l'homme dans son gouffre séducteur ? Je ne sais. C'est tout cela peut-être, ou plus encore. Il y a dans toute création, vraiment poétique, un secret insaisissable qui se dérobe à l'analyse, mais qui s'impose au sentiment et que l'amour seul sonde dans toute sa profondeur.

Terminons par une ballade chevaleresque où l'idée ressort nettement d'un dialogue vif et mouvementé.

LE CHANTEUR

Qu'entends-je aux portes du castel ?
Un luth vibrant qui sonne.
Quel est ce joyeux ménestrel
Dont le doux chant résonne ?
Le roi le dit, le page y va,
L'enfant accourt, le roi cria :
Qu'on fasse entrer le barde.

Salut à vous, nobles seigneurs,
Salut, ô belles dames.
Quel firmament ! que de splendeurs !
Que d'or et que de flammes !
Mais sous ces lustres éclatants
Fermons les yeux : il n'est pas temps
D'admirer ces merveilles.

Il prélude ; et son luth joyeux
De sons divins ruisselle.
Les fiers guerriers lèvent les yeux,
Baisse les siens la belle !
Le roi sourit à sa chanson,
Et lui fait offrir en son nom
Sa chaîne étincelante.

La chaîne d'or n'est pas pour moi ;
Ta parure splendide
Sied à tes preux ; qu'elle orne, ô roi,
Leur poitrine intrépide,
Au chancelier fais-en présent ;
Qu'il porte encor cet or pesant
Avec mille autres charges.

Je suis l'oiseau, le gai chanteur
De la forêt immense,
Le chant qui jaillit de mon cœur,
Voilà ma récompense !
Mais veux-tu me combler encor,
Qu'on me verse en ta coupe d'or
Le vin aux flots de pourpre.

Il la saisit, et jusqu'au fond
La vide : — O doux breuvage !
Heureux celui qui d'un tel don
Sait faire un noble usage.
Songez à moi ! Dans le bonheur,
Remerciez Dieu d'aussi grand cœur
Que mon cœur vous salue !

C'est bien là le ton cordial des vieilles ballades.
Simplicité de la mise en scène, vivacité du dialogue, clarté parfaite du récit, tout rappelle les naïves compositions populaires. Pourtant l'art est accompli et la pensée d'une haute portée. Souvent les poètes ont vanté leur désintéressement et la grandeur de leur mission. Ici pas un éloge, pas une hyperbole, mais le noble rôle du poète est mis en action par le vieux et joyeux chanteur. On l'appelle, il arrive et sans se faire prier chante à pleine poitrine son meilleur chant. Il met l'enthousiasme dans tous les cœurs, la joie sur tous les fronts. C'est par lui seulement que la brillante assemblée savoure en commun le prix de la vie. Mais il refuse la chaîne d'or, car son art divin n'a pas de plus belle récompense que la joie de triompher des âmes. Il ne demande qu'une coupe du vin le plus généreux et qu'un souvenir dans les jours heureux, comme pour rappeler que la poésie ne vit que d'inspiration et de sympathie. Puis il disparaît aussi vite qu'il est venu, laissant après lui son adieu comme un parfum d'espérance et de bonheur. Quelle image vivante de la puissance de la poésie et de la mission du poète ! A ce degré de simplicité et de perfection, l'art peut amuser l'enfant, enthousiasmer le jeune homme et satisfaire le sage.

Je n'ai fait que glaner dans le vaste champ des
œuvres lyriques de Gœthe. J'ai cueilli des bluettes
là où l'on pourrait faire d'opulentes moissons.
Mais ces exemples suffiront, je pense, pour faire
sentir au lecteur que le plus grand lyrique de
l'Allemagne est le plus fervent disciple de la poésie
populaire. Il s'élève plus haut sans doute, mais il
respire à pleins poumons l'atmosphère du *Volkslied*. Dans cet air qui toujours excite et ravive, il
est heureux et libre, car on y oublie la poussière
de l'école. Gœthe tenait déjà de la nature ce qui
fait le charme victorieux du *Volkslied*, la spontanéité et la richesse du sentiment, la vivacité primitive du langage, l'accent du cœur. Mais ces belles
qualités se seraient-elles développées aussi largement si la poésie populaire ne lui était apparue au
moment même où il cherchait sa voie? Non certes.
Grâce à elle, il s'est imprégné jeune encore de l'âme
de son peuple ; il l'a purifiée à la flamme de son
génie et il l'a laissé parler par sa bouche au ravissement universel.

Gœthe n'est pas un poète populaire dans le sens
vulgaire du mot, car il a toute l'individualité,
toute l'originalité et jusqu'aux bizarreries d'un
génie extraordinaire qui ne ressemble à aucun
autre, et s'il fallait désigner son caractère domi-
nant d'un seul mot, je dirais que c'est un poète
cosmopolite, le premier, le plus grand qui ait
existé jusqu'ici. Mais la poésie populaire de son
pays est comme un beau lac de montagnes, par
lequel le torrent de son lyrisme a passé afin d'en-
richir ses flots dans cet inépuisable réservoir.
Gœthe est sincère et vrai dans ses chants comme

le peuple dans les siens. La *sincérité* et la *vérité*, voilà les grandes qualités de sa poésie. Il eut le courage d'être une nature véridique. c'est là ce qui fait sa grandeur et son héroïsme. Ses faiblesses et ses erreurs, comme sa magnanimité et sa vaste sympathie, il n'a rien caché, rien embelli. Tout paraît au grand jour dans ses paroles et dans ses actions. Regardez-le en face et vous verrez jusqu'au fond de son âme. Tel homme. tel poète. « Ce qu'il vit, disait de lui son ami Merck, est encore plus beau que ce qu'il écrit, » et voilà pourquoi ce qu'il écrit est si frappant. Il faut être très grand pour ne jamais poser. Gœthe ne posa jamais. « Je n'ai jamais rien affecté dans ma poésie, dit-il à Eckermann, ce que je n'aimais pas, ce qui ne s'imposait pas à moi de force et ne me donnait pas à penser, je n'ai pas non plus essayé de l'exprimer. Je n'ai fait des poésies d'amour que lorsque j'étais amoureux. » C'est de là que ses vers tirent leur force persuasive. Gœthe a ramené la poésie du cabinet d'étude des savants sur le théâtre de la vie. C'est au milieu de ses compagnons et de ses émules, dans quelque beau site que lui venait l'inspiration ; c'est au milieu d'un cercle brillant de femmes, sous les feux croisés de beaux yeux pétillants de malice et d'esprit, qu'il savait réciter ses strophes magiques, faire taire les moqueurs, commander l'enthousiasme : c'est pour une femme adorée, c'est pour un nouvel ami qu'il redevenait poète. Après les auteurs anonymes du *Volkslied*, Gœthe fut le premier dont on peut dire avec certitude : Il n'a pas chanté en littérateur pour les littérateurs, mais en vrai poète pour les hommes, avec le cœur pour les cœurs, avec la voix vibrante pour d'autres voix. Il a vécu en artiste, il a chanté en homme.

Il est un autre secret que Gœthe a dérobé à la chanson populaire, c'est l'harmonie mystérieuse entre le fond et la forme. Écoutez un vrai Lied ; ce n'est pas seulement de la poésie, c'est de la musique même sans la mélodie, ou plutôt la mélodie est déjà contenue dans les vers comme le papillon dans sa chrysalide ; elle n'a qu'à briser son enveloppe, à étendre les ailes pour prendre son essor. Quand on lit le commencement d'un *Volkslied* comme celui-ci : « Faut-il donc, faut-il donc quitter le village ? » ou bien : « Autant d'étoiles scintillantes brillent au grand pavillon bleu, » ou bien un refrain comme celui-ci :

> Trois cavaliers par la porte sortaient,
> Adieu !
> Gentille amie sur la rue se penchait,
> Adieu ! adieu ! adieu !

Involontairement on entend chanter au dedans de soi une certaine mélodie, et cette mélodie se répète dans chaque strophe, s'épanouit toujours plus largement jusqu'à ce qu'elle expire dans la dernière, sans qu'un seul vers, un seul mot vienne interrompre son harmonieuse évolution. C'est par cette mélodie mystérieuse que le Lied exprime et communique l'état de l'âme et si l'on peut dire, l'accord principal qu'elle rend au passage d'une émotion, comme la harpe éolienne au souffle du vent. Il en est de même dans les plus beaux chants de Gœthe. Chaque Lied a sa mélodie, et cette mélodie réside dans la magie des sons, du rythme et de la

rime. De même qu'un beau corps est l'expression
d'une belle âme et en reproduit par ses mouvements
gracieux les intentions les plus fines, de même la
musique intime des chants de Gœthe est l'expression parfaite de leur pensée. Les sons qui se cares-
sent ou s'entre-choquent, le rythme qui se berce
ou se précipite, les rimes qui expirent doucement
ou tombent avec fracas, sont comme le remous de
l'âme, calme ou orageuse, qui se brise vague à
vague. C'est par cette musique séduisante que les
chants de Gœthe s'insinuent dans l'âme et ne s'oublient plus. Une fois entendus, ils y résonneront
toujours.

Il va sans dire que cette mélodie intime et cachée
demande à être exprimée dans toute sa force et
qu'elle appelle la musique à son aide comme dans
le *Volkslied*. Aussi quelle foule de compositeurs
ont rivalisé pour mettre en musique les Lieds de
Gœthe, depuis les plus humbles, comme Reichardt
et Zelter, jusqu'aux plus grands génies comme
Mozart et Beethoven. On peut dire que c'est Schubert qui atteignit la perfection dans l'interprétation
musicale du lyrisme de Gœthe. Ses mélodies à
grand vol ont des élancements magnifiques et des
bercements infinis comme l'âme du grand poète,
elles nous emportent dans les régions les plus célestes du sentiment, sans jamais cesser d'étreindre
en sœurs fidèles la parole amie. De leur côté, les
accompagnements d'une richesse de motifs éton-
nante nous communiquent tous les frémissements
des sens, soulevés par les tempêtes de la passion.
Ces merveilleuses compositions rendent à ces chants
leur puissance primitive. Gœthe lui-même aimait

à les entendre chanter, la musique seule lui paraissait ne pas trahir sa pensée. Dans une de ses poésies, il dit à une amie en lui envoyant quelques chansons :

> Oh ! fais vibrer pour mes amours
> Ton clavier plein d'âme et d'émoi
> Ne lis jamais, chante toujours
> Et chaque mot sera pour toi.

Ainsi chantée, la poésie de Gœthe a le charme suprême que lui accorde Heine, cet autre maître du Lied : « Dans ces chants, dit-il, se joue une inexprimable magie. Les vers harmonieux enlacent ton cœur comme une tendre maîtresse ; la parole t'embrasse et la pensée te baise au front. »

IX

LE LIED AU DIX-NEUVIÈME SIÈCLE

> Chantez, vous tous qui avez une voix, dans
> la libre forêt des poëtes allemands.
> UHLAND.

> —

> Poëte, sois un chêne au vaste et frais feuillage,
> Par les racines, plonge au cœur du peuple aimé :
> Ta tête alors pourra lutter avec l'orage
> Ou se bercer au vent du printemps embaumé.
> JULIUS MOSEN.

L'école romantique. Novalis, Brentano et Arnim. — Poëtes
de combat en 1813. Arndt, Schenkendorf, Rückert. —
Eichendorff. — Henri Heine. — Uhland et l'école de
Souabe. — Wilhelm Müller. — Lyrisme politique en
1840. Herwegh, Hoffmann de Fallersleben. — Réaction
pieuse après 1847 : Oscar de Redwitz. — Les contemporains : Geibel, Kinkel, etc. — Rôle du Lied dans la vie
des Allemands.

Ce n'est pas en vain que Gœthe était sorti du
jardin rectiligne de la littérature classique pour
s'enfoncer dans la grande forêt vierge de la poésie
populaire. Il y avait réveillé la Belle au bois dormant. la Muse du Lied assoupie depuis des siècles
dans son château merveilleux couvert de broussailles, et l'avait ramenée, couronnée de roses, resplendissante de jeunesse et de beauté, au milieu
de ses compatriotes surpris. Ressuscitée, belle de

l'amour d'un si grand homme, les hommages ne
lui manquèrent pas et tous briguèrent ses faveurs.
Depuis ce temps, elle est adorée, elle règne. Le Lied,
vivant et vibrant, vole de bouche en bouche comme
au seizième siècle, comme du temps des *Minnesinger*. De 1770 à 1848 et même au delà, c'est un
printemps de lyrisme toujours renaissant, et comme
dit Uhland « la floraison ne veut pas finir ». Le
Lied moderne n'égale pas la chanson populaire primitive par la vigueur du jet, mais il la surpasse
par la richesse des idées. Tout en partageant les
aspirations modernes, il n'a rien perdu de sa simplicité. Il ne s'est pas éloigné du peuple ; il est
resté la fée de l'enfance, le messager des amants, le
clairon des batailles, la trompe des révolutions,
l'écho toujours éveillé de la vie intime, politique,
sociale et religieuse de la nation. Voilà ce qui fait
sa force. Je ne veux raconter ce mouvement que
dans ses phases principales, grouper les écoles,
montrer les chefs et relever entre tous les poètes
ceux qui sont restés fidèles au génie de la chanson
populaire.

Après les grands triomphes de Gœthe et de Schiller, en 1798 environ, surgit l'école romantique.
Pendant leur duumvirat, les deux grands organi-
sateurs de la littérature allemande avaient annoncé
le règne de l'art grec. Ils ne voulaient point restaurer la mythologie d'Homère et la tragédie d'Eschyle, mais revenir à l'esprit hellénique ; noblesse
de l'idée, pureté de la forme, sobriété de l'expression, voilà ce qu'ils prêchaient par la théorie et par
l'exemple. *L'Iphigénie* et *le Torquato Tasso* de
Gœthe, *la Fiancée de Messine* et les poésies philo-

sophiques de Schiller étaient les modèles de cet art nouveau. Ce que les contemporains ne voyaient pas, c'est combien les deux ardents apôtres de la grande poésie humaine et universelle restaient modernes, allemands et même révolutionnaires, tout en s'inspirant du génie grec. Quoi qu'il en soit, le grand public, qui se lasse bien vite de tout, demandait quelque chose de nouveau, de plus intime, de plus germanique.

Ce fut le point de départ des romantiques. Il ne s'agissait point, comme vingt ans plus tard en France, de réagir contre le pédantisme littéraire de deux siècles, mais simplement d'ouvrir une voie nouvelle. A vrai dire, en ressuscitant la vieille littérature germanique, le moyen âge, la chevalerie, les *Minnesinger*, les légendes populaires, en revenant aux sources nationales, en traduisant Shakespeare, les romantiques ne faisaient que continuer l'œuvre salutaire de Herder. Mais ils allèrent bien plus loin, ils voulurent faire une esthétique nouvelle ; ce fut leur malheur. Leur grande erreur fut de considérer la poésie comme une chose supérieure à la nature, indépendante de la réalité, qui peut et qui doit s'en passer. Frédéric Schlegel, esprit confus et mystique, finit par déclarer que toutes les lois sont absurdes en poésie, que les formes les plus monstrueuses sont admissibles pourvu qu'elles soient originales. « La poésie romantique, dit Frédéric Schlegel dans *l'Atheneum*, organe de son école, est seule infinie, seule elle est libre ; la seule loi qu'elle reconnaisse, c'est que la fantaisie du poète ne souffre point de règle. » La fantaisie personnelle et sans frein, voilà tout ce qu'ils laissaient debout. Qu'elle

aille, pensaient-ils, la belle extravagante, qu'elle
coure le monde folle, échevelée, qu'elle abandonne
la terre, peu importe, pourvu qu'elle nous fasse
oublier la médiocre réalité ; qu'elle se perde dans
les nues, tant mieux ; ce sera son plus beau
triomphe.

Quand l'artiste cesse de suivre la nature et d'aimer l'humanité, il peut être encore un fou de génie,
il n'est plus ce qu'il doit être, l'oracle inspiré de la
Vérité. On devine, du reste, que ces maximes trouvèrent une foule d'esprits tout disposés à les mettre en pratique. Sous le masque commode de cette
théorie, chacun donna cours à ses caprices et la plupart y gàtèrent leur talent. Les uns, comme Tieck,
se perdirent dans l'interprétation allégorique et
mystagogique de la nature, les autres, comme Frédéric Schlegel, aboutirent au catholicisme le plus
réactionnaire, d'autres, comme Brentano et Arnim,
se plongèrent dans la fantasmagorie du surnaturel.
N'oublions pas cependant que ces deux hommes
exercèrent une influence prodigieuse, vraiment ré-
novatrice sur leur époque par la publication du premier recueil de chansons populaires allemandes :
Des Knaben Wunderhorn [1]. On ne saurait assez
insister sur l'importance de ce livre dans l'histoire
de la poésie allemande. Heine, Uhland, et toute
la pléiade qui les entoure, y ont puisé à pleines
mains. Cette publication fut la résurrection du
Volkslied pour le grand public. Malheureusement
Brentano et Arnim n'en profitèrent guère eux-
mêmes, comme la plupart des romantiques de la

_____

1. Voyez chapitre 1er.

première période. Ils ne surent pas dérober à leur modèle le secret de sa mise en scène rapide et de sa forte concision.

En somme, les romantiques allemands se perdirent par la théorie du génie sans frein et par l'idolâtrie du moyen âge. Henri Heine dit plaisamment qu'ils se conduisirent comme certaine servante naïve dans un conte de fées. Cette beauté, déjà fort sur son retour, s'était aperçue que sa maîtresse se rajeunissait tous les ans en buvant une gorgée d'un certain élixir. Un jour, elle parvint à s'emparer de la liqueur précieuse. Aussitôt elle songea à se rajeunir comme la princesse, et, se trouvant fort vieille, elle avala d'un trait tout le contenu de la fiole. Mais quelle fut sa terreur, lorsqu'elle se regarda dans la glace ! Au lieu de se retrouver jeune femme, la malheureuse vit qu'elle était redevenue un tout petit enfant. C'est ainsi, dit Henri Heine, que les romantiques tombèrent en enfance à force de se griser du moyen âge.

Cette école compte cependant un poète lyrique sincère, spontané, original. C'est Georges de Hardenberg, plus connu sous le nom de Novalis, son pseudonyme. Trop souvent les poètes de ce temps-là devenaient bons catholiques par goût littéraire. Frédéric Schlegel, par exemple, mériterait la piquante définition que M. Sainte-Beuve a donnée de Chateaubriand : « Un épicurien qui avait l'imagination catholique. » Rien de semblable chez Novalis ; c'est un mystique de race et l'un des plus nobles qui se puissent trouver. Tout concourut à le jeter dans les bras de la religion : son tempérament, sa santé chancelante, son éducation et les circonstan-

ces de sa vie. A vingt ans, il se fiança avec une jeune
fille de treize. Bientôt après, elle mourut et, de ce
moment, les pensées du poète se dirigèrent vers
l'autre monde. Il choisit un état qui convenait à son
penchant vers la solitude et devint intendant des
salines, dans le cercle de Thuringe. Retiré dans les
montagnes, il se plongea dans les méditations religieuses avec la foi la plus ardente. Cette âme tendre
inclinait plutôt vers la religion personnelle et intérieure des frères moraves que vers les pompes du
catholicisme. Il était de ces natures aimantes mais
faibles qui ne supportent pas le choc de la vie. Elles
ne voudraient rencontrer autour d'elles qu'amour,
dévoûment, paix et félicité; au lieu de cela, elles
voient partout égoïsme, haine, guerre et souffrance.
Froissées, elles se replient sur elles-mêmes et lèvent
leurs regards vers le Jésus des malheureux, qui
descend du ciel et tend ses bras aux hommes, pour
les arracher du monde dans une étreinte fraternelle. Ce Jésus, Novalis n'y croit pas seulement, il
le voit : « Il est toujours là, dit-il dans un de ses
chants spirituels, avec son auréole merveilleuse, le
bien-aimé trois fois saint. Touchés par sa couronne
d'épines et par sa fidélité, nous pleurons ! et chaque
homme nous est le bienvenu qui comme nous saisit
sa main. » Son amour remplace tous les autres, la
contemplation mystique de sa bonté divine console
de toutes les amertumes : « Pourvu qu'il soit à moi,
le monde m'appartient ; je suis bienheureux, comme
un enfant du ciel qui tient le voile de la Vierge.
Perdu dans cette vision, je ne crains plus la terre. »
Ce qu'il y a de touchant chez Novalis, c'est une sorte
de dévoûment personnel à Jésus. Il sait bien que

le croyant est de plus en plus isolé dans le monde moderne, et il en souffre. « Oh! il est solitaire, s'écrie-t-il, il est triste dans l'âme celui qui aime le passé d'un amour ardent et candide. » D'autant plus profonde est son adoration pour son maître. « Si tous te trahissent, moi je te resterai fidèle, afin que la reconnaissance ne s'éteigne pas sur terre. Pour moi tu t'es abîmé dans les souffrances, pour moi tu t'es noyé de douleur. C'est pourquoi je te donne mon cœur pour toujours avec joie. » Qui ne sentirait, dans ces paroles, ces nobles élancements qui l'enlèvent de terre ? Mais cette religion, qui veut concentrer l'attention de l'homme sur une vie future, aboutit fatalement à une fin tragique, au désir de la mort. Dans ses *Hymnes de la nuit*, Novalis aspire de toutes ses forces au terrible *au delà* qui est sa dernière espérance : « Descendons dans la terre profonde, loin du royaume de lumière! La furie des douleurs et ses coups sauvages sont le signe d'un joyeux départ. Bientôt nous arriverons dans l'étroite nacelle au rivage céleste. Sois bénie, nuit éternelle, sois béni, sommeil sans fin ! » Déjà il s'attend à revoir les élus bien-aimés, déjà il croit entendre leurs voix, et ce pressentiment le remplit d'une ineffable volupté. « Un doux frisson, immense et mystérieux, nous envahit comme un fleuve. Il me semble que des profondeurs lointaines j'entends un écho de nos tristesses. Les élus bien-aimés soupirent, eux aussi, après nous et nous envoient le souffle de leur désir. »

On le voit, cette poésie tend à s'échapper hors du monde. La terre avec ses splendeurs, l'humanité avec ses passions s'engloutissent devant le ciel

des bienheureux où se précipite l'âme éperdue.
Novalis a traversé tous les degrés du mysticisme
depuis l'adoration enfantine de la sainteté jusqu'à
l'amour de la mort et au délire de l'éternité. Hegel
a raison d'appeler cette poésie la consomption de
l'esprit. L'âme de Novalis se consume parce qu'elle
refuse tout contact avec la nature qui seule pourrait la raviver. Livrée à elle-même, elle languit
après l'infini, elle brûle sous la flamme de son désir, vacille, pâlit et s'éteint au souffle du vent.
Novalis est peut-être le plus romantique des romantiques. Tous ils veulent échapper au monde réel ;
Tieck se réfugie dans les contes de fées, Frédéric
Schlegel dans le catholicisme, Hœlderlin dans la
Grèce antique, Novalis dans le ciel chrétien. Hœlderlin fut frappé d'aliénation mentale, Novalis s'é-
vanouit à vingt-huit ans dans un rêve d'amour infini. Certes ils firent fausse route ces songeurs ma-
lades, mais ils furent grands dans leur aberration
par l'énergie et le sérieux de leur désir, fous, si l'on
veut, mais à coup sûr martyrs de l'idéal.

Ces exemples prouvent qu'au commencement de
notre siècle les romantiques avaient perdu presque
entièrement cette intelligence directe de la vie, qui
seule renouvelle les arts. Un grand événement
politique les rappela tout à coup au présent et les
secoua si fort que, de rêveurs exaltés, ils devinrent
d'un jour à l'autre hommes d'action. La paix de
Tilsit (1807) avait mis l'Allemagne sous le pied de
Napoléon. Les pays du Rhin, changés en province
française, la Prusse morcelée, l'Autriche bâillonnée,
toute l'Allemagne garrottée, ce n'étaient point
encore les pires des maux aux yeux des patriotes

allemands. Le sentiment national même semblait
éteint en Allemagne, tant le découragement était
profond. A cette heure d'abaissement, rois, ministres, écrivains, penseurs, hommes d'État ne croyaient
plus à l'indépendance de la patrie. A force de voir
des princes serviles dans son antichambre, Napoléon croyait avoir affaire à une nation de valets. Il
se trompait étrangement. L'Allemagne, longtemps
immobile sous le bâillon, se redressa un beau jour
sous le fouet, sombre, frémissante, armée. Les
rudes montagnards du Tyrol se soulevèrent les
premiers ; leur chef, l'intrépide André Hofer, paya
son courage de sa vie. Napoléon le fit fusiller. L'insurrection tyrolienne fut écrasée, mais un cri d'indignation partit de tous les points de l'Allemagne
et la révolte éclata dans toutes les âmes viriles. La
Prusse se prépara à la guerre par des réformes
radicales. Deux grands patriotes, le baron de Stein
et Scharnhorst, réorganisèrent, l'un l'administration, l'autre l'armée. Mais la grande réforme s'accomplit dans le peuple. Les étudiants formèrent la
ligue de la vertu *(Tugenbdund)*. Le duc de Bruns-
wick créa la légion de la vengeance et Lützow les
chasseurs noirs. Quand vint le jour de la lutte, on
ne vit pas seulement des régiments ordinaires, on
vit une nation entière debout, sous les armes. Tous
les hommes valides de quinze à soixante ans couraient rejoindre le drapeau avec enthousiasme et
grossir le *Landsturm*. Fonctionnaires, artisans,
bourgeois, nobles, paysans marchaient côte à côte,
au milieu d'eux des professeurs de l'université de
Berlin, des artistes, comme Schadow le sculpteur,
des poètes comme Iffland, auteur dramatique et

directeur de théâtre. Sur la place d'armes de Berlin, on voyait le philosophe Fichte se promener au milieu des soldats et les haranguer. Schleiermacher, le théologien, bénissait leurs drapeaux dans les églises, enflammait leur patriotisme de sa grande pensée religieuse et trempait les jeunes courages pour la mort. Une volonté puissante électrisait ces masses et versait dans la poitrine des chefs une force d'airain. Pour la première fois, le temple de la patrie leur apparaissait comme le seul asile des mœurs nationales, de la famille, de la religion, de la pensée, de tout ce que l'homme a de plus sacré. Et ce temple était insolemment occupé par les baïonnettes et les canons de l'étranger. Guerre ! criait-on du Niémen jusqu'à l'Elbe et des Carpathes jusqu'à la mer Baltique. Guerre! répondaient les mères et les fiancées. Il y eut des femmes qui se déguisèrent pour se faire soldats. Dorothée Sawosch fit partie d'un régiment de cavalerie de la landwehr ; Charlotte Krüger servit dans le régiment de Kolberg et revint de la guerre avec le grade de sous-officier ; Éléonore Prochaska entra dans les chasseurs noirs et se fit tuer en 1813. Dans les tavernes on ne chantait que des refrains belliqueux, dans les villages on ne jouait que des fanfares de guerre, dans les forges, on ne forgeait que des armes. Kœrner pouvait s'écrier,

Le peuple s'est levé ! l'orage se déchaîne !

La poésie lyrique ne resta pas indifférente à ce réveil. Que dis-je? elle y prit une part active et, sans elle, on peut l'affirmer, il n'eût pas été aussi

électrique, aussi enthousiaste, aussi hardi. S'il y
a dans les temps modernes un exemple éclatant de
la noble mission que peut se donner le poète lyrique auprès de son peuple, de l'influence énergique
et visible qu'il peut exercer sur la foule, c'est
celui-là. Quand l'Allemagne se leva comme un seul
homme pour secouer le joug de fer du despotisme,
une légion de poètes se leva avec elle pour aiguil-
lonner le courage de ce peuple, ennoblir ses passions soulevées et donner des ailes à son patriotisme. On peut se souvenir de Tyrtée en voyant
Kœrner réciter ses chants à ses compagnons et les
enflammer au combat. Des nuages, où elle s'était
perdue, la poésie descendit un beau jour, comme
un coup de foudre, sur le champ de bataille pour
remplir des soldats de son feu sacré. C'est alors
qu'apparut la supériorité du Lied, de la poésie
populaire et chantée, sur la poésie rhétorique et
déclamatoire. Qu'on se figure des pièces de vers,
les plus belles, les plus éloquentes, imprimées
dans des *Revues* ou sur des feuilles volantes et
lancées dans ce peuple inquiet, frémissant. Il n'y
eût pas fait attention. Mais, portés sur les ailes de
la mélodie, ces chants simples et vigoureux attei-
gnaient les esprits les plus ignorants, frappaient
les cœurs les plus rebelles, car ils parlaient à tous
la même langue primitive, la langue universelle, à
jamais victorieuse de la musique. Aussi couraient-
ils d'un bout à l'autre de l'Allemagne, et de leurs
torrents de colère et d'enthousiasme changeaient
des cœurs de quinze ans en cœurs de bronze. Ces
refrains guerriers étaient devenus le pain quotidien
non seulement des hommes, mais encore des

femmes. L'historien Charles-Auguste Meyer rappelle à ce sujet un souvenir d'enfance qui est caractéristique. Sa mère habitait avec lui une maison isolée ; on entendait au loin les sourdes détonations du canon dans la nuit, l'enfant avait la fièvre et la mère, courbée sur lui, murmurait le chant de Kœrner :

> O père, je t'appelle !
> Les canons rugissants ont tonné dans la nuit.

C'est un grand spectacle que la poésie se mêlant ainsi à la vie publique d'une nation, un beau spectacle pour l'humanité et qu'il faut savoir admirer en refoulant toute vanité nationale. D'ailleurs le plus grand ennemi de la France, à ce moment, ce n'était pas l'Allemagne, c'était Napoléon qui les exploitait toutes deux pour assouvir son ambition. Que les temps étaient changés ! Lorsqu'en 1793 les vainqueurs de Jemmapes et de Fleurus chantaient *la Marseillaise* sous le canon des Autrichiens et des Prussiens, ceux-ci n'avaient aucun chant qui fût digne de répondre à la mélodie triomphante de la liberté. C'est qu'alors ces immortels soldats, ces enfants de dix-huit ans, pieds nus, en guenilles, au front radieux, étaient pénétrés de l'héroïque conviction qu'ils se battaient pour les peuples et contre les princes. Mais à Leipzig, par quels accents les héros de la grande armée répondaient-ils aux chants de liberté des Allemands ? Ils n'avaient qu'un cri : Vive l'empereur ! Ce cri fut étouffé et il le méritait. C'est qu'alors nos soldats se battaient pour un prince et contre les peuples. La tyrannie peut faire de bons soldats, voire même

de grands capitaines, mais des héros et des poètes,
jamais. La liberté seule peut faire chanter jusque
dans la mort.

J'ai nommé Théodore Kœrner (né en 1791, mort
en 1813). Ce noble caractère est resté pour ses
compatriotes le type du soldat-poète, l'idéal du
jeune homme exalté qui se dévoue corps et âme à
la patrie. La nature et la fortune semblaient l'avoir
orné à plaisir de tous leurs dons pour rehausser la
grandeur de son sacrifice. Il était d'une famille dis-
tinguée, et montra de bonne heure un cœur tendre
dominé par une volonté ferme. Une éducation
brillante et libérale développa rapidement sa fière
sensibilité et sa vive intelligence. A dix-sept ans il
était cavalier fringant, parfait tireur, bon musicien, et, de plus, poète de talent. Fortune unique, à
vingt ans il devint poète du *Hoftheater* de Vienne,
où il avait fait représenter plusieurs drames
avec succès. Peu de temps après, il se fiança, et
rien ne manquait plus à son bonheur quand survint
l'insurrection nationale de 1813. Il écrivit à ses
parents : « Une grande cause réclame de grands
cœurs. » Gloire littéraire, famille, amour rien ne le
retint; il s'engagea dans les volontaires de Lützow.
Déjà il avait composé beaucoup de chants patriotiques, dès lors il n'en fit plus d'autres. Quand les
chasseurs noirs reçurent leur bénédiction, dans une
église, ils entonnèrent un chœur de Kœrner. Il ne
cessa d'électriser ses compagnons d'armes, qui l'ado-
raient par son entrain juvénile et ses chants belliqueux. Bientôt il devint adjudant de Lützow et
risqua joyeusement sa vie dans toutes les charges de
cavalerie. Dangereusement blessé dans une escar-

mouche devant Leipzig, il n'échappa qu'à grand'peine
à la mort. A peine rétabli, il alla rejoindre les
chasseurs de Lützow, qui s'étaient placés sous le
commandement du général Wallmoden et harce-
laient journellement l'armée du maréchal Davoust.
Un matin, au point du jour, après une nuit passée
à cheval en embuscade, il composa son fameux
Chant de l'épée. C'est un dialogue fiévreux entre
le cavalier et son arme fidèle ; il sent la poudre et
l'atmosphère électrique du combat :

> Ma forte lame blanche,
> Tu brilles à ma hanche,
> Pourquoi si doucement
> Sourire à ton amant ?

> « Un cavalier m'emporte
> Et fière je l'escorte,
> Je vibre dans ses bras,
> Oui, libre tu seras ! »

> Oui, libre ! ô claire épée,
> Sois donc ma fiancée,
> J'en jure devant Dieu
> Dans un baiser de feu !

> « Je suis ta jeune amante
> Qui t'aime flamboyante,
> A quand donc, bel ami,
> A quand la folle nuit ? »

> La folle nuit s'apprête,
> Entends-tu la trompette ?
> Au bruit sourd des canons
> Nous nous embrasserons !

> « Je languis palpitante
> Après l'étreinte ardente.
> Je brûle ! saisis-moi,
> Ma couronne est à toi ! »

En l'air donc, ma flamberge,
Va, chante, ô belle vierge,
Ton chant de volupté :
Sang rouge ! et liberté !

Kœrner venait de noter ce chant sur une feuille
volante et le récitait à ses amis, quand Lützow donna
le signal de l'attaque. Tous deux enfoncèrent les
éperons dans les flancs de leurs chevaux et fondirent sur l'ennemi en tête de leur troupe. Quelques
minutes après, Kœrner tombait mort sous la balle
d'un tirailleur. On l'enterra sous un chêne, son
arbre favori. Parmi les amis qui recouvrirent de
gazon le tertre du poète, abattu dans sa fleur, se
trouvait un jeune homme distingué, nommé Bæ-
renhorst. Peu de jours après il occupait un poste
dangereux dans un combat d'avant-garde. Il se pré-
cipita sur les ennemis qui l'enveloppaient, en s'é-
criant : Kœrner, je te suis ! et tomba criblé de balles. Tant l'âme de ce jeune homme avait passé dans
celle de ses amis.

Parmi les poètes de 1813, Kœrner représente à
merveille le jeune homme exalté, téméraire, exubérant de générosité. Ses chants ont une singulière
force lorsqu'on songe qu'il les a scellés de sa mort.
Cependant, sauf *le Chant de l'épée*, on y retrouve
plutôt la rhétorique enflammée de Schiller que
l'accent cordial du peuple, mais quoi qu'on en puisse
dire, ils conserveront toujours un reflet de l'auréole du martyr.

A côté de Kœrner le jeune homme, se place
Ernst Moritz Arndt, l'homme mûr, plus calme,
mais non moins énergique et peut-être plus inébranlable encore. Arndt est né (1769) dans l'île de

Rügen qui forme la pointe septentrionale de l'Allemagne. Cette île sauvage, avec ses tombeaux de géants, son lac lugubre de la déesse Hertha, qui dort dans une forêt séculaire, ses promontoires, qui s'avancent hardiment dans la mer, et ses baies silencieuses cernées de collines basses aux sapins sombres, cette île rude et sévère rappelle, comme par magie, la vieille Germanie païenne. Les immenses rochers de craie de Stubbenkammer, dressés à pic sur la plage et couronnés d'une superbe forêt de hêtres, d'où l'on aperçoit l'étendue vaste et grise de la mer Baltique, semblent appartenir déjà à la grandiose nature scandinave. C'est de cette île, dit-on, que partirent les premiers conquérants de Rome. Sous l'habit moderne, Arndt est un de ces vieux Germains ; il en a les colères viriles et l'indomptable opiniâtreté. Compagnon d'Odoacre, il se fût rué à coups de massue sur les légions romaines. Sous Napoléon, il s'éleva contre la domination étrangère avec une indignation concentrée. En 1806 il fut nommé professeur à Greifswald. Son esprit hardi, son patriotisme de feu ne purent se taire devant le despotisme napoléonien, moins encore devant la servilité des princes allemands et l'abaissement du peuple. Du haut de sa chaire de professeur, il prêcha la guerre et lança dans l'Allemagne sa célèbre brochure *l'Esprit du temps*. Napoléon lut la brochure et en pâlit de colère ; il jura de perdre cet homme. Après la bataille d'Iéna, Arndt dut s'exiler, il alla en Suède et ne revint qu'en 1810, mais dès lors il fut un des promoteurs les plus actifs du grand mouvement insurrectionnel qui valut à l'Allemagne sa délivrance. L'indignation patriotique le fit poète et ses chants firent des soldats. Souvent il en composait lui-même la mélodie, et ils couraient de l'Elbe au Rhin, comme la flamme sur une traînée de poudre. Son *Chant de la patrie* fut un véritable tocsin d'alarme et devint *la Marseillaise* des Allemands :

Le Dieu qui fit pousser le fer
N'a pas voulu d'esclaves,
Il mit pour foudre et pour éclair
Le glaive au poingt des braves.
Il mit l'audace dans leur cœur,
Le verbe dans leur bouche ;
Il fit à l'homme un front sans peur.
Jusqu'à la mort farouche.

Et ce qu'il veut nous le voulons,
Et fière est la besogne.
Chassons les tyrans et foulons
Leurs valets sans vergogne.
Taillons en pièces sans broncher
Qui défend l'infamie,
Il n'est pas digne de toucher
Le sol de la patrie.

O terre de fidélité,
O sainte Germanie,
Quel cri nous as-tu donc jeté ?
Est-ce un cri d'agonie ?
Non. Romps tes fers, ô Spartacus,
Et forge-toi des armes,
Nous sommes fils d'Arminius ;
Brillez, grands feux d'alarmes !

O monte, monte, feu sacré,
En flamme triomphante !
Notre étendard est arboré,
La liberté le plante.

Exaltez vos cœurs jusqu'au ciel,
Levez-vous tous, courage!
Jurez d'un élan fraternel:
« Il n'est plus d'esclavage! »

Sonnez, clairons, roule, ô tambour!
Tintez, ô lames vierges!
Vous serez belles en ce jour
Et rouges, nos flamberges!
Oui, rouges du sang des bourreaux
Et belles de vengeance,
Sortez, sortez de vos fourreaux
Au jour de l'espérance!

Flottez victorieusement,
Flottez au vent, bannières!
Disons en tombant fièrement;
« Serrez les rangs, mes frères!
Le drapeau veut s'épanouir,
Le fer tressaille et vibre.
Volons! il faut vaincre ou mourir,
Mourir en homme libre! »

Dans une traduction, sans doute, *le Chant de la patrie* ne va pas à la cheville de *la Marseillaise*, mais on peut comparer l'original à l'hymne immortel de Rouget de l'Isle, qui trouva d'un jet paroles et mélodies, exemple unique dans l'histoire de la poésie française et qui prouve, une fois de plus, que les sentiments riches et les situations fortes font jaillir toute vive la grande poésie. Il y a un souffle plus entraînant dans l'hymne français, le souffle orageux de toute la révolution. Derrière « l'étendard sanglant de la tyrannie » il semble que l'aurore de la liberté éternelle se lève sur les peuples et qu'à ses premiers rayons les hommes éblouis poussent un cri de reconnaissance et de

triomphe, puis marchent contre leurs tyrans dans
une sainte ivresse, sans savoir même s'il serait
plus doux de vivre ou de mourir pour elle. Dans
le chant germanique il y a moins d'élan, mais une
sombre indignation, une colère concentrée et une
résolution de fer. On sent que c'est un peuple tout
entier qui marche contre l'étranger, qu'il s'avan-
cera comme un mur et se fera tuer jusqu'au dernier
homme, s'il le faut.

Ce n'est pas le seul chant patriotique d'Arndt
qui soit devenu populaire en Allemagne; ils se
comptent par douzaines. La plupart sont des œuvres de circonstance, moins faites pour être lues
que pour être chantées par des combattants, comme
la *Prière pour la consécration guerrière d'un
jeune homme*, ou *le Chant du soir du soldat*. Souvent il célébrait les héros du jour, Schill, Scharnhorst, etc. Celui qu'il chante avec le plus d'entrain
c'est Blücher. Il n'est pas sans intérêt de comparer
la familiarité populaire avec laquelle les soldats allemands de 1813 traitaient leur général de quatre-
vingt-dix ans, à cette sorte d'enthousiasme sombre
et de terreur admirative que l'empereur inspirait
au soldat français. Cette familiarité a passé dans
la poésie d'Arndt :

Beau clairon, que dis-tu ? Francs hussards en avant !
Notre vieux général est plus prompt que le vent,
Son cheval intrépide a henni d'allégresse,
Et sa lame tranchante a brillé, vengeresse.

Voyez-vous rayonner ses yeux clairs et perçants ?
Voyez-vous ondoyer ses cheveux blanchissants,
Sa vieillesse fougueuse est un feu de colère,
Suivez-le, gais hussards, c'est le roi de la guerre.

Tout semblait s'écrouler dans l'abîme éternel ;
Il leva hardiment son fer nu vers le ciel,
Et jura par l'acier flamboyant et sauvage
De prouver au tyran ce que peut un courage.

Et ce fer a vaincu ! Aux clairons éclatants,
Ce vieillard est parti comme un cœur de vingt ans,
Il chassa le tyran, il était de sa taille,
Ah ! sonnez la victoire, ô clairons de bataille !

Ce ton vif fit la fortune de ces chants. Arndt est le plus grand des poètes patriotiques de 1813, parce qu'il a su être populaire sans rien abdiquer de sa noblesse. On a remarqué qu'un souffle républicain court à travers sa poésie et qu'il ne nomme les princes que pour les accuser. C'est l'opposé chez Max de Schenkendorf, qui représente le parti aristocratique parmi les chanteurs de 1813. Sa poésie a parfois quelque chose de doux, de mystique et de pénétrant comme le chant : « Liberté que j'aime, qui remplit mon cœur, » beau surtout par la mélodie de Groos ; mais l'inspiration de Schenkendorf est troublée par une chimère, il rêve le rétablissement du vieil empire féodal et germanique. Rückert le surpasse de beaucoup dans ses *Sonnets* par la hauteur de pensée, la vigueur de touche et la force des images. Il s'adresse à la classe pensante, aux écrivains, à la jeunesse studieuse, aux philosophes, aux femmes, à l'élite de la nation et l'excite à la révolte. Le plus connu de ses chants patriotiques est celui des *Trois compagnons*. Trois soldats vont ensemble à la guerre, l'un est Prussien, l'autre Autrichien, le troisième ne dit pas de quel pays il vient. Frappés d'un coup de mitraille ils tombent tous trois ensemble, l'inconnu au milieu, les

deux autres à ses côtés. L'un crie : Vive la Prusse !
l'autre : Vive l'Autriche ! Alors l'inconnu se relève
et s'écrie d'une voix défaillante : Vive l'Allemagne !
Les deux autres se relèvent, se cramponnent à
ses bras, et tous trois avant d'expirer, s'écrient encore une fois : Vive l'Allemagne ! On le voit, la
poésie lyrique donna pour ainsi dire le signal de
ce grand mouvement unitaire de l'Allemagne qui
devait s'achever plus tard sous une forme très
différente de celle rêvée par Rückert.

Les poésies patriotiques de 1813 forment un intermezzo dans l'histoire du romantisme allemand.
Tant que dura la lutte on se fit soldat, chanteur
populaire, homme de parti. Une fois l'indépendance reconquise, la paix assurée, les souverains
refusèrent au peuple les libertés promises à l'heure
du danger, redoublèrent de despotisme, et, sauf
Arndt, Uhland et quelques autres, les rêveurs rentrèrent dans le pays des rêves. Témoin le baron
d'Eichendorff qui avait été chasseur volontaire dans
l'armée prussienne de 1813-1815 et qui devint
après la guerre un des plus brillants représentants
du lyrisme romantique.

Eichendorff est un croyant naïf. Cette âme tendre,
religieuse et candide, est presque une exilée dans
le monde moderne. Troubadour à la cour des Ho-
henstaufen en l'an 1200, il eût été le plus heureux
des mortels ; il aurait chanté le saint-empire germanique, la Vierge et la dame de ses pensées. Son
malheur voulut qu'il fût *Referendarius* à Breslau
en 1820 ; et il regretta toute sa vie le saint-empire
et la foi de ses pères. Ce culte exclusif du passé lui
fit une place à part dans le lyrisme allemand. On

e souvient de ces ermites d'autrefois qui se bâtis-
aient une chapelle de pierre au fin fond de la forêt.
On les voyait rarement, on connaissait à peine leur
etraite, mais le soir les bûcherons entendaient par-
ois une voix grave se prolonger sous les dômes
ombres des sapins séculaires. Eichendorff est un
e ces ermites. Il vit à peu près en dehors du monde,
mais il lui a été donné d'exprimer avec une délica-
esse exquise quelques-uns des sentiments favoris
u peuple allemand. Il aime la nature ; voilà ce qui
end sa poésie vraie et vive. Le mystique Novalis,
n voulant monter au ciel, se perd dans le vide.
Eichendorff, non moins croyant, trouve cependant
ue la terre est belle, il fait passer les anges sur
es moissons dorées, sous le voile du crépuscule et
ous fait entendre le souffle de Dieu dans le murmure des grands bois. Il préfère à tout autre séjour
es hautes forêts solennelles, silencieuses, remplies
eulement d'un religieux frémissement. Là, seul,
oin du monde, il va chercher la force et la joie, et
orsqu'il quitte la haute forêt, il jure de s'en sou-
enir au milieu de la foule humaine, afin de garder
u fond de son cœur la jeunesse, la foi et la sainte
délité. Le cycle sur la mort de son enfant, où le
oète associe la nature à sa douleur avec une grâce
aïve, est peut-être ce qu'il a composé de plus
ouchant. On est saisi comme à l'improviste, en
sant la première promenade du père dans le jardin,
ù son enfant jouait encore il y a peu de jours. Les
eurs lui jettent des regards à la dérobée et envoient
es papillons à la recherche de leur compagnon
abituel ; le coucou apparaît dans les branches
u bosquet comme s'il attendait son ami, enfin

l'arbre rompt le silence et dit : Pourquoi viens-tu seul aujourd'hui? Le père se tait, l'arbre secoue sa tête sombre, les feuilles frémissent, l'herbe se couvre de pleurs et le père fond en larmes.

Cette communion intime du poète avec la nature annonce le disciple de la chanson populaire. Il apparaît plus nettement encore dans les chants d'amour et de voyage, où Eichendorff fait parler des musiciens ambulants, des étudiants, des matelots et des soldats. Rien de plus simple que la célèbre chanson du moulin :

Au fond de la prairie,
Là cause un frais moulin ;
Ma maîtresse est partie,
Je tourne autour en vain.

Elle était ma promise,
J'en reçus cet anneau,
Mais quand la foi se brise,
Se brise aussi l'anneau.

Je parcourrai la terre
En chanteur ambulant ;
Ma voix avec mystère
Dira mon long tourment.

J'irai dans la bataille
En simple cavalier ;
Au fort de la mitraille
Je veux, je veux voler.

Le moulin me repousse...,
Il tourne, il tourne encor,
La mort me serait douce...
Il se tairait alors [1] !

1. Voir la mélodie V à l'appendice.

Le soldat qui revient de la guerre et qui trouve
sa bonne amie mariée est le pendant de ce Lied.

LE DERNIER SALUT

J'avais passé près du vieux hêtre,
Je vis la maison dans les bois,
Ma mie était à sa fenêtre,
Filant, filant comme autrefois.

J'étais soldat, j'étais en guerre,
Un autre, un autre est son époux,
Nous étions comme sœur et frère ;
Aujourd'hui, quel gouffre entre nous !

Un enfant jouait sur la route,
Il ressemblait à mes amours :
« De t'embrasser, oui il m'en coûte,
Mais Dieu te bénisse à toujours ! »

Ma mie était pâle, inquiète,
Dans ses yeux tristes, quel émoi !
Pensive elle inclina sa tête,
A-t-elle vu que c'était moi ?

Là-haut, là-haut près du vieux hêtre,
Les feuilles faisaient un doux bruit.
J'ai fait chanter mon cor... peut-être
L'a-t-elle entendu dans la nuit.

Les oiseaux ont chanté l'aurore,
Elle a pleuré, pleuré, pleuré !...
Moi j'ai marché, je marche encore,
Et jamais je ne reviendrai !

Il n'y a pas une ligne dans ces chansonnettes que
le peuple n'aurait pu trouver lui-même ; et pourtant
que le sentiment est élevé, que le tableau est com-

plet! Aussi le peuple les chante-t-il dans toute l'Allemagne.

La poésie romantique allemande était dans ses plus beaux jours en 1825. Une foule d'adorateurs se pressaient autour d'elle, maint chevalier faisait flotter ses couleurs dans l'arène de la littérature et de la critique, les rois lui souriaient parce qu'elle les encensait, les diplomates la protégeaient parce qu'elle faisait oublier au peuple ses pensées de liberté. C'est alors qu'entra en lice un poète étincelant d'esprit et d'imagination, qui s'annonça comme son plus fougueux chevalier. Par malheur, il s'aperçut un beau jour qu'il rompait des lances pour une vieille douairière desséchée, au lieu de conquérir les charmes d'une jeune beauté florissante. Rouge de colère, il lui jeta son gant à la face et distribua à tous ses champions de si bonnes estocades que la plupart ne s'en relevèrent plus, et que la dame vénérable en mourut de dépit. Cet enfant terrible c'est Henri Heine. A ce nom, que de burlesques et ravissantes apparitions surgissent et tourbillonnent devant l'esprit ! Que de fées pensives vous regardent de leurs grands yeux d'un bleu sombre, que de nixes moqueuses vous raillent en passant, que de caricatures bouffonnes, que de figures douloureuses et tragiques défilent à nos yeux! Quel concert de rires et de pleurs étourdit nos oreilles. La forêt magique des contes de fées s'ouvre de nouveau au regard fasciné, et dans la brume lumineuse des vertes frondaisons, dans le scintillement du soleil sur les feuilles exubérantes, se montre une main blanche qui nous fait signe, nous appelle et nous attire plus loin, toujours plus loin.

L'histoire de Heine et de la poésie romantique est elle-même un des plus étranges contes de fées. Cette poésie, comme une châtelaine ambitieuse, avait transporté ses pénates dans l'antique château du moyen âge et l'avait restauré somptueusement. Entre ses murs chancelants, elle avait reconstruit, en bois, il est vrai, une salle splendide. Des colonnes torses soutenaient fièrement la voûte mauresque, et les statues colossales des vieux empereurs, rangées au fond de la salle, près du trône de la sainte et mystique Poésie, semblaient prêtes à tirer l'épée pour la défendre. C'est dans cette salle étincelante de flambeaux, de fontaines et de lustres que les romantiques se donnèrent rendez-vous pour une fête immense. Oh! le joyeux bal! oh! les masques follement bariolés! C'est là qu'on vit arriver les costumes les plus resplendissants, des chevaliers allemands, francs, maures et sarrasins; de blondes châtelaines aux robes d'azur parsemées d'étoiles d'argent, de sombres reines aux manteaux de pourpre où rayonnaient des soleils d'or, des troubadours aux longues chevelures flottantes. Et l'on chanta de nouveau les folles aventures et la douce souvenance d'amour. Les chevaliers applaudirent, le sein des femmes se gonfla de désir, et du haut de son trône gothique la Poésie jeta des couronnes parfumées aux chanteurs. Puis le bal commença : une musique rêveuse attira les couples dans son cercle magique et de ses cadences de plus en plus passionnées les entraîna dans un fougueux tourbillon. A ce moment entra un mystérieux chevalier espagnol. Dans son pourpoint de velours, il marchait aussi fièrement que le plus superbe hidalgo;

sur son manteau brodé d'or on voyait quelques
chiffres arabes et hindous; une grande plume de
corbeau flottait sur sa tête. Il ne portait point de
masque. Son visage était beau et séduisant. Un feu
doux et sombre couvait dans ses yeux fixes et le
dédain superbe plissait ses lèvres voluptueuses. Ses
armes étaient brodées en argent sur sa barrette.
C'étaient deux têtes de sphinx dont l'une semblait
pleurer et l'autre éclater de rire. On cessa de danser pour le regarder. Il saisit négligemment la première guitare venue et chanta quelques romances
castillanes d'un ton si fier, d'un accent si nouveau,
qu'un tonnerre d'applaudissements l'accueillit. Le
bal reprit avec furie et le nouveau venu en fut le
roi. Mais bientôt tout le monde s'arrêta de lassi-
tude : « Or çà, dit à haute voix le bel inconnu, il
est minuit, qu'on se démasque ! Assez de comédie !
Je veux savoir qui vous êtes. Moi je m'appelle
Henri Heine. Je suis juif ou protestant, comme
vous voudrez, mais je me ris de Dieu et du diable ;
j'adore l'amour et la liberté, mais je hais l'hypocrisie. J'ai dit qui je suis, que chacun en fasse
autant ! » Tous se récrièrent indignés. Alors le beau
chevalier partit d'un éclat de rire sardonique :
« Quoi ! vous avez peur, beaux masques ! Eh bien,
je sais qui vous êtes. » Et s'approchant d'un majestueux templier, il lui arracha son masque : « Toi,
s'écria-t-il, tu n'es qu'un jésuite et tu fais ici les
petites affaires de ta congrégation. Vous, beau,
petit comte qui ne parlez que croisades, vous n'êtes
qu'un valet de Sa Majesté le roi de Prusse, et vous
feriez mieux d'entrer dans la garde et d'y montrer
votre taille que de parader dans le palais de la Poésie

où vous n'avez que faire. Toi, beau troubadour, qui
soupires pour la dame de tes pensées, tu n'es qu'un
commis négociant en bonne fortune avec une cham-
brière. Vous êtes tous de faux saints, de faux chevaliers et de faux troubadours. Je vous démasque-
rai tous, illustres faquins, je montrerai, sous vos
masques lisses, vos faces ridées de cuistres et de
charlatans, et sous vos pourpoints de soie vos habits râpés d'usuriers et de bureaucrates. En vérité,
si vous n'étiez à mourir de rire, vous mériteriez
qu'on vous chasse à coups de fouet. Quant à vous,
dames illustrissimes, je n'examine pas vos titres.
Que serait donc la comédie et la tragédie de la vie
si vous n'aviez pas le droit de vous jouer de nous,
de nous faire danser comme des marionnettes, de
remplir nos cœurs de tortures divines et de voluptés douloureuses? Comtesses, danseuses, bohé-
miennes et courtisanes, je vous aime toutes et je
vous célèbre. A vous mes chants de gloire et d'i-
vresse. Vous êtes belles, et vive le bal ! » A cette
sortie, il y eut un orage de rires, de cris et de voci-
férations. La voix stridente du chevalier allait jusqu'à la moelle des os, il y avait dans son amertume
je ne sais quoi d'âpre et de déchirant qui faisait
frissonner ; la vieille bicoque romantique trembla
dans ses fondements. Il y en eut quelques-uns qui
lui demandèrent raison de ses insultes. Il croisa le
fer avec eux et les étendit sur le plancher de façon
à leur ôter l'envie de recommencer la lutte. « On
étouffe dans votre salle, dit le vainqueur, il me faut
de l'air et le souffle des grands bois. » Ce disant il en-
fonça la grande porte, un coup de vent entra, tous
les lustres s'éteignirent et chevaliers et belles dames

se virent comme des spectres à la lueur de quelques
pâles flambeaux. Mais à travers la porte brisée
apparut un paysage féerique de forêts, de montagnes
et de lacs dormants sous le clair de lune. Alors le
poète magicien, saisissant une vieille harpe oubliée,
en tira des accccords si merveilleux que les forêts lointaines en frémirent de délices. A leurs mélodies caressantes, s'éveillèrent les génies des bois et les déesses des eaux, pour renouer leurs rondes gracieuses
et renouveler leurs chants tentateurs. Aux soupirs
de la harpe magique, aux appels impérieux de l'enchanteur, un essaim de fantômes légers s'approcha,
et se glissa dans la salle aux yeux de la foule ravie.
Elles arrivèrent du fond de leurs dômes de verdure,
les elfes sauvages couronnées de fleurs fantatisques
et ceintes de guirlandes de bouleaux pour recommencer leur ronde fugace au clair de lune. Elles
arrivèrent, du fond de leurs palais de cristal et de
leurs cascades écumeuses, les nixes, les folâtres
rieuses, aux seins de neige palpitants ; elles s'entraî-
nèrent et s'enlacèrent dans une ronde furieuse.
Parfois les plus folles, en passant devant l'enchanteur, se retournaient, et, belles, échevelées, les
seins au vent, un éclat de rire aux lèvres, elles
semblaient vouloir lui ravir un baiser, mais elles
n'effleuraient que sa harpe. Et, au milieu du cercle
des folles ondines, flottait, comme une mystérieuse
vision, la bien-aimée du poète, les bras croisés, sa
petite tête brune penchée, avec un étrange sourire
aux lèvres. Était-ce de la tendresse ou de l'ironie ?
Tout à coup le capricieux nécromancien interrom-
pit sa musique enchanteresse par un accord strident, et se mit à jouer des airs si comiques qu'on

ne pouvait les entendre sans rire. Ces airs avaient
une vertu singulière. Chacun d'eux faisait entrer
instantanément dans la salle un personnage contemporain; il dansait comme un pantin de la façon
la plus burlesque et dévidait ses plus secrètes pensées. Tantôt c'était le gros banquier Gumpel de
Berlin, s'intitulant, en Italie, il marchese Gumpe-
lino, déclamant du Shakespeare en calculant la
hausse de ses rentes et se prenant pour le Roméo
d'une Anglaise fantasque, laquelle lui administre
tendrement certain philtre de pharmacie, qui le
guérit à tout jamais de ses imprudentes amours.
Tantôt c'est le philosophe kantien Saül Ascher,
avec ses jambes abstraites et sa figure décharnée,
exprimant l'impératif catégorique, qui marche
comme une horloge en disant: la raison est le premier principe. Tantôt c'est le vieux Schlegel avec
ses trente perruques de rechange. Enfin, c'est toute
une galerie de *binettes* contemporaines. « Ah ! vous
vous récriez à ces charmantes figures, dit le magicien. Pourtant c'est vous, c'est votre génération
qui a pour nom sottise, hypocrisie, servilisme.
Avec vos pieuses cafardises, vos lâches conces-
sions, vous avez empoisonné votre religion, votre
philosophie, votre vie entière. D'ailleurs, tout n'est
que rêve, chimère, illusion. La poésie est aussi
folle que la réalité est stupide. L'histoire est une
comédie que se donne le bon Dieu pour tuer le
temps. Au fond, vous n'y croyez pas plus que moi
à ce bon Dieu, qui fait peur aux enfants et aux
nourrices. Seulement vous êtes trop lâches pour le
dire. Vous ne vous estimez guère, mais vous posez
devant le monde, vous vous affublez de bonnets,

de croix et de rubans, et on vous prend pour des héros. Eh bien ! moi, je ne suis qu'un fou, je ne crois à rien, je me méprise, mais je dis la vérité. Mon cœur saigne, mais vos sottes infamies ne m'arracheront jamais qu'un rire de dédain et j'ai le droit de vous cingler la face! » Ainsi parla le magicien satirique transformé en fou de cour, coiffé d'une marotte et un fouet à la main. » Sus au misérable ! haro sur le baudet ! mort au blasphémateur ! » cria toute la gent romantique, aristocratique et cléricale. Mais lui, saisissant une torche en feu, la brandit autour de lui et entonna *la Marseillaise* d'une voix de stentor. « Oh! ce chant vous fait peur, dit-il, pour l'étouffer vous voudriez dresser un échafaud. Parbleu, je veux vous aider. » Alors le sombre magicien évoqua le spectre de la guillotine. Elle se dressa dans un brouillard rouge, haute et sanglante, et tout autour se promenaient des corps sans tête, qui se faisaient de graves révérences. C'était Marie-Antoinette et sa cour. « Des corps sans tête, voilà l'image de votre société, » dit en riant le fou terrible. Déjà on entendait chanter au loin *la Marseillaise, la Carmagnole* et *le Ça ira*, et ces chants allaient croissant comme le mugissement de la tempête, au tocsin de 1848. « Le jour de gloire est arrivé! » dit le poète en lançant sa torche dans les lambris de l'édifice vermoulu. La flamme rouge le saisit et gagna les combles en crépitant de joie. Les poutres craquèrent, la foule s'enfuit, en un clin d'œil la salle brillante fut un brasier, elle s'effondra et le poète poussa un cri de triomphe. Tout à coup, il se retrouva, dans le morne donjon, vieilli, triste, seul. Comme dans les contes de fées quand le château plein de flambeaux, de varlets et de damoiselles s'est évanoui, il n'entendit plus que les cris de la chouette et de l'orfraie. Alors le poëte s'écria tristement : « Et pourtant j'ai aimé ! et pourtant j'ai cru à l'Idéal ! » Peut-être n'avait-il jamais été plus sincère ; mais il avait trop ri, on ne le crut point.

Ceci est la très véridique histoire de Henri Heine. Le plus fou des romantiques mit le feu au château. Mais à vrai dire l'incendiaire n'était que l'exécuteur impitoyable de la fatalité. Car ce château était de bois. Je veux dire que les principes de l'école romantique allemande devaient la conduire à une ruine précoce. N'avait-elle pas voulu se mettre au-dessus de toutes les lois et créer une poésie en dehors du monde réel ? N'avait-elle pas déclaré que son principe suprême c'était l'ironie dédaigneuse du poëte, contemplant toute chose des hauteurs de la fantaisie ? Il fallait que justice se fît ; Henri Heine s'en chargea. Il retourna l'ironie contre ceux qui s'en servaient si mal, mit la bande en fuite, mais à force de manier l'arme à double tranchant il s'en blessa cruellement. Après s'être moqué de tout le monde, il se moqua de lui-même, cessa presque d'être un caractère et le génie survécut à l'homme.

Henri Heine est un génie à double face. D'un côté, on y trouve une sensibilité ardente, subtile, féminine, d'une exquise délicatesse ; de l'autre, un esprit infernal, une ironie maligne et sauvage, qui de ses flèches empoisonnées frappe l'ennemi droit au défaut de la cuirasse ; tantôt une tristesse suave et rêveuse, tantôt un rire méchant et cynique ; ici l'ange, là le démon. Cette nature double a été une des causes principales du succès prodigieux de Henri Heine en France. On aime chez nous ces contrastes heurtés, ces poètes au cœur sanglant et déchiré qui disent au monde : Vois-tu les blessures que tu m'as faites? et qui, quand la foule approche, se redressent, et font siffler le fouet autour de ses oreilles. On a pardonné à Henri Heine ses excentricités de sentiment et d'imagination, grâce à son esprit mordant. Qu'il lui arrive, par exemple, de parler d'un amour de jeunesse, de quelque belle jeune fille blonde et songeuse, il en parlera si bien que vous, Français sceptique, vous serez sur le point d'être ému. Déjà les larmes vous viennent aux yeux et vous craignez de perdre votre enjouement d'homme du monde. Mais voici qu'un trait d'esprit part comme une flèche, la madone se change en soubrette ; vous souriez, et vous voilà soulagé. Vous pensiez avoir à faire à Jean Paul, point du tout, c'est à un autre Voltaire. La surprise vous enchante et vous applaudissez. Pour les Allemands, c'est tout le contraire. Ils voulaient pleurer et on les fait rire ; ils sont furieux.

Il ne suffit pas de signaler le contraste, il faut le comprendre. Henri Heine, qui aimait à se faire passer pour le Byron allemand, a dit que le poète d'un siècle tiraillé entre le passé et l'avenir devait forcément avoir le cœur déchiré en deux. Et pourquoi ? Cela dépend du poète. S'il comprend les luttes de son siècle et en prévoit l'issue, il peut s'y jeter hardiment et garder une âme tranquille, lors même que son sang s'échauffe dans le combat. Byron avait déclaré la guerre aux mœurs et aux préjugés de

son temps, mais il se prenait au sérieux, il croyait
à ses héros, il n'a jamais douté de lui-même, il est
mort pour la liberté des Grecs. Lord Byron est en
contradiction avec son siècle, Henri Heine est surtout en contradiction avec lui-même. Cela tient plus
à son tempérament qu'à son temps. La nature
l'avait doué, d'une part, d'une merveilleuse sensibilité poétique, de l'autre, d'une vue perçante des
ridicules et des bassesses de l'homme. Ces deux
facultés sont chez lui également puissantes, elles
lui sont également chères, et si vous lui donniez le
choix, il hésiterait. Il adore la mer du Nord et son
imagination y déploie des ailes d'aigle, mais les
philistins de Berlin et de Munich n'en font pas
moins ses délices. Il comprend les plus divines
extases de l'amour; mais se moquer d'une bourgeoise sentimentale, qui étale au soleil couchant
ses charmes problématiques et enivre un candide
étudiant de sa sottise épanouie, voilà un plaisir
qu'il ne donnerait pas pour un empire. Il hait l'hypocrisie dévote, la sottise prétentieuse, l'égoïsme
rampant, mais il aime haïr, c'est une volupté pour
lui. Quand il voit s'accoupler la méchanceté et la
bêtise, il les crible de traits et lorsqu'ils bondissent
sous le coup, il s'amuse, il se délecte, il éclate de rire.
Quelquefois cependant son rire se change en pleurs.
Il se moquera par exemple d'un vieux moine abêti
par les pratiques religieuses, puis tout à coup, saisi
de pitié, il a peine à retenir une larme. Mais plus
souvent les larmes tournent au rire chez cette organisation nerveuse. Qu'au moment de s'attendrir
devant une *Annonciation* il s'aperçoive que l'ange
Gabriel ressemble à un heureux Céladon, alors adieu

le sérieux. L'idéal est pour Heine un jardin splendide peuplé d'arbres gigantesques, de fleurs superbes et d'hommes divins; la réalité n'est à ses yeux
qu'un affreux tripot rempli de coquins, de cuistres
et de cafards; et pourtant ce tripot le fascine. Dans
les fanges de la réalité il rêve de l'idéal, et dans le
beau jardin de l'idéal il ne peut oublier les figures
grotesques de là-bas. Il n'a pas su réconcilier ces
deux mondes opposés. Il les porte dans sa poitrine
comme un ange et un démon qui sont toujours en
lutte et ne peuvent se terrasser. De là les dissonances criardes dans ses œuvres. A la fin, il ne sait
plus lui-même où il en est. « Il y a des cœurs, dit-il
dans les *Reisebilder*, où la plaisanterie et le sérieux,
la malice et la bonté, la verve pétulante et la mor-
gue s'amalgament d'une façon si bizarre qu'il est
difficile de les juger. Un semblable cœur se trouvait dans le sein de Mathilde; quelquefois c'était
une froide île de glace, dont le sol poli comme un
miroir laissait jaillir des palmiers languissants, et
souvent aussi c'était un volcan d'enthousiasme dont
la flamme était étouffée tout d'un coup sous un rire
éclatant comme une avalanche de glace. « Cette
lady Mathilde ressemble étonnamment à Heine.
«Mon cœur, dit-il ailleurs, a des parfums si violents
qu'ils me montent à la tête et m'étourdissent; alors
je ne sais plus où l'ironie cesse et où le ciel commence. »

Il semble que ce tempérament fantasque ne soit
pas favorable au lyrisme, qui ne triomphe que par
l'expression harmonieuse des sentiments. Pourtant
Henri Heine est le plus grand lyrique allemand du
dix-neuvième siècle et sa place vient immédiate-

ment après Gœthe. Il a su concentrer dans ses
Lieds sa vive sensibilité et n'y laisser paraître l'ironie que par pointes légères, comme pour nous aver-
tir qu'il y a un satirique sous le poète et qu'il n'est
pas la dupe de ses songes. Il est vrai que dans ses
dernières œuvres poétiques *le Romanzero*, *Atta
Troll*, *le Conte d'hiver*, *Lazare*, Henri Heine s'est
laissé entraîner de plus en plus par sa verve aris-
tophanesque. Le diable l'emporte finalement sur
l'ange et trépigne gaîment sur son cadavre. Mais
dans son premier recueil, *le Livre des chants*,
quel sentiment primesautier, quel art merveilleux,
que de chefs-d'œuvre! Ces Lieds, qui n'ont souvent
que deux ou trois strophes, ont une puissance mystérieuse d'émotion communicative, qui vous pénètre de frissons délicieux comme la mélodie suave
et douleureuse de violons à la sourdine. Pour la
force captivante du charme, ils atteignent les chants
de Gœthe. Les vieilles sagas racontent que les ma-
giciens du nord possédaient des sceptres de bois
sur lequels étaient inscrites certaines lettres, appe-
lées *runes*, qui formaient des mots et des vers magiques. Chacun de ces vers avait une puissance
occulte, soit d'exciter un sentiment, une passion
dans l'âme des assistants, soit de consacrer la
force des serments, soit d'évoquer une divinité.
Les Lieds de Heine ont une puissance analogue;
à peine a-t-on entendu le premier vers qu'une certaine corde de notre être est touchée, peut-être
ne la connaissons-nous pas nous-mêmes, mais
voici qu'elle vibre, doucement d'abord, puis toujours plus fort jusqu'à ce qu'elle gémisse de douleur ou chante de joie. En apparence c'est bien

peu de chose qu'un sourire, mais quel sourire expressif ! quelle pensée insinuante ! Chacune d'elles se grave dans la mémoire comme un clair-obscur de Rembrandt, et laisse en nous l'écho vibrant d'une musique étrange, aux désirs inassouvis, et comme la sensation fatale d'un motif dont on cherche le sens et qu'on ne peut oublier.

L'histoire d'amour qui sert de thème à l'*Intermezzo* est des plus communes. Une petite bourgeoise se laisse faire la cour par un poète, lui donne quelques espérances, puis épouse un quidam riche et bien posé. Cette histoire arrive cent fois par jour en Allemagne et ailleurs. Mais tout le monde ne sait pas chanter ses déceptions comme Henri Heine. Il dit lui-même : « Quand je vous ai conté mes peines, vous avez bâillé et vous n'avez rien dit, mais quand je les ai mises en jolis vers, vous m'avez fait de grands éloges. » Rien de plus naturel au fond ; car le poète seul pouvait nous faire partager les émotions de l'homme et nous en faire sentir l'intensité. Soit qu'il fasse frémir d'amour et chanter le calice du lis pour exprimer le premier baiser de sa maîtresse, soit que, sur les ailes de son chant, il veuille l'emporter jusqu'aux rives du Gange, où les fleurs de lotos attendent leur sœur bien-aimée, où les gazelles intelligentes viennent épier les amants qui chuchotent voluptueusement à l'ombre des palmiers et où mugissent les ondes du fleuve sacré, soit qu'après la trahison il aperçoive en rêve l'infidèle resplendissante de diamants, mais la nuit noire dans son sein, et, au fond, un serpent qui lui ronge le cœur, toujours nous entendons cette musique intérieure de l'âme, qui est comme le mouve-

ment de la vie, toujours nous voyons le paysage, la
scène, le tableau, nous voyons le visage de la « petite
brune, » tantôt triste, tantôt malicieux, nous croyons
entendre jusqu'au son de sa voix. Il y a bien çà et
là quelques velléités ironiques, quelques traits contre les philistins endimanchés, qui de leurs longues
oreilles savourent le chant criard des moineaux.
Mais partout, et sous l'ironie même, on sent courir
la passion. Parfois un rêve à peine ébauché fait
entrevoir des abîmes de souffrance :

> Doux amour, lorsque dans la tombe
> Seulette tu reposeras,
> Comme un rayon furtif qui tombe
> Je veux me glisser dans tes bras.

> Pâle et silencieuse amie,
> Oh! comme je veux te presser !
> Dans les sanglots de l'agonie
> Baiser tes lèvres, t'enlacer !

> Minuit ! j'entends le sol qui tremble,
> J'entends les morts passer sur nous.
> Nous nous aimons ! restons ensemble,
> Le sommeil dans tes bras est doux.

> Les morts se lèvent, sombre foule,
> Voici le jour du jugement!
> Laissons passer leur mer qui roule,
> Dormons, dormons paisiblement.

L'image du dernier jugement qui réunit les amants
séparés est empruntée à la chanson populaire. Elle
revient de temps à autre chez Heine et produit
toujours un grand effet, car c'est sous cette image
grandiose que, depuis des siècles, le peuple en Allemagne se représente l'éternité. Comme Eichendorff, Heine est un disciple de la chanson populaire

et un disciple plus heureux encore. Il a su lui ravir
sa charmante nonchalance, ses cris primitifs à demi
articulés qui nous atteignent comme la voix de la
nature. Il en diffère par la finesse extrême des sensations et la perfection de la forme. Heine est aussi
le disciple de Gœthe dont il a étudié la langue magistrale, mais il condense davantage sa pensée et
concentre ordinairement l'effet sur la dernière strophe ou sur le dernier vers. Ce sont des chefs-d'œuvre de concision facile. Voici, par exemple, une
petite chanson de printemps qui est une musique
ravissante dans l'original et met en branle une foule
d'images et de pensées, comme la phrase mélodieuse
d'un chalumeau qui réveille une série d'échos dans
un joyeux vallon :

> Quelle suave sonnerie
> Traverse mon âme en chantant ?
> Résonne au loin sur la prairie,
> O jeune chanson de printemps !
>
> Va voir la violette éclose,
> Porte mes vœux à chaque fleur !
> Et si tu frôlais une Rose [1],
> Oh porte, porte-lui mon cœur !

Heine semble vouloir pénétrer plus avant que
ses devanciers dans la vie cachée de la nature.
Chez lui tout vibre, tout palpite, tout parle. L'é-
toile cligne malicieusement des yeux, les violettes
chuchotent sous l'herbe, la forêt sait son secret,
les curieux chevreuils comprennent la causerie des
amants. Ses paysages brûlent de volupté ou fris-

---

1. Dans la langue poétique, *Eine Rose* signifie parfois : une
jeune fille.

sonnent de douleur. Souvent une seule image lui suffit pour nous jeter dans une interminable rêverie :

Sur un mont chenu de Norwège,
Un pin se dresse triste et seul,
Il dort — et l'éternelle neige
Le couvre d'un épais linceul.

Il rêve d'un palmier splendide,
Qui, loin dans l'Orient vermeil,
Languit seul sous un ciel torride,
Sur son roc brûlé du soleil.

Quand l'homme se retrouve ainsi dans le monde végétal, ne semble-t-il pas que les énergies secrètes, qui dorment dans les plantes aux mille formes, se traduisent dans le langage de la poésie et que l'âme de la nature se révèle ?

Voici un autre paysage dans lequel Heine a versé la douleur déchirante d'un adieu éternel :

Le bois jaunit, le bois frissonne,
Les feuilles tombent lentement ;
J'ai vu tomber au vent d'automne
Ce qui fleurit, de plus charmant.

La cime frêle et douloureuse
Des arbres vient de s'embrasser,
Soleil d'été, saison heureuse,
Serait-ce ton dernier baiser ?

Ah ! je pourrais sous ce feuillage
Pleurer, pleurer du fond du cœur ;
Je me souviens à cette image
De notre adieu plein de douleur.

J'ai dû te quitter, toi, si chère,
Et je savais que tu mourrais !
J'étais l'adieu de la lumière,
Et toi la mourante forêt.

Écoutez encore cet autre Lied, qui semble chanter sur le sépulcre des beautés terrestres et célestes, comme la voix d'un sylphe léger qui monte en planant dans l'azur foncé du firmament :

> La belle étoile tombe
> De son brillant séjour,
> Elle a trouvé sa tombe
> L'étoile de l'amour.
>
> Le doux pommier frissonne ;
> Tombez, feuilles et fleurs,
> Dépouilles de l'automne,
> Jouets des vents moqueurs.
>
> Cygne de l'eau dormante,
> Ton chant me fait frémir ;
> Doucement tourne et chante,
> Les flots vont t'engloutir !
>
> Silence — sur la terre,
> Tout dort, tout a passé :
> L'étoile est en poussière,
> Le doux chant a cessé.

Heine n'excelle pas seulement dans le Lied proprement dit. Il est passé maître dans la ballade. Sujets chevaleresques et modernes lui réussissent également. *Les Deux Grenadiers*, *le Pèlerinage à Kevlar*, *l'Idylle dans le Harz*, autant de chefs-d'œuvre émouvants. La plus connue de ses ballades c'est la *Lorelei* ; je crois qu'il serait difficile de trouver quelqu'un en Allemagne qui ne la sût point par cœur. Une ancienne tradition des bords du Rhin raconte qu'une des ondines du fleuve, appelée *Lore* ou *Lorelei*, apparaît quelquefois, non loin de Bacharach, sur un haut rocher qui surplombe le courant rapide, et chante un chant séducteur.

Sa voix a une puissance si forte que, lorsqu'un batelier s'oublie à l'écouter, il est perdu. Sa nacelle, livrée à la violence du courant, va se fracasser contre les rochers et le tourbillon engloutit le malheureux. C'est cette Lorelei si connue du peuple que Heine a célébrée :

> Dis-moi, quelle est donc cette histoire
>   Dont mon cœur se souvient,
> De douce et d'antique mémoire,
>   Qui toujours me revient ?
>
> La brise fraîchit, il fait sombre,
>   Le vieux Rhin coule en paix ;
> Tout dort, tout grisonne ; dans l'ombre
>   S'embrasent les sommets.
>
> Là-haut une vierge immortelle
>   Trône au soleil couchant,
> Son sein de rubis étincelle,
>   La belle chante un chant :
>
> Chante en peignant sa chevelure,
>   Plus fière que le jour,
> Un chant de merveilleuse allure,
>   Un puissant chant d'amour !...
>
> Le pêcheur d'un désir sauvage
>   Frémit dans son bateau ;
> Son œil ne voit plus le rivage,
>   Son œil regarde en haut !
>
> Je crois que la vague dévore
>   La barque et le pêcheur.
> O Lore des flots, fière Lore,
>   Voilà ton chant vainqueur [1].

Belle sirène du Rhin, Lore aux cheveux d'or,

---

1. Voir la mélodie VII dans l'appendice.

dont la voix est douce et orageuse, comme le murmure des vagues, toi qui aimes à séduire et qui jouis dans la séduction, toi qui as vu plus d'un enfant des hommes s'engloutir dans le tourbillon fatal et qui n'en souris pas moins toujours plus belle, toujours plus triomphante, que tu ressembles dans ta blancheur radieuse à l'immortelle Poésie, qui trône dans l'azur et qui chante dans sa beauté, tandis que, les yeux fixés sur elle, plus d'un amant téméraire va se briser contre les écueils de la Réalité et s'engloutir dans le fleuve de l'Oubli !

Si Henri Heine a eu un rival dans sa génération, c'est Uhland. On n'imagine pas deux hommes formant un contraste plus tranché. À ce propos, M. Vischer, le célèbre esthéticien, raconte un mythe charmant de sa façon. Il prétend que les Muses, s'ennuyant à cœur joie sur l'Hélicon, résolurent un beau jour de s'enivrer. Ce jour-là les échos de la montagne sacrée répétèrent avec effroi des cris de bacchantes et les refrains sauvages d'une danse dithyrambique. Celle des sœurs immortelles qui ressentit le plus fortement la puissance de Dionysos ce fut Euterpe, la Muse de la poésie lyrique. Elle errait comme folle sur les hauteurs de la montagne sacrée et lançait en l'air ses deux flûtes, comme les Ménades lancent leurs canthares en criant : Evohé ! Evohé ! Quand vint la nuit, une idée étrange lui traversa l'esprit. Elle résolut de descendre sur la terre et d'embrasser le premier mortel qu'elle rencontrerait. Sitôt dit, sitôt fait. Les yeux enflammés, la chevelure au vent, elle prit son vol à travers les airs du côté du nord, et se laissa tomber dans une grande ville sur les bords de l'Elbe. Le premier homme qu'elle aperçut était un jeune étudiant débraillé, qui sortait d'une auberge en chantant un refrain bachique. C'était Henri Heine. Elle se jeta dans ses bras, imprima sur ses lèvres un baiser brûlant et disparut. Le lendemain, la Muse se réveilla d'un long sommeil, se rappela ce qu'elle avait fait et frémit. En un clin d'œil, elle entrevit les conséquences de son action. Elle vit que le poète ferait un usage dangereux de cette faveur éclatante ; elle vit qu'il mêlerait à ses sentiments sublimes, à ses pensées fulgurantes toutes les trivialités de la vie, et qu'il ne craindrait pas d'introduire dans la poésie la parodie de la poésie. Et pourtant il resterait poète et poète de génie jusque dans l'ordure ; car le baiser était de feu, il comptait ! Ces réflexions la plongèrent dans une grande tristesse, mais bientôt elle releva la tête avec l'expression d'une joie soudaine, comme si elle entrevoyait la possibilité de réparer le mal qu'elle avait fait. Elle partit une seconde fois pour l'Allemagne, en se dirigeant un peu plus vers le sud, descendit dans une riante vallée du Wurtemberg et s'arrêta devant une maison modeste, située sur un vignoble. Dans le jardin se tenait un jeune homme aux traits rudes et honnêtes, qui venait de planter un cep et s'interrompait dans son travail, pour regarder d'un œil paisible les montagnes bleuâtres à l'horizon. C'était Uhland. Elle s'approcha de lui, le baisa au front et en le quittant se retourna deux fois encore pour lui sourire. Hélas ! ce baiser était moins brûlant que l'autre, mais il avait aussi son prix ; Uhland fut un vrai poète calme, chaste et sérieux.

Ce mythe joyeux caractérise à merveille le talent de l'honnête Uhland en contraste avec le flamboyant, le spirituel, le sceptique Heine. Uhland est un caractère essentiellement germanique, ferme jusqu'à l'entêtement, sincère jusqu'à la naïveté, très rude au dehors, très sensible au fond, parlant peu et bien, vénérant la religion et le roi, mais défendant jusqu'à la mort les droits du peuple. Il le prouva en 1815, quand le roi de Wurtemberg voulut introduire une constitution nouvelle, qui aurait privé les Etats et le peuple de leurs droits. Il s'y opposa de toute sa force, et ses chants indignés contribuèrent fortement au maintien de l'ancienne constitution.

Uhland a eu le grand mérite d'aimer son peuple et de le connaître à fond. Personne n'a étudié et compris comme lui la chanson populaire. Aussi toute sa poésie s'en ressent ; inspirée par le peuple, elle agit directement sur lui. C'est surtout dans la ballade qu'il fut créateur, il y ressuscite le monde chevaleresque dans toute sa splendeur. Ses ennemis n'ont pas manqué de dire que c'était là un retour au passé, une vaine imitation. Rien de plus faux et de plus injuste. Uhland est un homme moderne qui choisit ordinairement ses héros dans le passé, parce qu'il offre des caractères plus trempés, des passions plus franches, un cadre plus pittoresque. Qu'il mette en scène Charlemagne ou Barberousse, des héros scandinaves ou germains, des chevaliers ou des bergers, de belles princesses ou de pauvres faneuses, c'est toujours une pensée moderne, un sentiment largement humain qu'il exprime. *La Malédiction du chanteur* est un chef-

d'œuvre grandiose et tout à fait unique dans son
genre. La gravité héroïque des Nibelungen s'y marie
à la douleur profonde du sentiment moderne, pour
produire quelque chose de nouveau et de splendide.
La Faucheuse est une idylle touchante qui fait
venir les larmes aux yeux. Un riche fermier fait
sa tournée, de grand matin, sur ses prés, et voyant
Marie, la servante, déjà au travail, il lui dit : « Si
tu fauchais ce pré en trois jours, je ne pourrais
pas te refuser mon fils unique. » A ce mot, Marie
sentit tressaillir son cœur. Une nouvelle vie, une
nouvelle force pénètre tous ses membres, elle brandit la faux et couche à terre l'herbe en grands cercles. A midi les faucheurs vont se rafraîchir à la
source; Marie fauche toujours en plein soleil. Les
cloches du soir sonnent, faucheurs et faucheuses
s'en vont; Marie aiguise de nouveau sa faux. La
rosée du soir tombe sur les prés, la lune se lève, le
rossignol chante au loin; Marie ne voit pas la lune
se lever, elle n'entend pas chanter le rossignol
elle fait siffler sa faux dans les hautes herbes. C'est
ainsi qu'elle travaille pendant trois jours se nour-
rissant d'amour, se désaltérant d'espérance. Quand
le soleil se lève pour la troisième fois, voici que
tout est achevé, et Marie, là-bas, est debout, pleurant de joie. Arrive le fermier : « Bonjour, Marie !
que vois-je? Oh, la brave fille ! la prairie est fauchée,
et tu auras un beau salaire. Mais quant au mariage...
tu a pris ma plaisanterie au sérieux. Tu es crédule,
je le vois, et folle comme tous les cœurs amoureux. » Il dit et va son chemin. Mais la pauvre Marie
sent son cœur se glacer, ses genoux fléchir; pas
un cri, pas un soupir; elle tombe sans connaissance

dans le foin. C'est ainsi qu'on trouve la faucheuse, là-bas dans les prés.

« C'est ainsi qu'elle vit des années encore, muette, comme une morte ; une goutte de miel, voilà sa seule nourriture. O préparez-lui une tombe dans la plus parfumée des prairies, car jamais vous ne retrouverez faucheuse qui tant aima. »

N'est-ce pas une vraie idylle ? C'est toujours avec cette grâce et cette vérité qu'Uhland met le peuple en scène. C'est alors que son talent me paraît le plus original. En ceci, personne ne l'a égalé. Car il sait idéaliser le peuple en restant fidèle à son génie. Peut-on exprimer, par exemple, le recueillement du dimanche, ce sentiment religieux qui est propre au peuple des campagnes, avec plus de noblesse que dans ce petit Lied :

CHANT DE DIMANCHE DU BERGER

C'est le jour du Seigneur !
Restons sur la prairie immense,
Un son de cloche... puis silence...
Au loin paix et bonheur.

Je m'agenouille, ô roi !
Terreurs suaves, indicibles,
Des milliers d'âmes invisibles
Prient tout autour de moi.

Ciel pur, ciel de splendeur !
Il semble en son profond mystère
Qu'il va s'ouvrir à ma prière...
C'est le jour du Seigneur !

Voici un autre berger, un montagnard intrépide fait pour lutter avec tous les éléments :

LE FILS DE LA MONTAGNE

Je suis le pâtre, enfant des monts !
A mes pieds les plus fiers donjons ;
Je vois du jour le premier feu,
Je reçois son dernier adieu.
Je suis le fils de la montagne !

Au berceau du torrent d'azur,
Dans le roc je bois son flot pur.
Il s'élance et mugit plus bas,
Je cours le saisir dans mes bras.
Je suis le fils de la montagne !

Ma maison forte est ce rocher.
L'orage ne peut l'arracher,
Qu'il hurle du nord au midi,
Plus haut ma chanson retentit.
Je suis le fils de la montagne !

Gronde à mes pieds, nuage en feu !
Je suis debout dans le ciel bleu.
Siffle, ouragan ! je te connais,
Passe et laisse mon trône en paix ;
Je suis le fils de la montagne !

Quand pour la guerre le tocsin
Élèvera son cri d'airain,
Là-bas, je serai dans mon rang
Pour brandir mon glaive en chantant :
Je suis le fils de la montagne !

Ce vigoureux enfant des Alpes, qui se sent le roi du monde, au haut de sa montagne, et s'apprête à descendre dans la plaine au premier tocsin de la liberté, n'est-ce pas l'image idéale du peuple dans sa force et sa fierté ? Le poète prend au peuple son âme et la lui rend plus belle.

Uhland est le fondateur de l'école de Souabe.
Autour de lui, à Tubingue et à Stuttgart, se
sont groupés, de 1820-30, un certain nombre de
poètes distingués qui, sans l'imiter, ont chanté
dans son esprit. Justinus Kerner, Gustave Schwab,
Edouard Mœrike sont les étoiles les plus brillantes de
cette pléiade wurtembergeoise. Simplicité enfantine
du sentiment religieux et du sentiment de la nature, un certain goût pour la ballade merveilleuse et
chevaleresque, un grand amour du peuple et le culte
intelligent de la chanson populaire, voilà ce qu'ils
ont appris du maître et ce qu'ils ont développé chacun selon ses forces. Toutefois, le disciple le plus
original et le plus brillant d'Uhland est né en Saxe,
c'est le joyeux Wilhelm Müller. Dans la grande forêt
des poètes germains, c'est le merle aux notes vives,
aux éclatantes risées. Uhland est le type achevé du
sérieux et de la fidélité germanique. S'il avait vécu
au douzième siècle, à coup sûr il eût suivi Barberousse à la croisade et serait mort avec lui. Wilhelm
Müller ne s'inquiète guère du passé, il vit tout entier
dans le présent. C'est le poète de l'école buissonnière. On se le figure aisément en habit de chasseur, un cor suspendu au côté, parcourant les montagnes et s'annonçant à chaque auberge par de
claires fanfares. Sa bonne amie, c'est la brune fille
d'auberge aux yeux de biche sauvage, à la bouche
fraîche comme une fraise. C'est elle qui lui verse le
vin clair avec un sourire perlé. Il a pour compagnon fidèle son fusil de chasse et tire plus volontiers en l'air que sur le chevreuil aux yeux confiants.
Tous les animaux de la forêt sont ses amis ; il veut
être enterré au beau milieu des grands bois, et se

réjouit à la pensée que cerfs et chevreuils sauteront
gaîment par-dessus sa tombe. Il célèbre le vin sur
le ton des gais compagnons d'autrefois, mais il fait
sortir de son verre l'amitié, l'amour, la liberté et
toutes les merveilles du monde. Comme eux, il
chante la saison du renouveau, mais dans ses hymnes au printemps on entend les frémissements de
l'être universel, la fête du monde entier, les fiançailles du ciel et de la terre. Il est moderne et reste
populaire. Comme Uhland, il excelle à faire parler
les gens du peuple, musiciens ambulants, postil-
lons, meuniers, chasseurs, artisans et matelots. Son
cycle, intitulé *la Belle Meunière*, est un drame
palpitant en vingt-huit Lieds. Voici la chanson du
meunier en voyage :

OÙ VAIS-JE ?

J'entends chanter et bruire
Un ruisseau de cristal.
Il bondit et va rire
Folâtre au fond du val.

Ah ! tout mon sang s'agite,
Mon cœur déjà le suit.
Vite, mon bâton, vite,
Et je pars avec lui.

Je pars ! je veux le suivre
Et par monts et par vaux.
Qu'il chante ! et qu'il m'enivre
Toujours de chants nouveaux !

Où vas-tu me conduire,
Frais ruisseau ? Tu descends !
Ton murmure et ton rire
Ont troublé tous mes sens.

Mais est-ce bien ton onde
Qui chante sous mes pas !
Les Nixes font la ronde
En se causant tout bas.

— Laisse causer, arrive,
Et suis mon gai destin !
Où coule une onde vive
Tourne un joyeux moulin.

Tout Wilhelm Müller est dans cette chanson avec son humeur voyageuse et sa gaîté d'écolier en vacances. Ce joyeux poète mourut à trente-trois ans. S'il avait vécu, il aurait peut-être surpassé Uhland. Dans ses *Chants des Grecs*, inspirés par les chants populaires de la Grèce moderne, il s'est révélé comme chantre passionné de la liberté des peuples. Traduits en grec, ces chants raviraient d'enthousiasme le peuple qui les a fait naître.

Bientôt la poésie patriotique devait prendre un caractère plus national, plus actuel et plus incisif. De 1840-1848, se forme l'école des poètes politiques dont Hoffmann de Fallersleben et Herwegh furent les promoteurs. Ce lyrisme se rattache à celui de 1813. Comme lui, il revendique la grande patrie allemande, mais il s'en distingue par son esprit démocratique et révolutionnaire. Le premier était dirigé contre l'étranger, celui-ci attaque les princes et l'aristocratie régnante. C'est un avant-coureur des révolutions de 1849 à Berlin, à Vienne, à Leipzig, à Francfort et à Carlsruhe. Hoffmann de Fallersleben n'est pas seulement un poète politique, ses chants de jeunesse rappellent ceux d'Uhland et de W. Müller. Pénétré, comme eux, de la vieille poésie germanique, il s'en est heureu-

sement inspiré. Les *Minnesinger*, et particulièrement Walter von der Vogelweide, lui ont fourni
des formes nouvelles de strophe, la chanson populaire l'a aidé à donner des voix au peuple obscur
des artisans. Hoffmann de Fallersleben a un naturel très aimable et très franc. Il est religieux sans
piétisme, naïf sans affectation, viril sans emphase.
Mais il est loin d'avoir la force plastique d'Uhland
ou le jet primesautier de W. Müller. Ses poésies
politiques, qui surtout ont fondé sa réputation,
renferment quelques belles pièces d'une inspiration
toute populaire, comme son chant à l'Allemagne.
Mais, en somme, ce recueil offre peu de Lieds
d'un intérêt universel. Traduits, la plupart d'entre
eux perdraient toute valeur.

Herwegh est une nature juvénile, frondeuse et
enthousiaste. Il fit cavalièrement son entrée en
littérature par ses *Poésies d'un vivant*, où il prit
à partie la politique oppressive des souverains allemands et la lâche indolence du peuple. Ce ne sont
que cris de guerre et d'insurrection ; le poète entrevoit un grand combat qui se prépare contre tous
les tyrans, et déjà il élève le drapeau de la république. Il y a là quelques Lieds d'une ardeur entraînante, comme le *Chant du cavalier*, resté populaire. Herwegh a été la voix inspirée d'un temps
de réveil et d'illusions politiques, mais pour être
poète complet à la façon d'Uhland ou de W. Müller il lui a manqué la maturité de la pensée et la
force plastique qui crée des types et des situations.
Avouons, pour être justes, que le poète politique et
libéral se trouve de nos jours dans une situation
fâcheuse. L'ancien idéal monarchique et aristocra-

tique est en train de s'effondrer. Tout ce qui en reste ce sont des cadres trop étroits pour la société qu'ils veulent renfermer, et des hommes trop désabusés pour croire à l'idée qu'ils représentent. Quant à l'idéal nouveau de la démocratie, il n'a pas encore pris de forme précise. La révolution française l'a proclamé, mais sans le réaliser. Or, la poésie veut des mœurs constituées, des traditions, des héros. Tout cela manque au poète démocratique. En France, au moins, nous avons la Révolution, vision éclatante et terrible qui projette sa lueur sanglante sur tout notre siècle. Le poète allemand qu'a-t-il? Rien. Il en est donc réduit à la satire ou à l'invocation d'un idéal vague. Encore, pour que la satire soit vraiment forte, faut-il que le poète puisse opposer l'idéal splendide à la sombre réalité. La force du génie suffit sans doute pour ébaucher à grands traits l'idéal de l'avenir, mais il faut le génie. Les poètes politiques allemands de 1840-1849 n'ont pas réussi dans cette tâche difficile. Ils n'ont pu que pousser des cris de révolte, tourner en ridicule les rois peureux et insolents, les ministres réactionnaires, les chanceliers serviles et la troupe moutonnière des philistins.

Après 1849, nouvelle volte-face. La poésie se fit un instant l'écho de la réaction. M. Oscar de Redwitz publia son *Amaranthe*, une épopée chevaleresque, semée de chants d'amour chrétiens. Ce roman doucereux, sans caractères, sans événements, sans imagination, eut un succès prodigieux. Après l'échauffourée de 1849, la belle société avait hâte d'oublier le spectre de la Révolution, les nouveaux sans-culottes, les insurgés, la question du travail et du paupérisme, pour se replonger dans les délices paisibles de la vie aristocratique. Voilà pourquoi tant de comtesses sentimentales, tant de jeunes seigneurs épris de leurs droits féodaux, tant de filles poétiques, de conseillers intimes de Sa Majesté vantèrent dans leurs salons catholiques le héros de M. de Redwitz, le pieux et insipide chevalier Walter, ainsi que sa fiancée, la non moins pieuse et non moins insipide Amaranthe. Le chevalier Walter, il est vrai, a reçu de son siècle un grain de fantaisie libertine. Il fait un voyage en Italie, et sur cette terre païenne il s'oublie, il est sur le point de tomber dans les filets d'une comtesse incrédule, qui, naturellement, est un monstre de luxure et de perfidie. Mais, après cette escapade, il se hâte de revenir en Allemagne et retrouve la foi dans les bras orthodoxes de sa blonde fiancée. Certes, il y avait là de quoi réjouir toutes les jeunes baronnes en quête d'un Walter bien pensant. Mais cela n'a point empêché qu'aujourd'hui M. de Redwitz et ses imitateurs sont parfaitement oubliés. Amaranthe n'excite plus qu'un sourire moqueur et son succès passager est considéré par les historiens comme le symptôme maladif d'une époque de réaction.

A mesure qu'on se rapproche du présent dans l'histoire du Lied, les poètes deviennent plus nombreux et se groupent plus difficilement. A vrai dire, la période qui va de 1848 à 1868 marque déjà le déclin du lyrisme. Féconde par la science et le roman, elle a été pauvre en lyrisme. Les poètes nouveaux qui surgissent ont plutôt les yeux tournés vers le passé que vers l'avenir ; ce sont des successeurs, des épigones plutôt que des novateurs.

Quelques-uns cependant nous charment par la frai-
cheur de leur inspiration, d'autres par un essor
hardi vers cette poésie largement humaine et cosmopolite que nous rêvons tous. Je me contenterai
de caractériser en traits rapides quatre poètes, qui
me paraissent être les talents les plus remarquables
de cette époque : Robert Reinick, Emmanuel Geibel, Auguste Kopisch et Gottfried Kinkel. Ils se
forment en groupe tout naturellement : Reinick
c'est l'enfant, Geibel la jeune fille, Kopisch le fringant jeune homme et Kinkel l'homme adulte.

Robert Reinick (né 1805) fut à la fois poète et
peintre. Dès son enfance, il aima la nature et la
poésie, la forêt et Théocrite, la palette et la chanson. Tout jeune il se voua à la peinture d'histoire,
travailla dans l'atelier de Begas à Berlin et dans
celui de Schadow à Dusseldorf. Il considérait la
peinture comme sa vocation, mais ce sont ses chansons qui l'ont rendu célèbre. Lui-même le dit
gaiement :

> Je cours le monde à l'aventure,
> Je vois s'ouvrir cœurs et maisons,
> Qui ne veut pas de ma peinture
> Se réjouit à mes chansons.

Robert Reinick est un poète naïf dans le vrai
sens du mot. Toute sa vie il a vu nature avec les
yeux et le cœur d'un enfant. Qu'il est aimable,
qu'il est séduisant lorsqu'il fait sonner l'arrivée du
printemps par les clochettes de neige (perce-neige)
et ses fiançailles avec la terre par les clochettes de
mai (muguets). Comme on se laisse captiver avec
lui lorsqu'il tombe sous le charme d'une conver-

sation entre la jeune fille et le petit oiseau : « Quand
la jeune fille chantait, petit oiseau faisait silence,
et quand petit oiseau chantait, la jeune fille prêtait l'oreille. » Quel parfum d'innocence dans ses
strophes à la jeune fille qui dort dans sa tourelle,
ombragée de tilleuls, sous la garde des étoiles et
qui porte tout le grand ciel et les anges dans son
cœur. Reinick est resté enfant toute sa vie. A lire
ses chansons fraîches et si candides, je ne m'étonne
pas que tous les artistes de Dresde aient subi le
charme entraînant de sa joyeuse nature et l'aient
regretté à sa mort (1852) comme un de ces gais
compagnons qu'on ne remplace pas. Car c'est un
spectacle fortifiant au milieu de notre société factice, qu'une âme aussi pure, aussi enfantine, pour
laquelle il n'y a pas de dissonance dans la vie, pas
de contraction dans l'humanité.

Emmanuel Geibel (né à Lubeck, 1815) est le plus
célèbre des lyriques allemands du déclin. Sa réputation s'étend sur le sud et le nord de ce pays, le
recueil de ces poésies a eu trente-six éditions. Si l'on
demande la cause de ce prodigieux succès, il faut
dire que Geibel le doit surtout à sa forme magistrale.
Il a étudié avec le même zèle les lyriques grecs et
latins, les poètes espagnols et français, Gœthe,
Platon, Heine et la chanson populaire. Pénétré de
toutes ces formes, de tous ces rythmes, il a su les re-
produire dans sa langue avec une grâce et une eu-
phonie merveilleuses. De plus, il se distingue par une
imagination vive, un sentiment délicat, une pensée
élevée, des sujets d'une grande variété. Voilà certes
des mérites sérieux. Mais que l'on se demande
ensuite : quel est le fond de cette poésie ? et l'on

trouvera que Geibel n'a rien apporté de vraiment
neuf au lyrisme de son pays. Il a su faire vibrer
les cordes douces de la lyre germanique, mais il
n'en a pas ajouté de nouvelles. Ce qui lui manque,
c'est la force et l'originalité du tempérament, qui
font du poète une puissante individualité. Son tour
d'esprit est celui d'une jeune fille de quinze à dix-
huit ans. Il exprime à ravir dans ses Lieds ce premier et timide épanouissement de l'âme, ce désir
vague et sans objet qui caractérise la femme naissante dans la vierge. Geibel sait à quoi rêvent les
jeunes filles allemandes. Aussi lui en savent-elles
gré et le préfèrent-elles à tout autre poète jusqu'à
dix-huit ans et quelquefois au delà. Geibel a donc
sa place marquée dans l'histoire du Lied au dix-
neuvième siècle; c'est le poète des jeunes filles.
Voilà sa force et sa limite.

Ne demandez pas à Kopisch ce qu'il est; il ne le
sait pas lui-même et s'en inquiète fort peu. C'est
un fringant gaillard, qui parcourt le monde en
buveur intrépide, en joyeux conteur et en improvisateur inépuisable. S'amuser et amuser ses compagnons par des chansons à boire, se conter des
farces désopilantes à faire bondir la panse de l'aubergiste et tressaillir d'impatience le vin de Johan-
nisberg au fond de la cave, être assis sous la tonnelle fleurie, entre les yeux pétillants de deux belles filles et rire à cœur-joie des cuistres d'église et
d'université, n'est-ce pas vivre et en faire assez
pour l'autre monde? Ainsi pense Kopisch et d'au-
cuns sont de son avis. Si vous lui demandiez quelle
est sa religion, il répondrait sans doute qu'elle
consiste à vénérer le bienheureux père Noé, l'in-

venteur trois fois béni de la vigne, qui dit à Dieu
après le déluge : « Cher Seigneur, l'eau ne me plaît
point du tout, attendu que tu y as fait périr toute
la race des pécheurs. Voilà pourquoi, moi, pauvre
vieux, je demande une autre boisson. » Sur quoi,
Dieu le père lui donna un cep du paradis, et Noé
de planter, de vendanger, de boire et de vivre trois
cent cinquante ans. Morale : Voulez-vous être bon
chrétien ? Ne mettez jamais d'eau dans votre vin.
Kopisch a autant de bonhomie et de gaîté que le
brave patriarche, son patron. Il me rappelle ce
joyeux compagnon du temps jadis qui disait : « La
plus belle maîtresse que j'ai dort dans la cave de
l'aubergiste. Elle porte une robe de bois et s'appelle la piquette de muscat. »

Après ce joyeux poète, si leste et si fringant,
plaçons le viril, le sérieux Kinkel (né en 1815). Il a
prouvé qu'il est homme par sa vie autant que par
ses œuvres. Après avoir étudié la théologie à Bonn
il y renonça parce qu'il pensait trop librement et
se consacra tout entier aux beaux-arts et à la littérature. Il épousa une catholique, mucicienne dis-
tinguée, après avoir soutenu des luttes terribles
contre sa propre famille et celle de sa fiancée. En
1849 il se jeta dans le mouvement révolutionnaire.
Blessé dans l'insurrection badoise, il fut transporté
à Rastadt et condamné à la prison à perpétuité.
Grâce au courage et au dévoûment d'un ami [1], il
parvint à s'évader de la forteresse de Spandau, se
rendit à Londres, puis en Amérique, et revint se
fixer en Angleterre comme professeur d'un collège.

1. Schurz, qui devint général à l'armée fédérale dans la dernière
guerre d'Amérique.

Ses chants sont antérieurs pour la plupart à cette destinée orageuse. Ils célèbrent le Rhin et ses vertes rives, ils célèbrent le noble et profond amour du poète, ils racontent mainte touchante histoire du vieux temps. Sa poésie grave, virile, pleine d'émotion contenue, respire un large amour de la liberté et plane fièrement sur le monde qu'elle embrasse d'un chaud regard. Un de ses plus beaux chants est adressé aux émigrants de la vallée de l'Aar, à ces pauvres paysans qui, trouvant la terre natale trop étroite, s'en vont chercher fortune dans l'autre monde. On sent courir le souffle d'une terre vierge et libre dans ces strophes majestueuses. La scène est simple et grande. Le soleil couchant rougit les hauts rochers de la vallée, la petite troupe des émigrants se met en marche, et devant ce beau spectacle qu'elle contemple pour la dernière fois, les larmes lui viennent aux yeux. Mais le poète ne pleure pas, il ne plaint pas cette famille vaillante qui va quérir une autre patrie, car il entrevoit pour elle un grand avenir. Après avoir béni le vieillard vigoureux, le jeune homme intrépide et la brune jeune fille, le poète leur adresse un dernier conseil : « Attachez-vous à la terre-mère qui, là-bas, vous nourrira de son sein inépuisable! Soyez fidèles à la charrue et au troupeau bien-aimé, soyez fidèles à l'âme de la patrie qui chante dans vos cœurs ses mélodies familières!... Allez en paix avec votre pauvre valise, ô grains perdus dans la grande semaille des peuples! Et lorsqu'un jour d'un sang mêlé naîtra un peuple uni de pensée et d'action, joignez à sa force votre chaste honneur. Elevez d'une âme pieuse les autels de l'Esprit et réveillez le feu sacré de l'art au cœur glacé du peuple! »

Si nous jetons un dernier coup d'œil sur l'Allemagne contemporaine, il nous sera facile de voir que les jeunes talents lyriques ne lui font pas défaut. Otto Roquette, Julius Rodenberg, Theodor Storm, Albert Traeger, Alfred Meissner, Frédéric Bodenstett rapportent de leurs excursions et de leurs voyages plus d'une fraîche bluette poétique, plus d'une fleur aux riches couleurs. Mais on ne peut nier que, depuis 1849, la poésie lyrique ait subi en Allemagne une éclipse plus forte qu'en France et que le grand public y reste assez indifférent. Aussi les poètes ont-ils tourné leurs plus grands efforts vers le roman et le drame. Quant au peuple, il est absorbé par la science qui s'est faite populaire. Il lit, il apprend, il travaille; il a soif d'histoire, de géographie, d'histoire naturelle, de physique, de chimie, et il a raison. Pour commencer une vie nouvelle, l'important c'est de savoir. De cette vie nouvelle sortira une nouvelle poésie. Vienne une recrudescence de liberté, un large épanouissement de toute la nation, et de nouveaux poètes apparaîtront. En attendant, le peuple n'oublie pas de chanter ses vieux chants bien-aimés qui sont comme la voix éternelle de son âme à travers les siècles. Les sociétés de chant couvrent l'Allemagne, elles florissent dans les villes et se répandent dans les villages. C'est là que se conserve la tradition du Lied.

Je suis loin d'avoir épuisé dans cette rapide esquisse les richesses infinies de mon sujet. L'histoire du Lied est toute l'histoire intime du peuple allemand, et l'on pourrait s'égarer en la suivant dans tous ses détours. Je crois cependant avoir prouvé une vérité singulièrement importante, fort peu connue en France, et qu'il serait bon de méditer, c'est que, chez nos voisins, les plus grands lyriques se sont inspirés de la chanson populaire, c'est que chez eux la haute poésie est sortie de la poésie naïve du peuple comme une fleur de sa tige; c'est que le Lied d'aujourd'hui n'est autre chose que le Lied du seizième siècle ressuscité, métamorphosé, développé selon les aspirations multiples de notre siècle et selon la diversité infinie des individus.

Est-il besoin de développer longuement les avantages d'une telle poésie, d'origine naturelle et instinctive, qui plonge par ses racines dans le cœur même de la nation, sur une poésie d'origine purement littéraire, savante, académique ? Sa supériorité saute aux yeux, disons le mot : c'est la seule vraie poésie, parce que c'est la seule vivante. La poésie savante est un luxe d'oisifs, une fantaisie de lettrés ; la poésie populaire, je veux dire celle qui s'inspire librement du génie et des formes de la poésie primitive, est un élément de la vie sociale, elle est la libre expression de l'âme nationale. L'une est exposée à mille dangers ; trop facilement elle se perd dans les artifices du métier, dans les puérilités de la mode, dans les abstractions métaphysiques, dans le mensonge et dans la pose ; l'autre marche sur la terre ferme de la réalité et trouve dans ses modèles les trois secrets du grand art : force, simplicité et vérité. L'une est écrite et ne vit que sur le papier, l'autre est chantée et vit

dans toutes les bouches. L'une est un plaisir de
salon, un divertissement de raffinés qui se pare
du nom pompeux et vide d'*art pour l'art* ; l'autre
est une œuvre pour tous, qui pénètre dans la hutte
du pauvre comme dans le palais du riche, c'est la
fête de tout un peuple, c'est l'art humain pour
l'humanité.

Le Lied répond à cet idéal. De là sa merveilleuse
vitalité. Il se chante au foyer domestique, sur les
bancs de l'école, à l'université, dans les villes,
dans les montagnes, aux fêtes de tir et jusque dans
les grandes assemblées populaires. Il vole de la
chambre solitaire du poète à la danse de village, il
descend des hautes vallées des Alpes dans le salon
de la femme du monde, qui se rafraîchit le cœur
et l'esprit en modulant, dans le dialecte montagnard, la chanson rustique de la pastoure. Le Lied
est devenu ainsi une sorte de trait d'union entre
toutes les classes de la société. Communion heureuse et féconde! Car si le cœur du peuple vivifie
et rajeunit sans cesse celui des classes plus cultivées, celles-ci peuvent diriger vers l'idéal les énergies primitives du peuple. Faut-il s'étonner ensuite
que les rapports entre l'artisan et l'homme de
pensée, entre le paysan et le citadin, deviennent,
grâce au chant, plus intimes et plus enjoués ?
Traversez un dimanche les montagnes du Wurtemberg, de la Thuringe ou les bords du Rhin,
vous y verrez souvent un beau spectacle. Les
jeunes gens de la ville, qui descendent le soir des
hauteurs couronnées de forêts et de ruines, entonnent les vieux refrains d'amour du peuple, et les
paysannes de la vallée leur répondent de loin par le

Chant du départ de Hauff, par *le Moulin* d'Eichendorff ou par la *Lorelei* de Heine. Salut amical et
doucement railleur, qui signifie : « Si vous savez
nos amours et nos chansons, nous savons les
vôtres, et qui sait si nos fils ne vous surpasseront
pas ! »

CONCLUSION

CE QUI MANQUE A LA POÉSIE LYRIQUE EN FRANCE

> La littérature cultivée devient si promptement
> factice qu'il est bon de retourner quelquefois à
> l'origine de toute poésie.
> MADAME DE STAEL.
>
> —
>
> Morta dinhen qu'es
> Mes jo la crech viva.
> V. BALAGUER.
> Ils disent qu'elle est morte,
> Moi, je la crois vivante !

Abîme entre la poésie savante et les chants du peuple.
Isolement de l'une, corruption des autres. — Le fléau
de la centralisation littéraire. — Tyrannie de Paris,
étouffement de l'originalité provinciale. — Le génie
français est-il l'esprit parisien ? — Le salut de la poésie
lyrique est dans trois choses : renaissance du génie
provincial, étude de la poésie primitive chez tous les
peuples, alliance sérieuse de la poésie et de la musique.

Personne ne reprochera au lyrisme de l'Allemagne moderne de n'avoir pas été touché par les idées
religieuses, philosophiques, sociales et même politiques, qui ont si fortement agité notre siècle. Si
cet arbre aux mille branches a gardé sa santé et sa
vigueur malgré tant d'orages, c'est qu'il plonge par
ses racines dans le sol de la poésie primitive, dont
la sève exubérante n'a cessé d'affluer dans tous ses

rameaux. Qu'est-ce que la France peut opposer à
ce spectacle? De grands noms, quelques hommes
de génie, çà et là d'admirables chefs-d'œuvre, des
talents variés, oui; mais non une tradition vivante,
un art populaire, une poésie sue et chantée par
tout le monde. Les volumes de vers ne manquent
pas, mais si l'on excepte les œuvres des coryphées
de notre littérature, dans combien de mémoires
vivent tous ces chants, quel rôle jouent-ils dans
la famille, au foyer, dans toute notre vie? Que sont-
ils pour la grande masse du peuple? Ont-ils pénétré dans les campagnes, élevé le paysan, consolé
l'ouvrier? Que chacun réponde à ces questions
selon son expérience. Quoi qu'il en soit, notre poésie lyrique, malgré sa riche efflorescence dans la
première moitié du siècle, est plutôt un art de lettrés qu'une force vive, sortant des profondeurs de
la nation et y faisant circuler la joie, l'enthousiasme
et l'amour de l'idéal. Depuis le dix-septième siècle,
il y a entre la poésie française et la poésie germanique une différence analogue à celle qui séparait,
il y a deux mille ans, la poésie latine de la poésie
hellénique. A Rome, Horace, Ovide et Virgile écri-
vaient pour leurs amis sur du fort beau parchemin
et récitaient leurs vers dans un cénacle choisi. En
Grèce, Tyrtée poussait les Spartiates au combat
par ses rythmes belliqueux; Stésichore entonnait
ses hymnes d'amour en guidant la danse gracieuse
des jeunes filles devant le temple de la déesse; Sapho
chantait les flammes sauvages d'Aphrodite, qui
consumaient son sein languissant, assise au milieu
de ses compagnes, sur les hauts rochers de Lesbos,
au divin murmure de la mer d'Ionie; Pindare célé-

brait les héros et les dieux, aux jeux olympiques, devant un peuple enivré. Pour les Romains la poésie était un luxe, pour les Hellènes c'était une action, c'était la vie elle-même à sa plus haute puissance. La poésie française, sans aucun doute, est plus populaire que celle des Romains du temps d'Auguste, mais qu'elle est loin d'avoir la force d'expansion, la puissance communicative, la popularité universelle du Lied! Elle peut avoir des qualités qui manquent à nos voisins, mais avouons franchement que cette différence capitale est une infériorité. Quelle en est la cause, et, si c'est possible, le remède ?

D'où vient donc l'abîme qui se creuse entre notre poésie littéraire et celle du peuple ? Nul doute à cet égard. Au dix-septième siècle, les gens de lettres vivaient de la faveur royale. Attachés à la cour d'un grand monarque, ils s'habituèrent à n'écrire que pour la cour, à ne penser que pour le roi. Louis XIV n'ayant pas regardé le grand Racine en passant dans la galerie de Versailles, le grand Racine meurt de chagrin. C'est par le grand Louis qu'on obtenait succès, fortune et gloire, pourquoi songer alors au reste de la nation? Au dix-huitième siècle, tout change de face. Sous l'influence salutaire des sciences et de la philosophie, il se forme un grand public généreux, passionné, ouvert à toutes les idées nouvelles, élevé au-dessus de tout préjugé. Rousseau, Voltaire, Diderot écrivent pour l'Europe civilisée et se sentent face à face avec elle lorsqu'ils tiennent la plume. Mais l'aurore d'une poésie nouvelle ne se leva point sur le siècle de Louis XV et de la Pompadour. La Révolution partie des provinces, en donnant l'essor au peuple tout entier, parut un instant devoir développer tous les germes de vie provinciale et individuelle lorsqu'elle essaya avec la Constituante de décentraliser la France. Malheureusement la Révolution se concentre à Paris, renforce la centralisation, la pousse jusqu'à la Terreur et amène l'Empire. Il ne fut guère question de poésie sous le régime du sabre et du canon, qui avait déclaré la guerre aux idéologues quels qu'ils fussent. Sous la Restauration, la littérature devint de plus en plus universelle et démocratique. Le mouvement romantique qui l'accompagna fut un des plus féconds que la France ait jamais eu ; il nous donna la liberté. Gardons-nous de l'oublier, car la justice envers le passé est une condition du progrès dans l'avenir. Mais remarquons aussi que ce généreux mouvement subit la fatalité de ceux qui l'avaient précédé. Il resta concentré à Paris et, malgré tout son éclat il n'eut pas ce caractère profondément national et cette portée européenne qui donnèrent une grandeur historique, une énergie réformatrice, une puissance sociale au mouvement poétique provoqué en Allemagne par Lessing, Herder, Schiller et Gœthe. Depuis ce temps, Paris est devenu plus que jamais le centre littéraire exclusif et absolu. Ce n'est pas pour la France que vit, pense, écrit l'élite des Français ; elle donne le sang de son cœur, la flamme de sa vie pour plaire aux Parisiens. Aujourd'hui, on courtise lâchement la grande ville comme autrefois on courtisait le grand roi, et ceux qui aspirent à une prompte renommée ont bien moins le mâle orgueil de faire partager leurs idées à leurs compatriotes jusqu'aux extrémités de la France, que la vanité d'enlever un jour les suffrages de la capitale.

« Votre centralisation, disait Lamennais, c'est l'apoplexie au centre et la paralysie aux extrémités. » Ce mot s'applique non seulement à la politique, mais encore à toute la vie intellectuelle et morale de la France. La centralisation excessive est le fléau de la poésie. C'est Paris qui, depuis trois cents ans, imprime son cachet à notre littérature, c'est Paris qui a empêché la fusion complète du génie du peuple avec celui des grands poètes, c'est Paris qui corrompt la province, c'est Paris qui étouffe la France. D'une part, les poètes, préoccupés seulement du succès dans la capitale, ont presque toujours dédaigné les chants de leur pays, qui, cependant auraient pu leur donner des leçons de simplicité, de grâce et d'énergie. D'autre part, la poésie populaire négligée, couverte de mépris, est morte dans les provinces, faute de vie provinciale.

Et pourtant il y en avait une, que dis-je, il y en a une encore! Le peuple a chanté dans nos provinces comme partout où les hommes marchent librement sous le ciel, il a donné une voix à ses rêves, à ses amours, à ces espérances. Quand une de ces strophes doucement émues, murmurées par un pâtre ou une jeune fille, vient frapper notre oreille au milieu des montagnes, comme nous oublions bien vite tant d'œuvres factices, devant cette poésie du sentiment pur, qui s'exhale comme le parfum matinal d'une fleur à peine éclose, comme nous saluons la nature immortelle révélée dans le cœur des simples! Déjà l'attention de nombreux chercheurs s'est portée sur ces chants trop négligés jusqu'à ce jour et qui sont de plus en plus difficiles à re-

cueillir. Des travaux remarquables ont découvert
çà et là des trésors. Il y a longtemps déjà que le
beau recueil *Braz-az-Breiz* de M. de la Villemarqué
nous a fait connaître les chants populaires de la
Bretagne. Le livre de M. Francisque Michel sur le
pays basque, l'étude de M. Beaurepaire sur la poésie populaire en Normandie, celle de M. Max Buchon sur les noëls et chants populaires francomtois,
le recueil des chants populaires de Saintonge et de
l'Angoumois, que vient de publier M. Bujeaud, ont
mis au jour quelque fleurs de poésie primitive, perdues, il est vrai, dans des bouquets de mauvaise
herbe et d'orties. Pourtant ces recueils ne sont pas
à dédaigner, car plus d'un mystère de beauté se
cache sous ces œuvres sans prétention et c'est à
l'art de les en faire jaillir. En un mot, la poésie
littéraire devrait se rapprocher de la vraie poésie
populaire, pour y chercher ce qui lui manque trop
souvent à elle-même : la sincérité de la pensée, la
sobriété de la forme et le tour musical. Plagier serait
folie, mais non s'inspirer. Brizeux l'a fait pour la
Bretagne ; malheureusement il est resté trop monotone dans la forme. Il ne s'agit pas de renoncer au trésor d'idées et de sentiments que nous
devons à une éducation supérieure, pour descendre
au niveau des paysans, ce serait la pire des affec-
tations, mais de surprendre dans les chants populaires la manifestation spontanée du sentiment.
Car cette faculté existe toujours en nous quoi qu'on
fasse pour l'étouffer. Partout où il y a un sentiment
vrai et individuel, la manifestation primesautière,
qui est toujours la plus poétique, est possible, pourvu que l'homme ait le courage d'exprimer son

mouvement intérieur. Malheureusement, on s'en
laisse imposer de moins simples et de moins fidèles
par la tradition littéraire, on s'y habitue et on
finit par ignorer sa propre nature. Mais la vue du
vrai, du naïf, nous saisit malgré nous avec une
puissance magique, et nous aide à retrouver notre
originalité perdue. Si on apprenait à étudier la
poésie populaire dans ce sens, à la comprendre et
surtout à l'aimer, peut-être finirions-nous par entendre en France de ces chants simples et pénétrants
qui feraient l'admiration du penseur et la joie du
peuple.

Ces chants existent, me dira-t-on, et leur poëte
c'est Béranger. Béranger, qui le nierait? est un
véritable poëte populaire, mais il est presque le seul
et j'ajoute qu'il est loin d'exprimer le génie français
dans sa plénitude, comme on a voulu le prétendre.
Il restera le type achevé du chansonnier parisien,
car il a élevé à la dignité d'un genre littéraire cette
chanson libertine qui, dès le temps du cardinal de
Retz, courait les rues de Paris et montait, gail-
larde et frondeuse, de la guinguette du pauvre à
la maison bourgeoise et jusqu'à la table du grand
seigneur. Il l'a développée sans la dépouiller de
son caractère primitif, il l'a élargie en lui infusant
les idées patriotiques et humanitaires de son siècle. De là son immense et légitime succès, non
seulement en France, mais encore dans toute l'Europe littéraire. Qu'on ne l'imite plus, mais qu'il
serve d'exemple. Qu'on fasse pour toute la France
ce que Béranger a fait pour Paris, qu'on transforme, qu'on développe, qu'on ennoblisse en des
œuvres nobles et vigoureuses les chants populaires

du pays entier, que, tout en restant Parisien, Francomtois, Provençal, on ait le courage d'être vraiment Français. Certes, une poésie nouvelle sorti-
rait de cet effort. Tout le monde sait quelles richesses de naïveté et de sentiment Mᵐᵉ Georges
Sand a su découvrir dans son pays berrichon ;
ses romans champêtres sont devenus classiques,
quoique tout imprégnés de la sève du terroir.
Cette hardiesse, qui a été possible en prose, serait-
elle impossible en poésie ? Non, j'en suis sûr. Elle
seule pourra fortifier et développer le génie poétique de la France, et quelles œuvres viriles nous
lui devrions !

Mistral, le poète original et vigoureux de la
Provence a composé récemment un chant plein de
courage ; ses aïeux auraient dit: un beau *sirvente*.
Cette fière chanson s'appelle la Comtesse(*la Coume-
tesso*), elle a fait le tour du midi, a pénétré jusqu'en
Espagne et a été traduite en catalan. Écoutons quelques strophes de ce vaillant troubadour contemporain :

Je sais, moi, une comtesse [1], — qui est du sang im-

---

[1].

Sabe, ièu, uno coumtesso
Qu'es dou sang emperiau ;
En b'uta coume en autesso
Cren degun, ni liuen ni aut ;
E pamens uno tristesso
De sis iue neblo l'uiau.
   Ah! si me sabien entendre !
   Ah! si me voulien segui !

Elo avié cent vilo forto,
Elo avié vint port de mar ;
L'oulivié devans sa porto
Oumbrejavo, dous (clar :

périal : — en beauté comme en élévation, — ni loin, ni haut, elle ne craint personne, et pourtant une tristesse, — de ses yeux voile l'éclair.

Ah ! si l'on savait m'entendre ! — Ah ! si l'on voulait me suivre !

Elle avait cent villes fortes, — elle avait vingt ports de mer ; — l'olivier couvrait sa porte — de son ombre douce et claire, — et tout fruit que porte la terre — était en fleur dans son jardin.

Ah ! si l'on savait m'entendre ! — Ah ! si l'on voulait me suivre !

... Tout le jour, elle chantait — au balcon sa belle humeur ; — et chacun brûlait d'envie — d'en ouïr quelque rumeur, — car sa voix était si suave — qu'elle faisait mourir d'amour.

Ah ! si l'on savait m'entendre ! Ah ! si l'on voulait me suivre !

Les poètes, on le devine, — lui faisaient la cour en grand nombre ; — les amoureux, sous le givre, — l'attendaient de grand matin ; — mais, comme elle était perle fine, — à haut prix elle se tenait.

... Car sa sœur, sa mauvaise sœur. — pour hériter de son bien, — l'a enfermée dans le cloître. — d'un couvent, — qui est clos comme une huche, — d'un Avent à l'autre Avent.

E tout fru que terro porto
Éro en flour dins soun relarg,
   Ah ! si me sabien entendre !
   Ah ! si me voulien segui !

Tout lou jour cansounejavo
Au balcoum, sa bello amour ;
E cadun bardelejavo
De n'ausi quauco rumour,
Car sa voues éro tant siavo
Que fasié mouri d'amour.

Là, jeunes et vieilles — sont vêtues également — d'un voile de laine blanche — et d'une robe noire ; là, la même cloche règle tout communément.

Là, plus de chansonnettes, — mais sans cesse le missel ; — plus de voix joyeuses et nettes, mais silence universel ; — rien que des saintes nitouches — et des vieilles à trois dents.

Blond épi de blé, — gare la faucille recourbée ! A la noble damoiselle, on chante les vêpres des morts, — et avec des ciseaux on lui coupe — sa chevelure d'or.

Or, la sœur qui l'enferme, — règne hautaine pendant ce temps ; — et, par envie, la barbare, — elle lui a brisé ses

　　　Ah ! si me sabien entendre !
　　　Ah ! si me voulien segui !

Li troubaire, se devino,
le fasien grand compagnié ;
Li fringaire, à la plouvino,
L'esperavon matinié ;
Mai coume éro perlo fino,
Carivendo se tenié,
　　Ah ! si me sabien entendre !
　　Ah ! si me voulien segui !

Car sa sorre, sa sourrastro,
Pèr eireta de soun bèn,
La clavado dins li clastro,
Dins li clastro d'un couvènt
Qu'es barra comme uno mastro
D'un Avènt à l'autre Avènt.
　　Ah ! si me sabien entendre !
　　Ah ! si me voulien segui !

Aqui jounio e mai carcano
Soun vestido egalemen
D'oun pléchoun de blanco lano
E d'un negro abihamen ;
A qui la memo campano
Règlo tout communamen.
Ah ! si me sabien entendre !
Ah ! si me voulien segui !

tambourins, — et elle s'empare de ses vergers — et lui vendange ses raisins.

Et elle la fait passer'pour morte, — sans pouvoir décourager ses amoureux, — qui par la campagne — maintenant s'en vont, impuissants et désolés... — Et, en quelque sorte, elle ne lui laisse — que ses beaux yeux pour pleurer.

Ceux qui ont la mémoire, — ceux qui ont le cœur haut, — ceux qui dans leur hutte, — sentent siffler le mistral, — ceux qui aiment la gloire, — les vaillants et les premiers.

En criant: place! place! — En avant! les vieux et les jeunes, — nous partirions tous en race — avec la bannière au vent; — nous partirions tous comme une rafale — pour crever le grand couvent.

> Aqui plus de cansouneto
> Mai de longo lou missau ;
> Plus de voues galoio e neto,
> Mai silerci universau ;
> Rèn que de cato-faueto,
> O de vièio à tres queissau.
>   Ah! si me sabien entendre !
>   Ah ! si me voulien segui !
>
> Bloundo espigo de tousello,
> Garo lou voulame tort !
> A la noblo damisello
> Cantou li vespro de mort ;
> E' m'aco l'on ie cisello
> Sa cabeladuro d'or.
>
> Or la sorre que l'embarro
> Segnourejo d'enterin
> E d'envejo, la barbaro,
> L'a sclapa si tambourin,
> E dè si vergié s'emparo
> E ie vendémio si rin.
>
> E a fai passa pèr morto,
> Sèns poudé ie mancoura
> Si ringaire — que pèr orto
> Aro van, despoudera...

Et nous démolirions le cloître, — où pleure nuit et jour, — où nuit et jour est enfermée — la nonne aux beaux yeux. — En dépit de la *sœurâtre*,— nous bouleverserions tout!

Nous pendrions ensuite l'abbesse, aux grilles d'alentour, — et nous dirions, à la comtesse : Reparais, ô splendeur! — Dehors, la tristesse, dehors ! — Vive, vive l'allégresse [1]!

Cette comtesse, on l'a deviné, c'est la Provence ;

> E ie laisso, en quauco sorto,
> Que si béus iue per ploura.
>
> Aquéli qu'an la memori,
> Aquéli qu'an lou cor aut,
> Aqueli que dins sa bori
> Sèntou gisela lou mistrau,
> Aquéli qu'amou la glori,
> Li valènt, li majourau.
>
> En cridant : Arasko ! arasso !
> Lou ! li viéi e li jouvènt,
> Partirian toutis en raço
> Eme la bandiero au vènt,
> Partirian coume uno aurasso
> Pèr creba lou grand couvènt!
>
> E demoulirian li clastro
> Ounte plouro jour-e-niue ;
> Ounte jour-e-niue s'encastro
> La moungeto di béus iue...
> Mau-despié de la sourrastro,
> Metrian tout en dès-e-vue !
>
> Penjarian pièi l'abadesso
> I grasibo d'alentour,
> E dirian à la coumtesso :
> « Reparaisse, o resplendour!
> Foro, foro la tristesso !
> Vivo, vivo la handour! »

1. Traduction de M. Emile Ranquet.

la sœur marâtre, c'est la France du nord; quant
à l'abbesse détestée, elle ressemble étonnamment
à l'administration départementale, qui a reçu d'en
haut la mission providentielle d'étouffer en province toute initiative. Le poète provençal se berce
du rêve de voir ressusciter sa glorieuse patrie avec
sa fière indépendance, sa langue musicale et sa
riche poésie. Rêve chimérique, j'y consens, mais
qui renferme une profonde vérité, comme tous les
beaux rêves. La Provence ne veut pas abdiquer
comme province, elle ne veut oublier ni sa langue,
ni sa poésie. Quoi de plus juste, quoi de plus heureux? La poésie française ne pourrait qu'y gagner.
Car sa sœur, la poésie provençale, une fois sortie
de sa prison, partagerait bientôt les fruits de son
jardin avec sa sœur désormais bien-aimée. Il y
aurait alors deux sortes de poètes en Provence, les
uns chantant en provençal pour leurs compatriotes,
les autres écrivant en français et donnant une
expression plus universelle au génie provençal,
mais puisant et repuisant à la source intarissable
de la poésie populaire. La Provence ne peut pas
vouloir oublier le français, car c'est son lien avec
la civilisation européenne; mais elle ne peut pas
non plus oublier sa langue maternelle, car c'est
son âme. Et quel fond merveilleux de poésie dans
cette langue si sonore et si nuancée! Qu'on lise la
traduction française *Mireïo* ou de *Calendau*, ces
charmantes épopées rustiques de Mistral. Quelle
vigueur de langue, quelle fierté d'allure, quelle
richesse d'expression, quelle abondance de mots
nouveaux, colorés, naturels, que l'on reconnaît
comme des amis qui devraient être français depuis

longtemps. Il y aurait là pour le poète français
des moissons de fleurs éclatantes, des vendanges
de fruits savoureux. Et à qui les devra-t-il, si ce
n'est au génie de la Provence qui se réveille, à son
âme qui cherche la lumière et veut s'épanouir au
souffle du grand ciel ?

Ce qui fait la fécondité de la poésie en Allemagne, c'est que chaque pays y vit de sa vie indépendante tout en voulant faire partie de la nation ;
c'est que les dialectes apportent sans cesse leurs
alluvions à la grande littérature, comme les ruisseaux des montagnes au fleuve de la plaine ; c'est
qu'il y a une poésie wurtembergeoise, bavaroise,
autrichienne, thuringienne, holsteinoise, etc., une
poésie du Rhin et de l'Oder, de la Forêt-Noire et
du Harz. La France est un pays aussi varié que
l'Allemagne, et pourtant on n'y connaît qu'une littérature parisienne. Voilà le malheur. Oui, Mistral a
raison, non seulement pour la Provence, mais aussi
pour les autres provinces françaises. Elles ressemblent toutes à de tristes châtelaines enfermées dans
un couvent. Elles sont en train d'oublier leurs chants,
leurs gloires et leurs amours. Qu'elles brisent les
portes de leur prison, qu'elles renaissent, qu'elles
retrouvent leur génie ; que, dans la langue qui leur
est commune à toutes, elles donnent une voix à
leurs souvenirs et à leurs espérances, et puis qu'elles s'unissent entre elles ; alors nous pourrions dire
à la poésie française ce que Mistral dit à sa Provence chérie : « Reparais dans ta splendeur ! Dehors, dehors la tristesse ! Vive, vive le bonheur ! »

Cela ne suffit point. Notre propre poésie populaire pourra, grâce à des recherches intelligentes,

nous passer quelque chose de sa sève. Joignons-y
donc l'étude de la poésie populaire chez les autres
nations. Que de belles moissons elles ont déjà faites, et que nous en avons peu profité ! Que de gerbes
à faire encore dans tous les pays de l'Europe, en
Irlande, dans les pays de Galles, en Ecosse, en
Italie, en Suède, en Norwège, en Bohême [1] en
Serbie, en Grèce. Dans tous ces pays, la chanson
primitive, expression naturelle de la poésie, a poussé
et fleuri librement en luxuriantes forêts vierges.
C'est là qu'il nous faut aller chercher parfois la
fraîcheur la santé. Et ne craignons pas d'y perdre
notre originalité native. L'originalité est une force
inaliénable qui réside dans le génie de la race et
dans le tempérament personnel. Les peuples comme
les individus ne se développent qu'au contact les
uns des autres. Étudier la poésie populaire sous
tous les climats, ce n'est pas seulement satisfaire
une vaine curiosité ; l'étudier avec le feu sacré de la
sympathie, c'est étendre son âme à celle des autres
nations, c'est l'élargir peu à peu à l'âme de l'humanité.

Ce n'est pas tout. A l'étude de la poésie populaire et primitive, dans la plus large acception du
mot, le poète de nos jours devrait joindre l'amour
et l'intelligence de la musique. La poésie et la
musique sont des sœurs qui ne développent toute
leur beauté qu'en se donnant la main. Elles n'ont
pas besoin de marcher toujours ensemble, mais lorsqu'elles se séparent entièrement chacune perd quelque chose de sa force. Dans toute poésie primitive,

1. Voyez *la Bohême pittoresque et littéraire,* par Joseph Fricz
et Louis Léger. Librairie internationale. Paris, 1867.

paroles et musique sont nées d'un même élan. C'est
là la poésie vivante, la vraie, qui n'a pas besoin de
commentaire et qui produit le plus puissant effet.
Une des forces magiques du Lied, c'est la mélodie
qui l'accompagne et ne fait qu'un avec lui. Dans la
chanson anonyme nous avons vu le peuple inventer
naïvement paroles et musique. Ces modulations
languissantes de tristesse ou pétulantes de plaisir
sont nées des battements les plus secrets de son
cœur, en même temps que ces strophes dont la pensée sincère émeut si profondément. Quant au Lied
du dix-huitième et du dix-neuvième siècle, nous
avons vu Beethoven, Mozart, Schubert, Schumann
et Mendelssohn se faire les interprètes des Gœthe,
des Heine, des Uhland, des Eichendorff et des
Geibel. Le Lied s'est élevé et a grandi avec lui. Le
compositeur pénètre dans la pensée du poète et
l'exprime à son tour avec les ressources infinies de
son art. C'est une création nouvelle, ou plutôt c'est
l'achèvement de la création primitive. Car comment
les paroles suffiraient-elles pour faire vibrer le sentiment intime et l'épanouir dans sa plénitude ? Un
beau Lied, une belle poésie porte sa mélodie en
elle-même, c'est Beethoven qui l'a dit, et le musicien
n'a qu'à l'en faire jaillir ; grâce à lui la passion latente
contenue dans les paroles s'épand en ondes sonores.
Lorsqu'on a entendu chanter *la Violette* de Gœthe
composée par Mozart, *l'Hymne à la Joie* de Schiller, composé par Beethoven, ou *le Roi des Aulnes*
de Schubert, on ne peut plus se passer de la mélodie, et l'on comprend que la vraie poésie ne se
manifeste dans sa puissance divine que par la vraie
musique. Voilà ce que les poètes oublient trop faci-

lement aux âges de réflexion et de critique. Il est
incontestable qu'un grave défaut de la poésie lyrique en France, c'est d'être trop près de la rhétorique, et trop loin de la musique. Ce n'est pas à dire
que toute poésie doive être chantée. Une grande
partie du lyrisme moderne échappera toujours à
l'interprétation musicale. Mais on peut regretter,
que, dans l'œuvre de nos grands poètes, il n'y ait
pas un plus grand nombre de chants susceptibles
de composition. Car les vers chantés sont la partie
la plus vivace de la poésie. La musique force le
poète au tour naturel, à la sobriété de l'expression,
à l'harmonie, à la proportion du développement,
en un mot à l'unité de la forme et du fond. A défaut
du poète musicien qui est l'idéal, il faut donc tendre à une alliance sérieuse, désintéressée, entre le
musicien et le poète. Tous deux grandiraient dans
cette union. Le musicien y trouverait ce qui lui
manque souvent : l'image et l'idée précises ; le poète
y trouverait ce qu'il ambitionne toujours : la forme
universelle et populaire.

Résumons. Renaissance du génie provincial,
étude de la poésie primitive chez toutes les nations,
alliance de la musique et de la poésie, voilà les signes
par lesquels vaincra le poète lyrique, voilà les réformes grâce auxquelles la poésie pourra renaître
en France et devenir populaire sans rien abdiquer
de sa haute mission. Les talents variés, les aspirations généreuses, les volontés énergiques ne manquent pas. Ce qui est plus rare, c'est l'intelligence
du simple, du grand, du primitif, du vrai beau.
Mais elle vient vite à celui qui en a le désir. Ces réformes nécessaires une fois comprises, voulues par

la jeunesse, la poésie finirait par sortir de l'impuissance où elle languit depuis vingt ans, pour entrer dans une voie plus large et plus nationale. L'art compris et aimé d'un plus grand nombre porterait plus justement le nom de sacré, et les poètes n'écrivant plus pour une école ou pour une coterie, pour un salon ou pour un journal, mais pour leur nation seraient touchés d'un souffle nouveau. Car le peuple inspire le poète et les chants appellent les chants. La poésie n'aura pas célébré son plus grand triomphe en France, avant que le poète, pénétré des plus grands sentiments et des plus hautes idées de son siècle, n'ose s'écrier : Chantons avec le peuple et qu'il chante avec nous autres, car c'est nous élever que de l'élever jusqu'à nous !

FIN

PRINCIPAUX RECUEILS

DE

CHANSONS POPULAIRES ALLEMANDES

I. *Ambraser Liederbuch vom Jahre* 1582, herausgegeben von
J. Bergmann. Stuttgart, 1845.
II. HERDER. *Volkslieder.* 2 vol. Leipzig, Weygand, 1778.
III. *Des Knaben Wunderhorn,* von A. v. Arnim und Cl.Bren-
tano. Berlin, 1857 [1]. 4 vol. (Ouvrage qui parut en 1805.)
IV. *Alte hoch-und-niederdeutsche Volkslieder,* von L. Uh-
land. Stuttgart, 1844. 2 vol. [2].

1. Ce recueil contient un certain nombre de chansons inauthen-
tiques, mais c'est le plus riche et le plus complet. Les auteurs ont
surtout puisé dans la tradition orale, encore très vivante à l'époque
où ils firent leur collection. C'était à la fin du siècle dernier. Çà et
là, ils se sont permis de changer un mot, de choisir parmi les variantes, de compléter une chanson par une autre, mais en restant
toujours fidèles au génie de la chanson populaire. Les pédants qui
ne voient autre chose dans les inspirations de la muse rustique
qu'une curiosité archéologique leur en ont fait un reproche ; mais
les vrais amis de cette poésie naïve, entre autres Goethe, leur ont
su gré d'avoir fixé définitivement une foule de chants qui, sans eux,
se seraient perdus. Cette collection est encore la meilleure pour qui-
conque veut se familiariser avec la chanson populaire allemande.

2. Uhland est la première autorité en Allemagne en fait de chansons populaires. Son recueil est très important pour ceux qui veulent lire ces chansons dans leurs dialectes primitifs. Il ne renferme
que des textes très anciens, avec une foule de variantes, choisis
dans les manuscrits, documents et livres de musique du seizième et
du dix-septième siècle. La critique la plus sobre et la plus sûre a

V. *Gesellschaftslieder des sechzehnten und siebzehnten Jahrhunderts*, von Hoffmann v. Fallersleben. Leipzig, 1844, 2 volumes [1].

VI. *Die deutschen Volkslieder*, von Karl Simrock. Frankfurt a. M., 1851 [2].

VII. *Historische Volkslieder*, von Lilienkron, Band 1, 1863 ; Band II, 1866, in Leipzig bei F. G W. Vogel.

VIII. KRETSCHMAR. *Deutsche Volkslieder mit Originalweisen.* 2 vol. Berlin, 1840.

IX. GOEDEKE und TITTMANN. *Liederbuch aus dem sechzehnten Jahrhundert.* Leipzig, 1867.

X. FIRMENICH. *Germaniens Völkerstimmen.*

XI. OSCAR SCHADE. *Volkslieder aus Thüringen.* Weimar, 1855.

XII. *Elsæssisches Volksbüchlein* (Chansons populaires de l'Alsace, par Auguste Stœber). Strasbourg, 1842.

XIII. *Deutsche Lieder in Volkes Herz und Mund*, von Albert. Trœger. Leipzig, 1864, 1 vol. [3].

XIV. *Concordia.* Anthologie classischer Volkslieder für Pianoforte und Gesang, van F. L. Schubert. Leipzig, 3 vol. [4].

présidé à ce choix. De tous les recueils, celui d'Uhland est le plus rigoureusement scientifique.

1. Cette collection se recommande par les mêmes qualités que la précédente. L'auteur s'est surtout attaché aux *chants de société*, à ces chants d'amour, de printemps et de chasse que les vaillants bourgeois et les joyeuses bourgeoises du seizième siècle entonnaient dans leurs fêtes gaillardes. On y sent un large débordement de vie et ce recueil donne le tableau le plus animé des mœurs libres, de la joie cordiale, de la forte gaîté du *bon vieux temps*.

2. M. Simrock est peut-être de tous les contemporains celui qui a le plus contribué à réveiller chez ses compatriotes le goût de la vieille littérature germanique, par ses travaux remarquables et ses excellentes traductions. Son recueil est fait en partie sur les précédents, mais il offre un intérêt particulier grâce à un grand nombre de chansons nouvelles recueillies par M. Simrock lui-même sur les bords du Rhin, surtout aux environs de Bonn.

3. Édition de luxe, grand in-4°, avec de jolies vignettes, donne une idée assez complète de la *Chanson populaire en Allemagne*.

4. Ce recueil contient environ 900 chansons avec la musique pour piano et chant.

TRAVAUX

SUR LA

CHANSON POPULAIRE EN ALLEMAGNE

Goethe's sæmmtliche Werke. Stuttgart, Cotta, édition en 6 vol. 1863. (*Voy.* pages 721-728. *Volkpoesie*.)

GERVINUS. *Geschichte der deutschen Litteratur*. Leipzig, 1853. 4ᵉ édition, tome II, pages 252-287. *Volksgesand*.

UHLAND. *Zur Geschichte der Sage und Dichtung*. Dritter Band Abhandlung über die deutschen Volkslieder. Stuttgart, Cotta, 1866. (C'est l'ouvrage le plus savant et le plus complet sur le sujet; mais comme c'est un livre d'érudition, on ne peut le recommander qu'à ceux qui font de cette matière une étude spéciale.)

GRUBE. *Aesthetische Vortræge*. Zweites Bændchen. Deutsche Volkslieder. Iserlohn, 1866. (Bonne étude sur le refrain dans la chanson populaire, dans Goethe, Uhland et Rückert.)

AUGUST REISSMANN, *Das deutsche Lied in seiner historischen Entwickelung*. Cassel, 1861. (Histoire du Lied, au point de vue musical, avec trente-trois mélodies des quinzième, seizième, dix-septième et dix-huitième siècles.)

WILMAR. *Handbüchlein für Freunde des deutschen Volksliedes*. Marburg, 1867.

TALVJ. *Characteristick der germanischen Volkslieder*. Leipzig, 1840.

APPENDICE

I

LE BATELIER

CHANSON DE STYRIE

(Wie d'Wolken am Himmel.)

I

(1)

Moderato.

La nue au ciel s'ef _ fa _ ce, Au

lac le flot trom_peur; Ain _ si dans mon cœur

pas _ se, la joie et la dou _ leur.

(1) Dans cette chanson comme dans celles qui suivent, la première portée sert à la fois de chant et d'accompagnement.

2

J'ai pour joyeux royaume
Ma rame et mon bateau;
Ma rame est triste et chôme,
Ma barque dort sur l'eau.

3

Tout seul dans ma nacelle
Je rêve tout le jour;
Me faut deux mains mignonnes
Et deux yeux pleins d'amour

4

Me faut deux mains mignonnes
Pour ramer contre vent;
Et deux yeux, deux étoiles
Pour voguer au levant.

II

LE DÉPART

(Morgen muss ich fort von hier.)

Andante.

Las! demain il faut partir,.

Partir en si _ len _ ce. Toi pour qui je

vais souffrir, Sais-tu ma souf _ fran _ ce?

Ah! le plus fi _ dèle amant, Qui t'aimait si

fol-lement,   Part sans espé-ran - ce,

Part   sans es-pé - ran - ce.

2

Quand l'ami quitte l'ami,
Quand l'adieu les presse,
Tout le firmament frémit,
Frémit de tristesse.
Bien plus grande est la douleur,
Quand l'amour nous brûle au cœur.
Et que l'adieu presse. (*bis.*)

3

Tu t'en vas par les prés verts
Jeune et fraîche amie.
Ah! dis-moi si je te perds,
Est-ce pour la vie?
Ah! si j'ai pu t'affliger,
Promets-moi de l'oublier;
Par amour oublie! (*bis.*)

4

T'effleure un léger zéphir,
Qu'un vent te caresse,
Dis-toi que c'est un soupir
D'un cœur en tristesse,
J'en envoie mille par jour ;
Ils ne parlent que d'amour,
Car j'aime sans cesse ! (*bis.*)

III

DERNIER ADIEU

(So viel Stern' an Himmel stehn.)

I

Andantino.

Au-tant d'é - toi - les scintil - lan - tes, Brillent au grand pavillon bleu, Au-tant d'oiseaux sous la mu - é - e, Se bercent, ô ma bien-ai - mé - e, Ma mie, autant de fois a -

Au-tant de bre - bis bondis - san - tes, Paissent sous le regard de Dieu.

.dieu! Ma mie au _ tant de fois a _ dieu!

2

Ne dois-je plus jamais t'entendre,
Te laisser pour l'éternité?
Non, je ne puis pas le comprendre,
Que demain j'aurai tout quitté.
Que ne suis-je mort en silence
Sans avoir connu l'espérance,
Bien avant que d'avoir aimé.

3

Oh! ne crois pas que je t'oublie,
Jusqu'au tombeau va mon amour.
Si je dois dans ma triste vie
Mourir loin de toi quelque jour.
Je veux dormir au cimetière
Comme un enfant qu'endort sa mère,
Qui s'endort bercé par l'amour!

IV

SERMENT

CHANSON DE LA THURINGE

(Ach wie is'ts möglich denn.)

I

Andante con moto.

Ah! qui ja _ mais pourra, M'ar _ ra_cher à tes bras? Je t'ai don _ né ma foi, Oh! crois le_ moi! Mon cœur est plein de toi, D'un bonheur in_fi_ni; Oui; j'en ai tout banni, tout hormis toi!

2

Vois la fleur sous tes pas
Qui dit : Ne m'oublie pas !
Presse-la sur ton cœur
    Et songe à moi !
Meure espérance et fleur,
Riche encore est mon cœur ;
Car l'amour n'y meurt pas,
    Va, crois-le moi !

3

Ah ! que ne suis-je oiseau
Pour voler aussitôt,
Pour voler vers ton toit,
    Tout près de toi.
Me touche un franc chasseur,
Je tombe sur ton cœur ;
Un seul regard encor...
    O douce mort !

V

L'ANNEAU BRISÉ

(In einen Kühlen Grunde.)

POÉSIE D'EICHENDORFF. — MUSIQUE DE SILCHER.

I

Andante.

Au fond de la prai - ri - e, Ba-

- bille un frais mou - lin, Ma maitresse est par-

ti - e, Je tourne autour en vain, Ma

maitresse est par-ti - e, Je tourne autour en vain.

2

Elle était ma promise
J'en reçus cet anneau ;
Mais quand la foi se brise,   ⎫
Se brise aussi l'anneau.   ⎬ *bis.*

3

Je parcourrai la terre
En chanteur ambulant,
Ma voix avec mystère   ⎫
Dira mon long tourment.   ⎬ *bis.*

4

J'irai dans la bataille
En sombre cavalier ;
Au fort de la mitraille,   ⎫
Je veux, je veux voler.   ⎬ *bis.*

5

Le moulin me repousse,
Il tourne, il tourne encor !
La mort me serait douce...   ⎫
Il se tairait alors !   ⎬ *bis.*

N. B. — Le 3ᵉ couplet se chante un peu plus vite, le 4ᵉ très vite (*allegro vivace*), le 5ᵉ pianissimo et très lentement.

VI

QUAND SOUFFLE LA BRISE

(Wenn's Mailüftert weht.)

I

Moderato.

Quand s'ouf_fle la bri_se, Sur les champs nei_geux; Vi_o_let_te s'a_vi_se De rou_vrir ses yeux bleus, L'oi_seau par tris_tes_se res_té, Las! sans

2

Fleurissent les roses,
Adieu, sombres jours.
N'est-ce pas que les roses
Font fleurir les amours ?
La rose gentille
Fleurit tous les mais ;
L'amour un jour brille
Et puis — plus jamais.

3

La fleur printanière
Renait tous les ans.
L'homme seul sur la terre,
L'homme n'a qu'un printemps.
L'oiseau revient vite
Au temps des amours ;
Quand l'homme nous quitte
Ah, c'est — pour toujours !

VII

LA LORELEI

Ich weiss nicht was soll es bedeuten.

BALLADE DE HENRI HEINE. — MUSIQUE DE SILCHER.

I

Andante.

Dis-moi, quelle est donc cette his_toi_re, Dont mon cœur se sou_vient, De douce et d'antique mé_moi_re, Qui toujours me re_vient La bri_se fraichit, il fait sombre, Le vieux Rhin coule en

paix , Tout dort, tout gri_son_ne; dans

l'om _ bre S'em_bra_sent les som _ mets.

2

Là-haut une vierge immortelle
Trône au soleil couchant,
Son sein de rubis étincelle
La belle chante un chant ;
Chante en peignant sa chevelure,
Plus fière que le jour,
Un chant de merveilleuse allure,
Un puissant chant d'amour !...

3

Le pêcheur d'un désir sauvage [1]
Frémit dans son bateau,
Son œil ne voit plus le rivage,
Son œil regarde en haut !...

1. La première moitié de cette strophe se chante *allegro*, avec passion, dans la seconde, à partir des mots : *Je crois que la vague devore*, on rentre dans le mouvement primitif ; la fin très calme.

Je crois que la vague dévore
La barque et le pêcheur !
O Lore des flots, fière Lore,
Voilà ton chant vainqueur !

TABLE DES MATIÈRES

VIII

GOETHE

Le tempérament de Goethe se trahit surtout dans son lyrisme. — L'enfant prodige. — Merveilleuse éducation poétique. — L'étudiant de Leipzig. — Le novateur de Strasbourg. — Révélation : Shakspeare, Herder et Fréd'rique. — L'idylle de Sesenheim. — Éclosion du poète ; son lyrisme deborde. — Retour à Francfort. — L'ivresse du génie. — Le nouveau Prométhée. — Weimar, l'apaisement, apogée de son lyrisme. — Les Ballades : la Violette, le Pêcheur, le Chanteur. — Beauté du lyrisme de Goethe, sa vérité, sa musique. — Son Lied est le Volkslied transfiguré   289

IX

LE LIED AU DIX-NEUVIÈME SIÈCLE

L'école romantique. Novalis, Brentano et Arnim. — Poètes de combat en 1813. Arndt, Schenkendorf, Rückert. — Eichendorff. — Henri Heine. — Uhland et l'école de Souabe. — Wilhelm Müller. — Lyrisme politique en 1840. Herwegh, Hoffmann de Fallersleben. — Réaction pieuse après 1849 : Oscar de Redwitz. — Les contemporains : Geibel, Kinkel, etc. — Rôle du Lied dans la vie des Allemands... 334

X

CONCLUSION

CE QUI MANQUE A LA POÉSIE LYRIQUE EN FRANCE

Abime entre la poésie savante et les chants du peuple.— Isolement de l'une, corruption des autres. — Le fléau de la centralisation littéraire. — Tyrannie de Paris, étouffement de l'originalité provinciale. — Le génie français est-il l'esprit parisien ? — Le salut de la poésie lyrique est dans trois choses : renaissance du génie provincial, étude de la poésie primitive chez tous les peuples, alliance sérieuse de la poésie et de la musique..,......... 397

APPENDICE

MÉLODIES POPULAIRES

POITIERS

Imprimerie Blais et Roy

7, rue Victor-Hugo, 7.

Lightning Source UK Ltd.
Milton Keynes UK
UKHW030805200721
387465UK00009B/1481